化工园区安全生产应急管理实务

陈国华　主　编
高子文　副主编

中国石化出版社

内容提要

本书针对化工园区的生产特点，以园区事故应急的前、中、后全流程管理为主线，介绍了化工园区安全生产应急管理体系、风险因素监测及预警、应急预案管理、应急资源保障系统、突发事件应急响应、应急恢复与重建、应急管理绩效评估等方面的内容。

本书可供化工园区安全管理人员、安全技术人员使用，也可供高等院校相关专业师生参考。

图书在版编目(CIP)数据

化工园区安全生产应急管理实务 / 陈国华主编.
—北京：中国石化出版社，2017（2025.2重印）
ISBN 978-7-5114-4465-3

Ⅰ. ①化… Ⅱ. ①陈… Ⅲ. ①化学工业－工业园区－安全生产－安全管理－研究 Ⅳ. ①F407.7

中国版本图书馆 CIP 数据核字(2017)第 130623 号

中国石化出版社出版发行
地址：北京市东城区安定门外大街 58 号
邮编：100011　电话：(010)84271850
读者服务部电话：(010)84289974
http://www.sinopec-press.com
E-mail:press@sinopec.com
北京科信印刷有限公司印刷
全国各地新华书店经销
*
710毫米×1000 毫米 16 开本 13.75 印张 236 千字
2017 年 6 月第 1 版　2025 年 2 月第 3 次印刷
定价：40.00 元

《化工园区安全生产应急管理实务》
编　委　会

主　　编：陈国华　华南理工大学

副 主 编：高子文　大亚湾石化应急管理有限公司

参编人员：古文中　大亚湾石化应急管理有限公司

赵　杰　华南理工大学

江赛华　华南理工大学

彭建玮　大亚湾石化应急管理有限公司

田　震　华南理工大学

前　言

近年来，我国化工产业迅速壮大，为合理规划城市空间布局，同时解决土地资源日益稀缺、运输成本急剧攀升等问题，化工园区经营模式应运而生。

化工园区指在特定的工业用地范围内，以化工、石化产业为发展方向，集聚了若干化工生产企业且彼此以生产要素为纽带，共享由第三方提供的公用工程、公共基础设施和专业化服务的产业聚集区。近年来，在国家各项方针政策的引导下，化工园区发展迅速。自2008年起，国务院安委办、工信部及环保部先后发出通知，要求新建化工项目或危险化学品生产企业必须进驻产业集中区或化工园区等专业工业园区内，并逐步推动现有化工企业迁入。2012年以来，国务院安委办和环保部又相继发文，针对化工园区提出响应的指导意见。2012年8月7日，国务院安委办颁布《关于进一步加强化工园区安全管理的指导意见》(安委办〔2012〕37号)，从总体上要求加强园区安全管理，降低园区系统安全风险，提升园区本质安全水平，并进一步从建立健全园区安全生产管理机构、强化园区应急保障能力建设、深化隐患排查等15个方面提出了提升化工园区安全生产管理水平的建议。

由于化工生产、储运等各环节多涉及危险化学品，园区化的产业发展模式必然导致危险源高度聚集，再加之化工园区多处于经济发达、人口密集的敏感地区，且具有资本密集、技术密集等特点，客观上造成化工园区时刻处于高风险状态。加强化工园区应急管理，建立完善的应急管理体系可以实现对事故的有效控制，将事故造成的人员伤亡、财产损失、环境影响等降低至最小程度。传统的应急管理侧重于突发事件爆发后的紧急处理措施，属于被动应对。而现代突发事件应急管理理念要求通过寻找突发事件根源、本质及表现形式，分析它们所造成的冲击，采取有针对性的管理措施来降低风险。它包括预防、准备、响应和恢复四个阶段，即突发事件事前、事中、事后的全流程管理。

本书针对化工园区生产特点，以园区事故应急的前、中、后全流程管理为主线，力求突出化工园区应急管理工作特点，为读者呈现出“全景式”的园区应急管理工作指导。从化工园区安全生产应急管理体系、风险因素监测及预警、应急预案管理、应急资源保障系统、突发事件应急响应、应急恢复与重建、应急管理绩效评估等方面对化工园区安全生产应急管理的特点进行呈现。在当前化工园区应急管理形势日趋严峻的大背景下，本书有着积极的意义，可以作为化工园区开展应急管理工作的指导和参考。

本书结合了编者近年来在应急管理领域研究的成果并参考国内外文献的基础上编写而成。在编写过程中，获得了广东省安全生产专项资金项目资助(2016—48)，得到了大亚湾石化应急管理有限公司的大力支持，研究生安霆、陈珑凯、陈培珠、李雯雯、张良、夏浩、王永兴等在资料收集和文献整理过程中付出了辛勤劳动。

由于编者水平有限，加之时间仓促，不足之处在所难免，敬请各位专家学者和广大读者批评指正。

目　录

第1章 概　　述

随着经济社会的不断发展，作为经济重要支撑的石油化学工业规模不断扩大，在产业集群化发展的趋势下，化工园区成为我国化学工业发展的新模式。然而，化工园区往往处于经济发达、人口密集的敏感地区，具有投资资本密集、技术密集和设备密集等特点，聚集着种类众多、数量巨大的易燃、易爆、有毒危险化学品及重大危险源，在客观上存在发生重大突发生产安全事故的可能性，从而造成大规模的人员伤亡和财产损失。因此，针对化工园区特点，建立科学的化工园区安全生产应急管理体系，可以在突发生产安全事故时有效保证应急救援行动快速、高效地展开。有效提高化工园区应对风险的能力，是化工园区可持续发展和社会稳定和谐的重要保证。

1.1 化工园区简述

化工园区建设起源于美国，并已在发达国家及一些新兴国家取得了长足的发展。20世纪40年代初，美国在石油资源丰富、交通运输便利的墨西哥湾沿岸地区率先采取基地化模式发展石油化工产业，先后形成了Baton Rouge等一批大型石油化工产业集聚区，开创了化工园区建设的先河。70年代末期，亚洲新兴国家开始大力发展石油化工产业，在借鉴发达国家建设化工园区经验的基础上，韩国、新加坡、泰国、沙特、印度等国，充分利用后发优势，采取集中化、规模化、基地化的发展模式，建成了一批世界级规模、产业集聚度更高的化工园区。我国化工园区起步较晚，最早的一批化工园区于90年代末在长三角地区兴起。伴随着改革开放的不断深入和经济的迅猛发展，化工园区建设也已步入快速发展通道。

1.1.1 化工园区定义

关于化工园区的定义，无论在学术界、企业界还是政府部门，都缺乏权威性阐述。一般而言，化工园区是指经由政府批准，由某个组织所规划开发的、拥有特定工业用地范围，以石化、化工产业为发展方向，集聚了若干石化化工类企业（项目），且彼此以生产要素为纽带，形成了相互分工协作的产业链，共享着由第三方所提供的公用工程、基础设施和专业化服务的产业集聚区。

1.1.2 化工园区模式优势

发达国家与新兴国家都先后选择化工园区作为石化产业的发展模式，与化工园区具备的独特优势是分不开的。与传统的分散型发展模式相比，化工园区存在以下优势：

（1）可降低化工产品生产成本。化工园区中生产装置的基地化建设能够实现化工物质流与能量流综合利用，化工园区提供廉价的水、电、气等公用工程也能有效降低化工产品成本。

（2）有利于化学“三废”治理。化工生产不可避免地要产生废气、废水与废渣，分散型企业采取的单独治理“三废”方式投资较大。化工园区中的生产装置基地化建设，有利于“三废”的集中综合治理。

（3）有益于化工产业链的延长。化学工业的特点是产业链长、关联度高，上道工序的产品常常是下道工序的原料。化工园区可使相互关联的企业聚集在一起，通过管道连接生产装置以实现产业链延长。

（4）单位土地面积产值高。化工园区具有生产装置密集、资本密集的特点，往往能够在有限的土地面积上创造出庞大的经济效益，极大地提升土地的利用效率。例如，美国墨西哥湾沿岸石化区聚集了上百家来自世界各地的大型石油化工公司，炼油能力与乙烯产能分别占据美国总能力的44%和95%；日本太平洋沿岸石化区域带集中了日本85%的炼油能力与89%的乙烯产能。

（5）促进可持续发展。化工园区能够实现资源的最优化利用，且园区在规划时考虑到整个产业链的发展，能够使各种人力、物力得到最大效率，有利于技术引进与创新、制度建设与创新，促进可持续发展。

（6）实现循环经济和集约化发展。化工园区通过对企业布局和产业的合理规划，以尽可能小的资源消耗和环境成本，获得尽可能大的经济和社会效益，从而实现经济系统与自然生态系统的物质循环过程更加和谐，促进资源高效利用。

1.1.3 化工园区的类型

化工园区的分类方法有很多，按地域特点，可分为靠近油气产地的原料产地型和靠近主要消费区的贴近市场型；按产业链特点，可分为石油化工型、天然气化工型、煤化工型以及综合型；按产业类型可分为大型石油化工型、精细化工型、城市搬迁型、老企业扩张型；从管理模式角度，可以分为政府管理型、公司管理型和混合管理型；从发展模式角度，可以分为龙头企业带动型和产品关联共生型；从园区规模区分，可以分为大型和中小型；从园区级别区分，可以分为国家级、省级、市级和县级。

不同类型的化工园区应急管理工作既存在差异，又具有共性。以政府管理型化工园区和公司型化工园区应急管理工作为例，其组织结构体系就存在巨大差异，但全流程的应急管理理念、“一案三制”的应急管理体系对于二者而言都必不可少。

1.2 化工园区安全生产应急管理概况

1.2.1 化工园区安全生产应急管理对象

应急管理工作的首要任务是明确应急对象。毫无疑问，对于化工园区应急管理工作而言，其应急对象是园区可能存在的各类生产安全事故。生产安全事故是指生产经营单位在生产经营活动中突然发生的，造成人身安全伤害或设备设施损害，导致原生产经营活动暂时终止或永远终止的意外事件。生产安全事故的类型很多，参照《企业职工伤亡事故分类》（GB 6441—1986），综合考虑起因物、引起事故的先发诱导性因素、致害物、伤害方式，将生产安全事故分为包括物体打击、车辆伤害、机械伤害、起重伤害、灼烫、火灾、容器爆炸、中毒和窒息在内共20类事故。

化工园区内的生产运营活动十分复杂，其可能涉及到的生产安全事故种类也非常多。例如，在大型储罐检修过程中，由于工作人员需要在高处作业，可能引发高处坠落事故；在大型工艺设备起吊安装过程中，可能由于挤压、坠落等原因发生起重伤害。然而并非所有类型的生产安全事故都属园区应急管理工作所考虑的范畴。在选择园区安全生产应急管理对象时，应着重考量以下两个问题：

（1）事故是否会导致群死群伤等恶性后果？

（2）事故是否具有蔓延扩散的属性？

综合以上两个考量因素，参照《企业职工伤亡事故分类》（GB 6441—1986），可以发现诸如物体打击、机械伤害、起重伤害、触电等事故影响范围一般局限在企业内部，造成的人员伤亡规模较小，不容易发生群死群伤；而诸如火灾、火药爆炸、化学性爆炸、中毒等事故则容易蔓延扩散，造成群死群伤。因此，就园区层面而言，安全生产应急管理对象应侧重于泄漏、火灾、爆炸和中毒等重大生产安全事故。

1.2.2 化工园区安全生产应急管理主要内容

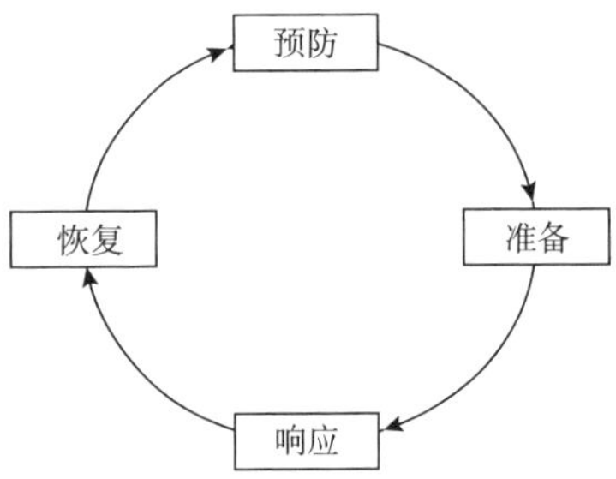

图 1-1 化工园区应急管理动态循环图

化工园区应急管理的目的是将事故所造成的人员伤亡、财产损失、环境及其他影响降低至最小程度，并在最大程度恢复事故影响。它是一个动态的过程，其内涵可以用图 1-1 表示，即预防、准备、响应和恢复 4 个阶段所形成的有机整体，每个阶段的目标及管理内容如表 1-1 所示。在实际管理过程中，这些阶段并非完全按照顺序进行，往往发生重叠，但其中的每一阶段都有自己单独的目标，并且是下个阶段内容的一部分。

表 1-1 化工园区应急管理的四个阶段的目标及管理内容

应急管理阶段	阶段目标	内容
预防	防止紧急事件或事故的发生，避免被迫采取应急行动	根据化工园区特点和具体情况，进行园区应急规划；制定各种安全管理制度、准入标准和园区规范；对园区内的企业和员工进行应急宣传与教育
准备	制订应急计划及完善应急保障系统，提高应急行动能力，时刻准备应对事故发生	建立并完善化工园区应急管理体系；成立化工园区应急管理机构，建立应急管理机制；制定各类应急预案；准备应急资源；进行应急培训与演习
响应	保护生命，使财产损失、环境破坏减小到最小程度，有利于恢复	启动应急预案，发出应急通告，迅速通知各应急部门；迅速开展各种应急救援行动，控制事态恶化；迅速开展营救和搜寻，提供应急医疗服务；疏散和避难
恢复	使生产、生活恢复到正常状态或得到进一步的改善	清理废墟、消毒、去污；评估损失、保险赔付；复查应急预案；消除事故影响，恢复生产生活，促进灾后重建

1.2.3 化工园区应急管理基本要素

化工园区应急管理由 5 个基本要素构成：管理主体、管理客体、管理目的、管理职能与方法，以及管理环境。

1）管理主体

在管理过程中具有主动支配和影响作用的要素。它可以是单个管理者，也可以是由管理者群体组成的管理机构。我国国家级化工园区一般由省（副省）级政府和当地市级政府负责领导，并成立政府部门性质的专门管理机构——化工园区管委会；省级中小型化工园区一般由地级或县市级政府领导，其管理机构主要有两种：一是成立政府部门性质的专门管理机构，二是与省级（国家级）经济技术开发区管理机构合二为一；市级和县级化工园区一般由市级或县级政府领导，园区企业自行管理。应急管理的主体是公共部门，即包括化工园区管委会在内的所在地人民政府及其委托的相关职能部门。

2）管理客体

化工园区生产安全事故应急管理的客体从管理组织的角度看，主要表现为化工园区内各种不同的政治、经济和事业单位；从管理资源的角度看主要表现为人、财、物、信息（如潜在的风险和各类突发事件）、时间等各种不同的资源。

3）管理目的

化工园区生产安全事故应急管理的目标是预防和控制事故对人民生命财产和生存环境带来的破坏；组织利用现有资源，妥善处理事故；保障化工园区与经济社会可持续发展。

4）管理职能与方法

管理的职能是计划、组织、指挥、协调和控制。化工园区安全生产应急管理中，各项管理职能的发挥，分别对管理目标的实现起着不同的作用。管理方法既包括传统的经济、行政、法律等方法，也包括运用现代科技和手段形成的各种方法。化工园区生产安全事故应急管理经过计划、实施、检查、处理等几个基本阶段的循环各种方法的正确使用，使管理职能不断发挥作用。

5）管理环境

主要指国家制度、政治经济体制、方针政策以及社会生产力水平、传统文化和自然条件等，也包括由此所决定的管理主体与管理客体的管理关系。管理环境直接决定着管理的性质和管理方式、管理方法的具体采用。

1.2.4　化工园区安全生产应急管理的意义

安全生产应急管理是化工园区安全生产管理工作的重要组成部分。全面做好安全生产应急管理工作，提高事故防范和应急处置能力，尽可能避免和减少事故造成的伤亡和损失，是坚持“以人为本”、贯彻落实科学发展观的必然要求，也是维护广大人民群众根本利益、构建和谐社会的具体体现。

目前，全国化工园区安全生产形势呈现了总体稳定、趋于好转的态势，但是事故伤亡总量大、重特大事故频发、职业危害严重，安全生产形势依然严峻。石化工业的特点决定了安全事故的多发性，一旦发生事故将造成严重的生命财产损失和环境破坏。由于人为、自然、管理、设备本身等诸多因素，事故和灾害是无法完全避免的，事故的应急救援成为抵御事故风险，控制灾害蔓延、降低事故危害的关键。我国化工园区现在还处在加速发展阶段，生产经营活动和经济规模的迅速扩大与安全生产基础的薄弱的矛盾突出，处于生产安全事故的“易发期”，加强安全生产应急管理工作显得尤为重要和迫切。

第 2 章 化工园区安全生产应急管理体系

应急管理体系涉及错综复杂相互交织的多个方面内容，但其核心要素主要包括应急预案和应急管理体制、机制、法制四个要素，合称“一案三制”。“一案三制”是基于四个维度的综合体系，它们具有不同的内涵属性和功能特征。其中，体制是基础，机制是关键，法制是保障，预案是前提，它们共同构成了应急管理体系不可分割的核心要素。作为应急管理体系的四个子系统，“一案三制”共同作用于应急管理的各个层面。

体制属于宏观层次的战略决策，具有先决性和基础性。体制以权力为核心，以组织结构为主要内容，解决的是应急管理的组织结构、权限划分和隶属关系问题；机制属于中观层次的战术决策，以运作为核心，以工作流程为主要内容，解决的是应急管理的动力和活力问题；法制属于规范层次，具有程序性，它以程序为核心，以法律保障和制度规范为主要内容，解决的是应急管理的依据和规范问题；预案属于微观层次的实际执行，它以操作为核心，以演练为主要内容，解决的是如何化应急管理为常规管理的问题，主要是通过模拟演练来提高应急管理实战水平。

化工园区安全生产应急管理体系同样包含体制、机制、法制和预案四个核心要素。虽然与其他突发事件应急管理体系存在共同点，但危险因素集聚、应急职能机构关系网复杂等特性，又使得园区的应急管理体系与其他突发事件应急管理体系存在着显著差异。

2.1 化工园区安全生产应急管理体制

应急管理体制是建立应急管理机制和应急预案体系的依托和载体。因此，建立完备应急管理机制是整个应急管理体系的首要环节。化工园区应急管理体制是指化工园区所在地各级政府、园区管委会、园区应急管理机构、入园企业和相关利益者等，纵向横向之间的职责分工和相互关系。本节将阐述当前我国化工园区两种典型的应急管体制模式，并结合应急管理工作扁平化的发展趋势，阐述我国化工园区应急管理体制的改进方向。

2.1.1 集权式应急管理体制

集权式应急管理体制是指整合园区所有应急资源，成立专门的应急管理机构（指挥中心），由其全权行使应急指挥大全。集权模式一般适合于资金、人力、物力雄厚的大型（国家级和部分省级）化工园区。对于采用集权模式的化工园区而言，园区应急管理机构（指挥中心）的设置是否合理完整，分工是否明确，显得尤为重要。集权式化工园区应急管理机构职能设置情况如图 2-1 所示。集权化的园区应急管理组织架构可以满足专业化的应急需求，可以实现防灾和减灾相结合，实现应急资源和管理的有机整合。当然，如果园区发生特大或超大型生产安全事故，如发生严重的有毒化学品泄漏事故，影响范围扩大到园区以外的范围，园区应急管理机构可能难以实施应急指挥，这时应急管理权应该根据事故具体情况向上转移。

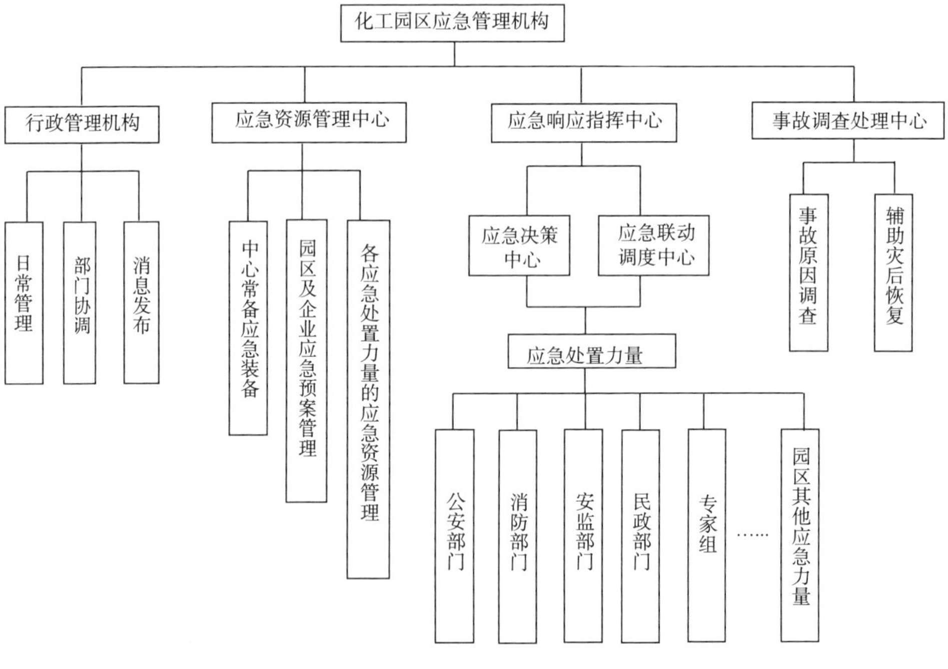

图 2-1 集权式化工园区应急管理机构组织机构体系图

2.1.2　授权式应急管理体制

授权模式是根据化工园区管委会或所在地人民政府现有的应急基础，通过局部调整，授权应急基础比较好的某部门（单位），在该部门（单位）的牵头下，化工园区应急相关部门按照约定的流程，分工协作，联动指挥，构建化工园区应急协调指挥系统。授权模式一般适合于资金、人力、物力较弱的中小型化工园区。授权式化工园区应急管理组织机构模式如图 2-2 所示。

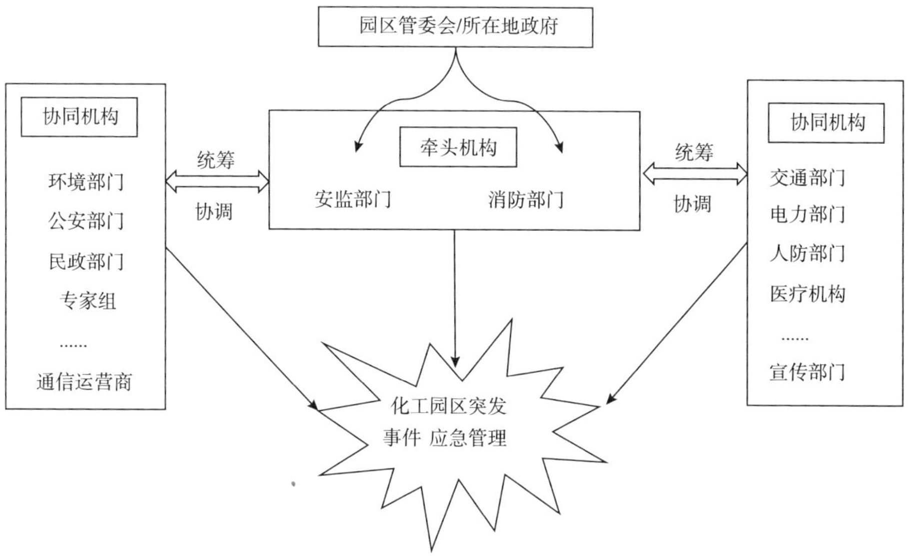

图 2-2　授权式化工园区应急管理组织机构体系图

授权式应急管理面临两个突出问题需要妥善处理：

1）牵头机构的选择

选择牵头机构需要考量的因素有很多，如统筹协调能力、应急处置能力等。在政府应急相关机构中，安监部门和消防部门作为牵头机构的优势更为明显一些。安监部门作为负责地区安全生产的政府直属职能部门，被法律赋予“行使安全生产综合监督管理职权，指导、协调和监督有关部门开展安全生产管理工作”的责任和义务，因此在处理突发安全生产事件上，安监部门“先天”具有统筹协调能力强的优势。此外，安监部门还负责生产经营单位的应急预案登记、审查、备案和管理，以及事故调查分析等工作。因此统筹负责园区全流程的应急管理更具优势；消防部门作为现场应急响应与处置工作的“一线”参与者，具有熟悉应急响应具体流程、应急资源集中等优势，且消防部门的“119”指挥中心建设非常成熟，系统内部进行信息沟通交流的渠道畅通，这对于应急力量的快速响应和调动具有明显优势。在实际选择时，要综合考虑各方优劣势，妥善慎重进行决策。

2）沟通协调机制

随着化工园区的不断发展，其突发生产安全事故的综合性和复杂性日趋明显，应急管理几乎涵盖了所有的部门。而不同行业、部门条块分割严重，且由于权力和利益等方面的问题，相互之间存在矛盾，以致联动作战效率较低，协调难度大。因此，为了更好地应对日益综合化和复杂化的园区突发应急管理工作，必须将各部门结合成一个有机系统，构建科学合理高效的园区应急管理沟通协调机制。

2.1.3 应急管理体制发展趋势

我国现行的突发事件应急管理组织结构是自上而下进行的分层管理，其内部是等级分明的树形垂直结构，各部门线条分明。虽然垂直管理结构关系清晰，决策与执行工作具有较高效率，但是其管理沟通的信息来源与基本流向被严格控制，管理沟通的速度和质量严重依赖于直线各点，容易造成沟通不顺畅或失误，与突发事件应急管理跨部门、跨领域协作，广泛的信息沟通交流需求相背。目前化工园区安全生产应急管理体制，尤其是授权式应急管理体制，依然存在着明显的“垂直化”管理的特点。各政府应急相关机构在执行应急任务过程中，严重依赖上级主管部门指示，逐级对上负责的行政管理理念根深蒂固。

未来的应急组织结构将更加趋向扁平化。组织结构扁平化的主要目的是减少组织的中间层次，使指令下达、信息流通更加迅速，从而保障应急管理决策的有效执行，使组织更加灵活、快捷，提高组织运作效率和职能。

对于化工园区应急管理工作而言，集权化的体制结构相对于授权化结构而言，更加接近扁平化的理念，它淡化和削弱了政府在处理园区突发事件中的作用，便于采取更加灵活的处置措施来有效应对灾难。逐步完善现有的集权模式，使其更加凸显扁平化的理念，并探索适合于中小型化工园区的集权式应急管理组织结构体系，在相对有限的人力、物力、财力资源条件下，最大可能的实现扁平化的应急管理。

2.2　化工园区安全生产应急管理机制

应急管理机制是指突发事件全过程中各种制度化、程序化的应急管理方法与措施。从内涵看，应急管理机制是一组以相关法律、行政法规、行政命令等为基础的应急管理工作流程。从外在形式看，应急管理机制体现了相关机构的各项具体职能；从功能作用看，应急管理机制侧重在全流程应急管理过程中，各部门和单位如何通过科学组织和协调各方面的资源能力，以更好地防范与应对突发事件。

2.2.1　化工园区应急联动机制

由于突发事件的链状衍生性和信息的不充分性，应急联动和协同十分必要。突发事件会通过各种渠道和途径，使事件发生地以及整个周边区域的社会公众遭受重大影响，包括人力、物力和财产损失。通过建立应急联动机制，可以实现安全利益各相关体进行指挥协调、资源共享、功能整合及联合行动，从而可以取得更好的危机治理效果。

应急联动机制对于化工园区来说则显得更为必要。化工园区这种产业集聚模式，决定了其安全生产应急管理工作必然牵涉到政府应急职能机构、园区应急管理机构、企业、周边居民区等多方安全责任或利益相关的机构组织、社区组织，各相关单位必然相互交织形成一个复杂的网络。建立完善的园区应急联动机制，理顺应急关系网，对于提高应急管理工作的能力和效率具有重要意义。

2.2.1.1　化工园区应急联动需求分析

化工园区内企业相对集中，化工工艺复杂，装置规模巨大，重大危险源数量多且密度大，生产过程存在发生重特大危险化学品灾难事故的现实性和可能性，主要风险特征表现在3个方面：

（1）易发生事故多米诺效应。当园区内企业发生事故时，由于其相邻危险源之间可能互相影响而导致初始事故蔓延和升级，进而引发二次或三次事故，导致更为严重的次生事故。

（2）事故应急救援难度高。园区内管线纵横交错，储罐及设备高密度集聚，生产储存的危险化学品种类繁多，一旦发生火灾爆炸、有毒物质泄漏等重特大事故，要迅速根据现场生产工艺、物质种类等确定救援方案、调集部署应急救援力量。此外，园区重特大事故，尤其是易燃易爆有毒危险化学品泄漏扩散事故，波及范围广，还受到地形、气象条件等多方因素影响。这些因素都极大增加了园区突发生产安全事故应急救援的难度。

（3）事故潜在损失大。由于化工园区大多是邻近大江、大河以及湖泊等水域，一旦发生重大危险化学品泄漏扩散事故，就有可能对当地甚至是下游广大区域的水源和生态环境产生灾难性影响。

对园区的3个风险特征进行分析，不难发现园区存在着巨大的应急联动需求。

首先，园区内企业集聚，易发生事故多米诺效应，决定了空间距离临近的若干家企业具有建立应急联动机制的需求。安全利益攸关的企业之间可以通过建立应急联动机制实现应急管理信息通报，应急资源整合和互补，当灾难事故发生时可以进行相互救援。这些措施将极大提高企业应对突发生产安全事故的能力，降低多米诺事故发生的可能性。

其次，园区事故应急救援难度高，对应急救援决策者的能力、应急处置队伍的数量和业务素质提出了极高的要求。大型化工园区凭借着雄厚的人力、物力、财力资源，可以组建专属的应急管理机构和应急决策处置队伍，来满足大部分的突发事件应急救援需求。但当发生重特大生产安全事故，园区自身力量不足以应对时，依然需要园区所在地政府，甚至是周边行政区域各相关职能机构的帮助。而对于中小型化工园区而言，其事故应急救援工作则更加依赖于各职能机构。因此，建立起园区与政府应急职能机构之间的联动机制，无论对于大型化工园区还是中小型化工园区而言都显得尤为重要。

第三，园区临江、河、湖泊，且存在发生易燃易爆有毒化学品泄漏的风险，一旦发生事故，危险物质将极易通过水和空气等介质进行传播扩散，造成下游或下风向其他行政区域受到事故波及，决定了建立区域应急联动机制的必要性。通过建立跨区域的应急联动机制，实现应对园区突发事件的协同管理指挥，编制专项区域应急预案，进行区域间的应急信息沟通交流，可以极大地提升跨区域应急合作能力，最大限度地降低事故后果扩散所带来的人员伤亡和财产损失。

2.2.1.2 化工园区应急联动机制分类

按照区域范围将化工园区应急管理联动机制划分为3个层次：园区内部应急联动、行政区域内应急联动、行政区域间应急联动。

1）园区内应急联动机制

园区内的应急联动组织架构以园区应急管理中心为核心，形成网状组织结构，具体包含以下3种应急联动关系，见图2-3：

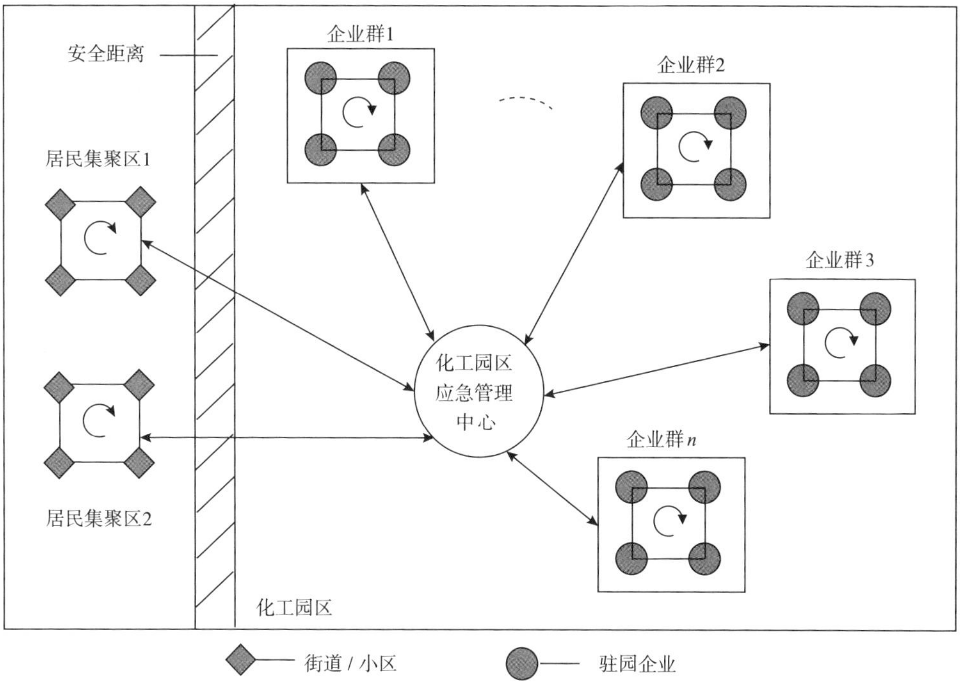

图 2-3 化工园区内应急联动组织架构图

（1）空间距离上临近，且发生生产安全事故之后可能相互波及影响的若干家企业之间，可以自发或者在相关机构指导下建立小范围的企业间应急联动机制。通过应急联动机制，这些安全利益攸关的企业之间可以进行充分的信息沟通，人力、物力资源的相互补充，从而提升整个企业群的应急管理能力，控制或避免多米诺事故的发生。

（2）由于征收土地财政成本高，不少化工园区规划土地范围内还存在有大量的居民住宅区。一旦园区发生重特大生产安全事故，周边居民将极易受到波及影响，甚至发生大规模的就地避难或应急疏散。空间距离临近的若干街道或小区之间可以形成类似“邻里守望”的应急联动制度，相互通报所掌握的应急信息；一旦接到应急疏散或就地避难的指示后，可以互相协助、互相接济。

（3）化工园区应急管理机构与各个园区企业之间建立应急联动机制，就可以形成以园区应急管理机构为核心，企业为节点的应急联动网。园区各企业的突发生产安全事故信息均可以在这个网络中进行沟通传递。此外，通过建立园区管理机构与企业之间的联动机制，可以实现园区公有应急资源与企业自有应急资源的整合优化，从而大幅度提升园区整体处理突发生产安全事故的能力。

2）行政区域内应急联动机制

行政区域内应急联动主要是指化工园区应急管理机构与所在地政府应急职能机构之间的沟通协调、配合协作。无论大型化工园区还是中小型化工园区都不具有独立完成所有突发生产安全事故应急救援工作的能力，必须在不同程度上依赖园区外的应急力量。建立完善的区域内应急联动机制，能够极大地提升园区综合应急处置能力。区域内政府应急职能机构的联动工作，主要由所在地政府设立的应急管理委员会或相关机构来统筹协调。

3）行政区域间应急联动机制

行政区域间的应急联动机制，主要体现在地理位置毗邻、安全利益攸关的地区之间的协调合作。当化工园区发生重特大易燃易爆有毒有害危险品泄漏扩散事故时，有可能引发毗邻区域遭受事故影响。化工园区所在地政府部门应及时将事故信息通报其他相关地区政府部门，提前做好处置准备。此外，当园区发生特大灾难性生产安全事故，园区应急力量和所在地政府应急力量不足以控制灾情时，应通报周边地区请求应急人力、物力、财力支援。

2.2.2 化工园区应急分级响应机制

突发事件的应急响应机制已经成为科学、合理、高效调度应急资源，组织应急救援工作的惯用制度。《国家突发公共事件总体应急预案》在1.3“分类分级”中指出“各类突发公共事件按照其性质、严重程度、可控性和影响范围等因素，一般分为四级：Ⅰ级（特别重大）、Ⅱ级（重大）、Ⅲ级（较大）、Ⅳ级（一般）。”目前，政府部门对生产安全事故的分级界定标准如下：

（1）特别重大事故，是指造成30人以上死亡，或者100人以上重伤，或者1亿元以上直接经济损失的事故。

（2）重大事故，是指造成10人以上30人以下死亡，或者50人以上100人以下重伤，或者5000万元以上1亿元以下直接经济损失的事故。

（3）较大事故，是指造成3人以上10人以下死亡，或者10人以上50人以下重伤，或者1000万元以上5000万元以下直接经济损失的事故。

（4）一般事故，是指造成3人以下死亡，或者10人以上50人以下重伤，或者1000万元以下直接经济损失的事故。

以上对事故的分类方法主要基于事故的直接后果，但在实际应急响应过程中很难准确统计出死亡、重伤人数以及财产损失额度，这些数据往往是在事故响应末期才能较为准确地获取。因此依上述标准来指导园区应急分级响应显然不合适。其实对于一个化工园区应急响应工作而言，关键是要区分事故的影响范围和需要调用的应急资源。因此，按照事故影响范围将园区应急响应分级界定标准设置如下：

(1) Ⅳ级（一般）——企业内装置单元级，事故出现在企业的某个生产单元，影响到局部地区，但限制在单独的装置区域。

(2) Ⅲ级（较大）——企业生产区级，事故限制在企业内的现场周边地区，影响到相邻的生产单元。

(3) Ⅱ级（重大）——化工园区级，事故超出一个企业的范围，临近的企业受到影响，或者发生多米诺事故，影响事故现场之外的周围地区。

(4) Ⅰ级（特大）——化工园区外级，事故超出了化工园区的范围，出现大面积的影响地区，波及化工园区外的生活和生产区域。

2.2.2.1　Ⅳ级——企业内装置单元级/一般灾害事故

一般灾害事故，是指对化工园区内某企业内某套装置或产品车间范围的生产安全和人员安全造成较小危害或威胁，由企业自主进行处置的灾害事故。一般灾害事故发生后，相应发布Ⅳ级警报，由企业自主决定。

1）指挥调度程序

当发生一般灾害事故时，企业必须立即按照预案进行处置，并向化工园区应急管理中心报告。中心接报后，通知消防或公安、医疗方面的应急人员做好应急准备。

2）信息上报程序

当企业进行应急处置时，必须将现场情况报告应急管理中心，并在处置结束后，将情况汇总及时报应急管理中心，由中心综合上报管委会领导。

3）处置流程

当发生一般灾害事故时，原则上由企业自行处置，由应急管理中心视情况通知有关应急力量待命。

2.2.2.2　Ⅲ级——企业生产区级/较大灾害事故

较大灾害事故，是指对化工园区某个企业内生产安全和人员安全造成较大危害或威胁，造成或者可能造成人员伤亡、财产损失，需要调度园区内相关力量协助企业进行应急处置的灾害事故。较大灾害事故发生后，相应发布Ⅲ级警报，由企业自主决定，并报应急管理中心备案。

1）指挥调度程序

当发生较大灾害事故时，企业必须立即按应急预案进行处置，在第一时间向园区应急管理中心报警。中心接警后，视情况派出消防或公安、医疗等方面的人员赶赴现场，并向园区管委会和市应急管理委员会报告。

2）信息上报程序

当企业进行应急处置和区内应急力量到达现场后，都要迅速将现场情况报告园区应急管理中心，并视情况做出续报。处置结束后，将情况于及时上报化学应急管理中心，由中心综合各类信息上报管委会领导和市应急管理委员会。

3）处置流程

当发生较大灾害事故时，由企业应急力量予以先期处置，园区应急管理中心派出应急力量到达现场后，协助企业处置事故。

2.2.2.3　Ⅱ级——化工园区级/重大事故灾害

重大灾害事故，是指化工园区内企业的生产安全和人员安全造成重大危害或威胁，严重影响临近企业的生产安全和人员安全，造成或者可能造成人员伤亡、财产损失，需要调度区内和周边地区的力量和资源进行应急处置的灾害事故。重大灾害事故发生后，相应发布Ⅱ级警报，由应急管理中心报请园区管委会领导决定。

1）指挥调度程序

当发生重大灾害事故时，企业必须立即按预案进行处置，在第一时间内向应急管理中心报警，并积极组织相关人员紧急处置。中心接警后，迅速派出区内消防、公安、医疗等方面的人员赶赴现场，并立即通知园区内所有企业紧急做好安全防护工作；急邀化工园区应急处置专家指导委员会成员到中心，研讨对策；同时向市应急管理委员会报告，由市应急管理委员会调度区外周边地区的力量和资源进行应急救援。

2）信息上报程序

当园区内各专业应急处置力量到达现场后，要将各自了解到的情况迅速报告本部门领导和应急管理中心，并将处置情况做出续报。在设立现场指挥部后，各专业应急力量的处置情况一律报告现场指挥部及指挥长，由现场指挥部综合信息报应急响应中心。应急管理中心及时不断地将信息报告市应急管理委员会。处置结束时，各专业应急处置力量将情况汇总，及时上报应急管理中心，由中心综合各类信息上报园区管委会领导和市应急管理委员会。

3）处置流程

当发生重大灾害事故时，由企业应急力量予以先期处理。化工园区应急管理中心派出应急力量达到现场后，与企业共同处置事故。同时，及时开设现场指挥部，各应急力量一律服从现场指挥部的统一指挥。现场指挥部接受园区应急指挥部的领导，应急处置指挥部设在应急管理中心内，重大决策由总指挥或常务副总指挥决定。

2.2.2.4 Ⅰ级——化工园区外级/特大灾害事故

特大灾害事故，是指对化工园区内企业的安全生产和人员伤亡造成重大危害或威胁，影响区域波及园区区域内外，造成或者可能造成人员伤亡、财产损失，需要统一组织、调度全市相关公共资源和力量进行应急联动处置的灾害事故。特大灾害事故发生后，相应发布Ⅰ级警报，由园区应急管理中心报请园区管委会领导决定，并报市应急管理委员会备案。

1）指挥调度程序

当发生特大灾害事故时，企业必须立即按预案进行处理，在第一时间内向应急中心报警，并积极组织相关人员紧急处置。中心接警后，迅速调动区内所有应急力量赶赴现场，并立即通知化工园区内所有企业及周边地区政府部门，紧急做好安全防护工作；急邀化工园区应急处置专家指导委员会成员到应急管理中心，研讨对策；同时向市应急管理委员会报告，由市应急联动中心调度全市相关公共资源和力量进行处置。

2）信息上报程序

当园区内各专业应急处置力量到达现场后，要将各自了解到的情况迅速报园区应急管理中心，并将处置情况做出续报。在设立现场指挥部后，各专业应急力量的处置情况一律报告现场指挥部及指挥长，由现场指挥部统一报园区应急管理中心。在全市相关应急处置力量陆续到达现场后，开设总指挥部。应急管理中心负责将各类信息及时报告园区管委会领导和市应急管理委员会。处置结束时，各专业应急处置力量将情况汇总，及时上报应急响应中心，由应急管理中心综合各类信息上报园区管委会领导和市应急管理委员会。

3）处置流程

当发生特大灾害事故时，由企业应急力量予以先期处理。化工园区应急响应中心派出应急力量达到现场后，与企业共同处置事故。同时，及时开设现场指挥部，各应急力量一律服从现场指挥部的统一指挥。当全市各应急力量相继到场后，在应急管理中心设立总指挥部，由市有关方面领导、管委会领导组成，重大决策由总指挥部决定，由市有关专家和园区应急处置专家指导委员会成员提供技术支持。

2.2.3 化工园区应急决策机制

应急决策是为应对突发事件而进行的一系列决策活动，是发生突发事件或出现征兆时，在有限的时间内收集处理有关信息，明确问题与目标，制定应急行动方案，选择满意方案，组织实施并跟踪检验，纠正决策中的失误，直至问题彻底解决的一个动态过程。

2.2.3.1 突发事件应急决策特点

突发事件具有发生、发展、演变的不确定性，灾害程度难以预计等特征，需要针对应急事件发展演变的不同阶段，在应急预案的基础上制定应急处置方案。突发事件应急决策具有以下特点：

（1）应急决策属非程序化决策，需要根据现场情况的改变和应急过程的进行而进行快速的改变，要在短时间内做出有效的处理，不能按照常规决策一样按部就班地进行决策，因此应急决策的科学性和时间性存在矛盾。

（2）决策反应时间短，相关信息极度缺乏，决策难度大。危机的突发性导致难以在短时间内完全采集应急决策相关信息或是信息大量聚集导致决策者难以获取可靠有效的信息，加之决策者处于高度不确定的复杂环境中，使得决策者所面临的反应时间很短，决策难度很大。

（3）应急决策是高度的集权决策，而应急救援需要联合多部门的工作，决策协调工作至关重要。突发事件应急处理过程，是由多个部门、单位与个体参与的组织协调的过程，所以形成一个强有力决策核心和执行控制系统是突发事件应急处置是否成功的关键。

（4）应急决策是复杂条件下的多目标决策，应急救援的目标可能很多，这就需要分清主要目标和次要目标。决策需要针对最主要的目标，不容许次要目标弥补或替代。为保证主要目标的实现，需要对一些次要目标进行权宜处理，但这样的处理应尽量与主要目标相一致。

2.2.3.2 突发事件应急决策流程

突发事件发生以后，应急决策主体面临的情况复杂无序，首先必须解决的是决策主体决策活动流程问题。突发事件应急决策流程模型针对事故发生阶段的特点，为应急决策提供基本思路，应急决策流程概念模型如图 2-4 所示。

模型将突发事件应急决策分为三个阶段：突发事件爆发、应急抢险和善后处理阶段。模型的重点是应急抢险阶段的决策工作。突发事件发生后，决策组通过

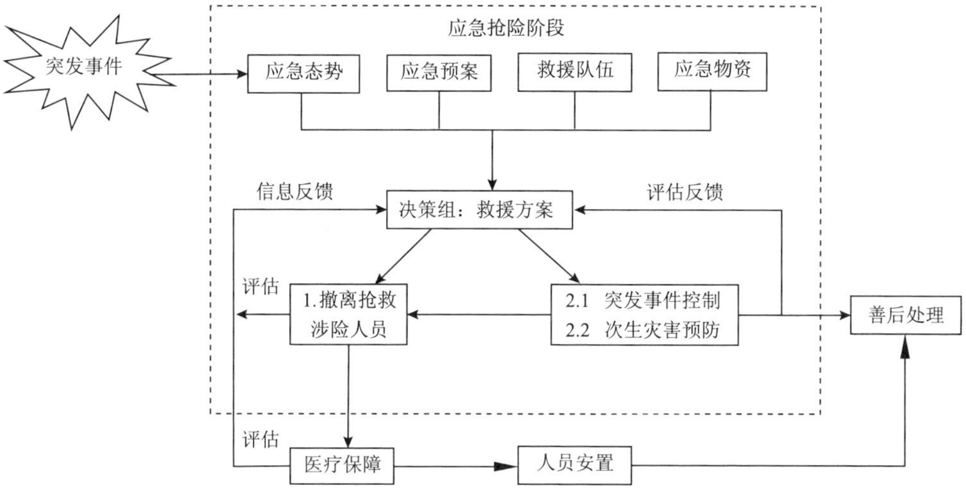

图 2-4　突发事件应急决策流程概念模型图

搜集突发事件状态特征信息，包括事件的类型特征信息、烈度信息、趋势信息和可能造成的影响信息等，对应急态势进行评估，并结合应急预案、应急物资、救援队伍等情况制定综合的救援预案。首先要解救疏散涉险人员到安全地带，其次同时展开突发事件控制和次生灾害预防工作。在人员解救和突发事件控防过程中，要做到随时汇报现场实际情况，以确保决策组能够在信息充足的情况下做最佳决策。在人员安置和突发事件善后处理过程中，要及时进行总结，丰富事故案例数据库，更正完善应急预案，进行相应的应急贮备。决策过程中要注意的几个关键问题包括：

（1）突发事件信息　信息汇报必须解决好突发事件信息的描述标准以及汇报程序问题。描述标准包括突发事件发生时间、地点、类型等基本情况，一般也包括遭受突发事件影响范围和危害程度说明。汇报程序包括突发事件责任单位内部、相关单位之间以及决策主体之间的信息汇报程序。

（2）突发事件控防　解救涉险人员和展开突发事件控防有时候是同步展开的。在突发事件控防过程中，首先要当机立断控制突发事件负面影响的扩大，通过一定的决策目标价值标准决定采取的方案；在次生灾害预防中，要依据现场情况分析可能出现的灾害，充分做好后勤支援保障。

（3）善后处理方案比选　突发事件的善后处理工作对象主要包括突发事件涉及的实体以及社会大众。对于涉及的实体，需要依据破坏情况进行评估，然后制定、分析比选善后恢复方案。针对社会大众需要分析评估突发事件对社会大众心理的影响，尽快制定方案，消除突发事件引起的社会行为和心理活动后遗症，以尽快恢复经济生产和生活秩序。

2.2.3.3　突发事件应急决策评价

应急决策是突发事件管理成败的决定性工作环节，应急决策本身就是紧急情况下做出的非常规决策，涉及的不明朗因素较多，所以要对应急决策进行评价是比较复杂的。总的来说，可以从应急决策的过程和效果两个方面进行评价。就决策过程而言，可以从应急方案的目标价值排序合理性、经济损益、风险取向标准、时间参数、技术可行性等方面进行评价；就实施效果而言，可以从事件人员伤亡挽救率、经济损失挽回率、与以往类似事件的可比性、公众的反应等方面进行评价。评价方法主要包括模糊综合评价、专家评分法、数学统计计量等定性或定量评价方法。

2.3　化工园区安全生产应急管理法制

法制建设是应急管理体系的基础和保障。我国应急管理法制建设起步较晚，直到 2007 年才出台了《中华人民共和国突发事件应对法》这部应急基本法，相比于美欧等发达国家完备的应急管理法制体系存在不小的差距。化工园区作为化学工业发展的一种趋势，其安全生产应急管理工作必然需要法律制度的保障。本节将重点梳理国内外化工园区应急管理相关法律法规，分析我国化工园区应急管理法制建设与国外的差距，指明改进方向。

2.3.1　国外相关法制体系

世界各国为了减少事故损失，提高应急管理能力，保护公众生命和财产，都建立了各自的应急管理法律法规体系。在美国，化工园区应急管理的相关法律法规主要通过综合性的应急法律和化学工业生产有关法律条文相结合的形式组成。1986 年美国国会通过了《超级基金法》的修正案，该修正案是美国事故应急救援的最高法律依据，其中第三部分为《应急计划和社区知情权法》。法案除了要求企业制定应急计划外，主要是保护公众享有社区危险化学品的知情权。1988 年颁布实施的《减灾和紧急援助法》修正案则规定了重大突发事件的救援处置组织、流程、措施等内容。这些法律在突发事件应急管理的法制体系中属于基本法或者上位法，涉及面广，内容多具有宏观指导性。具体到化工安全生产应急管理这个子领域，则一般在美国联邦法规 1910 系列中体现。在 1910.38《应急预案》、

1910.119《高度危险化学品过程安全管理》、1910.120《危险废物质的操作和应急处理》中均有条文来规范化工生产经营单位的安全生产应急管理工作。此外还有由国家应急响应小组制定发布的《危险物质应急计划指南》等非强制性指导意见来规范化工安全生产应急管理工作。

欧盟的应急管理法律法规体系主要有两项重要的立法：《民事紧急法令》和《重大事故危害控制法规》（COMAH）。《民事紧急法令》分为两个独立的部分：对民事保护的地方安排和应急权力，为地方政府介入到紧急准备和应急中的部门建立了一套明确的角色和责任体系。《重大事故危害控制法规》又称《塞维索法令》，适用于危险物质超过规定值的任何危险场所，它要求：企业经营者的上级政府主管部门负责向地方政府提供应急计划；经营者负责准备现场应急计划和场外应急计划，并向公众和主管部门提供信息。

2.3.2　我国相关法制体系

我国的应急管理法制体系属条块结合型，全国人大及其常务委员会、中央和省市县人民政府纵向应急管理与国务院各部、委、地方管理局的横向管理结合构成具有中国特色的应急管理法制体系。法律法规的相继出台为预防和紧急处理各类灾害事故，提供了法律基础和执法依据。同欧美发达国家相同，由于“口径”较细，我国并没有专门针对化工园区甚至化工行业的安全生产应急管理的相关法律和行政法规，而多以国务院及地方政府部门所颁布的行政命令、指导意见及指南等形式进行直接体现。

1）法律

法律是指由国家立法机关审议通过的，由国家权力保证实施的行为规范，其法律效力高于行政法规、地方性法规、行政命令、规章等。我国突发事件应急管理的立法工作起步较晚，2007 年之前并没有单独针对突发事件设立应急管理法律法规，相关规定多包涵在其他法律中。如 2008 年修订的《中华人民共和国水污染防治法》第六章对水污染事故的应急处理工作进行了规定；2008 年修订的《中华人民共和国消防法》对生产经营单位火灾预防工作、消防部门的灭火救援工作及监督检查工作等做出了规定；2014 年修订的《中华人民共和国安全生产法》在第二章和第五章中对政府部门、生产经营单位在日常应急管理、应急救援工作中承担的责任和义务做出了规定。

由于一直缺乏综合性的突发事件应急管理法律法规进行指导约束，单凭“散布”于其他各项法律中相关的“碎片化”条文，难以从根本上构建起突发事件应急管理的法制体系。2007 年 8 月，全国人大常委会审议通过了《中华人民共和国突发事件应对法》，对突发事件应急管理的原则、组织体系、责任机制、动员机制等一系列问题做出了纲领性的规定。《中华人民共和国突发事件应对法》的出台无疑为预防和减少突发事件的发生，控制、减轻和消除突发事件引起的严重社会危害，规范突发事件应对活动，保护人民生命财产安全提供了法律保障。

我国虽然没有专门针对化工园区安全生产应急管理的法律，但是其应急工作涉及到的诸如组织机构设置、应急职责、救援行动等方方面面都可以在这些法律中寻找到依据。化工园区安全生产应急管理涉及的相关法律见表 2-1（不完全统计）。

表 2-1 化工园区安全生产应急管理相关法律条文说明

序号	法律	颁布时间	说明
1	中华人民共和国特种设备安全法	2013.6.29	第五章对特种设备事故应急救援与调查处理做出明确规定
2	中华人民共和国职业病防治法	2016.7.2 修订	第三章对生产过程中可能面临的突发职业病事故的应急预案制定、应急物资等做出规定
3	中华人民共和国消防法	2008.10.28	对生产经营单位、消防应急力量所应承担日常消防管理、监督检查、火灾应急行动等各方面做出详细规定
4	中华人民共和国水污染防治法	2008.2.28	第六章对生产经营单位发生水污染事故后的应急处理工作进行了规定
5	中华人民共和国突发事件应对法	2007.8.30	就突发事件的预防与应急准备、监测与预警、应急处置与救援、事后恢复与重建等方面做出了详细规定
6	中华人民共和国固体废弃物污染环境防治法	2004.12.29	第四章第六十二条对危险废弃物相关单位的应急管理工作做出规定
7	中华人民共和国安全生产法	2014.8.31 修订	第五章对生产安全事故应急救援有详细规定
8	中华人民共和国大气污染防治法	2015.8.29 修订	第一章第二十条对生产经营单位发生有毒有害气体泄漏所应采取的应急管理措施做出规定

2）行政法规

国务院及其各部委依据相关法律，在各自权限范围内制定有关突发事件应急管理工作的规范性文件，其内容是对管理制度和措施的进一步细化。例如，在

2006 年年初，国务院制定并发布了《国家突发公共事件总体应急预案》《国家安全生产灾难事故应急预案》《国家突发环境事件应急预案》《国家突发公共卫生事件总体应急预案》等一系列国家级应急预案，使得突发事件应急管理工作在组织机构、运行机制等方面实现了有据可依，使得法律中纲领性的条文细化为更加贴近实际实施办法。

此外行政法规相比法律，其适用“口径”较细，制定实施的环境较为为灵活，能够更加贴合实际地对具体行业、具体工作进行指导约束，极大地增强了制度的可操作性。例如，2002 年颁布的《危险化学品安全管理条例》（后于 2011 年、2013 年两次重新修订）就针对发生危险化学事故后的应急救援，以及事故前的组织机构建设、监督检查、应急准备等一系列工作进行了细致的规定，对生产经营单位及相关应急救援单位进行危险化学品应急管理工作起到了重要的指导作用。化工园区安全生产应急管理涉及的相关行政法规见表 2-2（不完全统计）。

表 2-2　化工园区安全生产应急管理相关行政法规

序号	法规	颁布时间	颁布机构	说明
1	危险化学品重大危险源监督管理暂行规定	2011.8.5	国家安监局	第十七条～第二十一条对危险化学品单位应急管理进行规定
2	危险化学品安全管理条例	2013.12.7	国务院	第六章对危险化学品事故应急救援进行详细说明
3	突发环境事件应急预案管理暂行办法	2010.9.28	环保部	为环境保护主管部门、企事业单位环境应急预案的编制、评估、发布、备案、实施等活动提供指导
4	国家突发环境事件应急预案	2006.1.24	国务院	建立健全突发环境事件应急机制，提高政府应对涉及公共危险的突发环境事件的能力
5	国家安全生产事故灾难应急预案	2006.1.22	国务院	规范安全生产事故灾难的应急管理和应急响应程序
6	国家突发公共事件总体应急预案	2006.1.8	国务院	对应对突发公共事件的组织机构、运行机制、应急保障、监督管理等方面做出详细规定

3）指导意见/指南

指导意见常以国务院各部委行政命令的方式下达，兼具指导性和强制性。而指南则仅具有指导性不具有强制性。指导意见/指南作为应急管理法制体系的组成部分，其最大的特点就是“口径细”、针对性强、灵活性高，可以随时针对安全生产过程中出现的新形势、新问题，出台具有极强针对性的措施和指导意见。梳理与园区应急管理工作紧密贴合的法规政策，几乎全部以“指导意见”和“指南”的形式发布。如 2012 年国务院安委会下发的《进一步加强化工园区安全管理的指导意见》（安委办〔2012〕37 号），对园区应急保障能力、园区预案管理等一系列工作进行了规定。指导意见/指南的发布，对于化工园区更好地发挥应急管理相关法律和行政法规的效用，起到了重要的补充作用。化工园区安全生产应急管理涉及的相关指导意见/指南见表 2-3（不完全统计）。

表 2-3　化工园区安全生产应急管理相关行政命令

序号	法规	颁布时间	颁布机构	说明
1	国家安全生产应急救援指挥中心综合部关于报送化工园区应急管理基本信息的通知	2016.3.21	国家安监局	完善全国化工园区应急管理基本信息报送要求
2	进一步加强化工园区安全管理的指导意见	2012.8.7	国务院安委会	第八条提出强化园区应急保障能力建设，构建一体化应急管理系统
3	关于加强化工园区环境保护工作的意见	2012.5.17	环保部	第十七条提出加强园区环境应急保障体系建设，制定环境应急预案，明确风险防范措施
4	关于加强国家生态工业示范园区建设的指导意见	2011.12.5	环保部	第十二条提出严格落实园区环境应急分级、动态和全过程管理；建立园区内企业应急联动制度；构建园区应急响应系统
5	石油化工企业环境应急预案编制指南	2010.1.28	环保部	规范石油化工企业环境应急预案编制工作，切实增强预案的针对性和可操作性提供指导
6	关于进一步提高化工园区发展水平的指导意见	2008.6.10	中国石化协会	第十三条提出构建高效灵敏的联动应急指挥机构，建设专业化应急处置队伍，配备先进齐全的应急救援装备

2.3.3　法制体系发展方向

就目前应急管理法制建设的情况而言，无论国外还是国内，均没有直接与化工园区应急管理甚至是化工园区相关的法律法规。专门针对化工园区应急管理开展立法工作的可能性很小。然而值得注意的是，尽管我国与欧美发达国家均采用了“法律指引＋行政指令执行”的法制模式，但我国的化工园区应急管理法制化水平依然与发达国家存在差距，主要体现在法制化体系不健全。我国的应急管理法制化建设虽然在近年来逐步启动，并取得了迅速发展，但法制体系依然存在很多漏洞亟待弥补。

《中华人民共和国突发事件应对法》作为应急管理领域综合性的基本法，它的出台无疑为预防和减少事故发生，控制、减轻和消除突发事件引发的灾害，规范突发事件应对活动提供了稳定的法律支撑。但是该法只是从宏观上指导和规范突发事件的应急管理工作，其中很多条款在实际运行过程中并没有相应的配套法律支撑。例如，第六十一条规定“受突发事件影响地区的人民政府应当根据本地区遭受损失的情况，制定救助、补偿、抚慰、抚恤、安置等善后工作计划，妥善解决因处置突发事件引起的矛盾和纠纷。”然而国家并没有针对各类突发事件补偿的相关法律支撑，在实际运行过程中随意性较大，容易引发各种矛盾纠纷。再例如，第三十五条规定“国家发展保险事业，建立国家财政支持的巨灾风险保险体系，并鼓励单位和公民参加保险。”而目前，由于缺乏相关法律的支持，巨灾险在我国一直难以推动。因此，为了保障《中华人民共和国突发事件应对法》在实际运用中发挥指导作用，提高应急管理工作的效率，必须出台与《中华人民共和国突发事件应对法》配套的系列法律，从而完善应急管理的法制化体系。

2.4　化工园区安全生产应急预案

应急预案是有效开展化工园区事故应急管理的重要措施，也是化工园区落实法律法规要求和履行安全监管职责的重要内容。

2.4.1　化工园区应急预案体系

化工园区应根据应急预案对事故救援行动规定的层次和程度不同，形成由园区总体应急预案、园区专项应急预案、部门预案、现场行动方案和事后处置方案组成的 5 级应急预案体系，明确园区生产安全事故的预测预警、信息报告、应急处置、现场恢复、调查评估等内容，形成涵盖事前、事中、事后各环节的一整套标准化应急操作程序。

1）园区总体应急预案

总体预案位于园区应急预案体系最顶层，从总体上阐述园区应对生产安全事故的方针、政策、组织结构及相关应急职责，应急行动、措施和保障等基本要求和程序，是园区应对各类突发事件的综合性文件。园区总体应急预案适用时间一般在数年以上，但在内容宜粗不宜细，其制定者是园区管理委员会。

2）园区专项应急预案

专项预案主要是基于园区各类生产安全事故的特定情境（如火灾爆炸、泄漏、中毒、特种设备、环境污染等事故），描述园区应急管理机构与各应急职能部门在应急管理工作中的任务、职责和统一协调的机制与程序。专项预案的制定要充分考虑特定危险和特定事故的特点，对组织机构、应急活动等进行更具体的阐述。

3）部门应急预案

部门应急预案是在园区专项应急预案的基础上产生的，主要使用对象是参加现场应急响应行动的功能单元，例如负责或参与抢险、医疗救护和后勤支持等各个单位。相比较专项应急预案侧重于各职能机构之间的配合、协调的特点，部门应急预案则应将重点落脚于本机构内的应急机制、程序、动作的规划设计。

4）现场行动方案

现场处置方案是针对园区具体的装置、场所或设施所制定的应急处置措施。现场处置方案从结构与内容应具有良好的弹性、灵活性与可操作性。这类预案应由具体承担应急响应职责的单位，如消防灭火队、特勤消防队、医疗救护队等来制定。

5）事后处置方案

事后处置方案是针对事故发生之后的人员救助、生产恢复、环境恢复以及消除事故影响所做的规定。

2.4.2 化工园区应急预案管理

突发事件应急预案管理是指各类、各级应急预案制定部门为了预防和应对突发事件而进行的应急预案编制、宣传、培训、演练、评估、修订等一系列活动的总称。

园区应急预案并非是一个固定僵化的体系，应根据实际情况，让预案的编制和运作一直处于动态管理中，伴随突发事件和外部环境的变化而充实、改进和完善，使预案因时、因地、因环境而及时修订，以保证预案的准确性、科学性、指导性和可操作性。可以说，应急预案的生命力和有效性在于不断地更新和改进。美国的CPG（Comprehensive Preparedness Guide）101中提出，持续改进机制是应急预案系统中一个重要组成部分，并明确要求：任何预案的审查修改周期不应超过 24 个月，这种持续改进是通过 PDCA 循环模式实现，如图 2-5 所示。

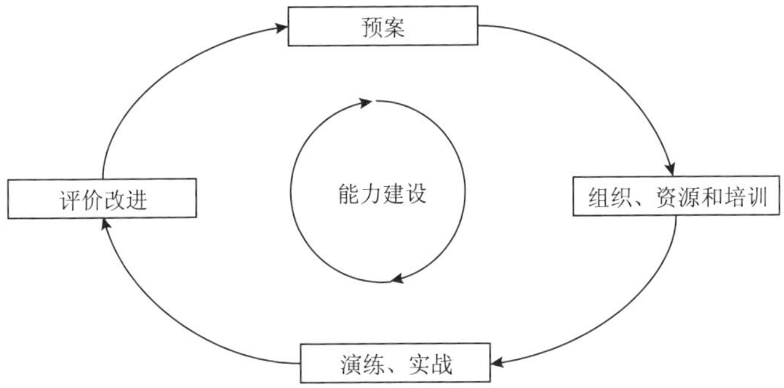

图 2-5　化工园区应急预案体系持续改进模型

首先根据应急管理的目标制定构建园区应急预案体系；在初始应急预案编制形成后，即安排组织机构与人力资源、装备物资和宣传培训等方面进行应急准备工作；为检查应急评估应急准备能力，必须组织应急演练。演练的主要目的是发现问题和检测应急管理系统中的脆弱性；每次演练都应同时对应急管理水平做出具体评估，这些评估主要是对应急预案提出改进意见，并落实在应急预案的修改完善过程中；对园区每一次重大应急响应活动也要进行事后评估，这些实践活动同样可以对应急预案体系提出改进意见。

第3章　化工园区风险因素监测及预警

化工园区风险因素监测预警是化工园区生产安全事故发生前及事故处置中的一个重要环节，由两个相辅相成的环节构成，即“风险因素监测监控”与“预测预警”。只有对园区内各种风险因素进行实时的监测和快速、准确的预报，才能为有效地降低事故损失打下坚实的基础。化工园区监测预警通常包括：风险隐患识别、危险源事故后果预测、风险因素监测、预测预警。

3.1　化工园区安全生产风险隐患识别

对园区的风险隐患进行识别是应急管理中最基本的工作。对尚未发生的、潜在的各种风险进行系统地归类和全面地识别，以掌握哪些潜在的因素将导致生产安全事故的发生。风险隐患的识别是风险评估的基础，如果不能对风险隐患进行全面、正确的识别，就无法对可能发生的生产安全事故的规模以及影响范围做出正确地判断，从而导致防治措施不当，继而造成严重后果。

3.1.1　化工园区风险因素

风险因素是指可能导致生产安全事故发生，造成人员伤亡、财产损失、作业环境破坏或其他损失的因素。风险因素可能是设备、物料的不安全状态，也可能是操作失误、操作不当、违章作业等人的不安全行为，还可能是诸如噪声、振动等理化环境因素，或管理制度、人际关系等社会环境因素。从安全生产角度来看，风险因素可以是一次事故、一种状态、一种环境的载体，也可以是可能产生不期望后果的人或物。

1）物的风险因素

化工园区的物的风险因素主要指危险源、危险化学品运输车辆、工艺生产装置等方面的不安全状态，包括可能导致事故发生和危害扩大的有害物质能量意外释放、设备缺陷或故障、设计缺陷、工艺缺陷、保护措施和安全装置的缺陷或故障等。

2）人的风险因素

化工园区人的风险因素主要是园区内从事工业生产的人员失误，即在安全生产活动过程中产生不良后果的不安全行为。人的不安全行为是引发事故的重要风险因素，主要有不采取安全措施、错误动作、不按规定方法操作等，其发生规律和失误率可以通过大量的观测、统计和分析进行预测。

3）环境风险因素

化工园区环境风险因素主要是指导致事故发生的异常环境，如大环境的高温、严寒气候，生产过程中的粉尘、毒气危害、噪声以及振动、照明等都可能引起系统设备故障或人员失误。虽然环境风险因素是生产系统失控的间接因素，但是其对引起物的不安全状态和人的不安全行为却有着直接的影响作用。

4）时间风险因素

化工园区时间风险因素主要指生产系统的时间风险因素，包括失机时间、延长时间、异变时间、非常时间。这些异常时间在特定的环境下均能导致或加速事故的产生，尤其是对于复杂的生产系统，时间因素对系统失效的影响非常大。

5）管理风险因素

化工园区安全生产管理是为降低事故风险，而进行的计划、组织、协调、检查等一系列工作的统称，是预防事故发生，减少人员失误的有效手段。化工园区的管理风险因素表现为园区和园区内各企业的安全生产管理体制不健全，缺乏管理机构；管理机制不完善，管理效率低下等。

3.1.2　化工园区重大危险源辨识

纵览国内外的重大生产安全事故案例，可以发现重大生产安全事故往往都是由于重大危险源的意外释放，或者是对重大危险源的危险性认识不足，采取的措施不当造成的。因此，预防化工园区重大生产安全事故，实现园区风险的有效监测，首先应对重大危险源进行辨识，了解监测对象；其次，还应对辨识出的重大危险源进行分级，从而确定相应的监测级别，提高监测工作的效率和效果。

3.1.2.1　重大危险源辨识

《危险化学品重大危险源辨识》（GB 18218—2009）中定义的重大危险源是指长期地或临时地生产、加工、使用或储存危险化学品，且危险化学品的数量等于或超过临界量的单元。对于化工园区中危险化学品重大危险源，主要是储罐区（储罐）、生产场所、库区三类危险源，可以依据《危险化学品目录》以及《重点监管的危险化学品名录》进行辨识。本标准的辨识依据是危险化学品的危险特性及其数量。当危险源储存的危险化学品属于 GB 18218—2009 中表格里的物质，根据物质名称、物质危险性类别、次要危险性类别、沸点闪点、急性毒性类别、包装类别的要求确定其相应的临界量，若其实际存在量达到或者超过其临界量时，就判定是危险化学品重大危险源。实际存在量超过其临界量包含以下两种情况：

1）单元内危险物质为单一品种

单元内存在的危险化学品为单一品种，则该危险化学品的数量即为单元内危险化学品的总量，若等于或超过相应的临界量，则定为重大危险源。

2）单元内危险物质为多品种

单元内存在的危险化学品为多品种时，则按式（3-1）计算，若满足式（3-1），则定为重大危险源。

$$\frac{q_1}{Q_1}+\frac{q_2}{Q_2}+\cdots+\frac{q_n}{Q_n}\geqslant 1 \tag{3-1}$$

式中，q_1，q_2，…，q_n 为每种危险化学品实际存在量，t；Q_1，Q_2，…，Q_n 为危险化学品相对应的临界量，t。

3.1.2.2 重大危险源分级

危险化学品重大危险源辨识后，应依据《危险化学品重大危险源监督管理暂行规定》（国家安监总局 40 号令）对其进行分级。重大危险源根据其危险程度，分为一级、二级、三级和四级，一级为最高级别。采用单元内各种危险化学品实际存在（在线）量与其在《危险化学品重大危险源辨识》（GB 18218—2009）中规定的临界量比值，经校正系数校正后的比值之和 R 作为分级指标。最后根据 R 的取值大小确定危险化学品重大危险源的级别，如表 3-1 所示：

表 3-1 危险化学品重大危险源级别与 R 值对应关系

危险化学品重大危险源级别	R 值	危险化学品重大危险源级别	R 值
一级	$R\geqslant 100$	三级	$50>R\geqslant 10$
二级	$100>R\geqslant 50$	四级	$R<10$

3.2 化工园区重大生产安全事故后果预测

事故后果预测分析是风险评价的重要内容，其目的是定量地描述一个可能发生的重大事故对园区、园区内职工和园区外居民，甚至环境造成危害的严重程度。事故后果分析为园区或园区主管部门提供关于重大生产安全事故后果的特征参数，为园区决策者和设计者提供选择防护措施的信息，继而达到减轻事故影响的目的。

3.2.1　化工园区重大生产安全事故机理

重大危险源中的危险物质本身固有的能量是事故发生的前提条件，危险物质的固有能量只能在适当诱发能量作用下才会诱发造成事故，固有能量与适当的诱发能量相互作用是事故造成的原因并共同决定事故的危险性，二者任缺其一都不可能发生事故。重大危险源与事故的关系见图3-1。

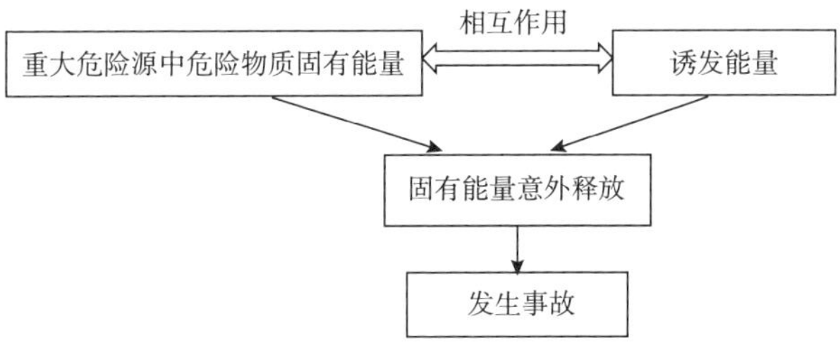

图3-1　重大危险源与事故的关系

对于园区重大危险源而言，主要的生产安全事故类型有毒物泄漏扩散事故、火灾事故（喷射火、池火、火球、闪火、固体火、普通火灾）、爆炸事故（蒸汽云爆炸、沸腾液体扩展蒸汽爆炸、受限空间可燃混合气体爆炸）。由于不同类型的事故是由不同的危险物质和危险状态造成的，因此应根据具体情况选择合适的事故模型进行预测分析。

3.2.2　化工园区生产安全事故预测内容

在园区生产安全事故应急管理中，预测包括事故发生前通过风险分析、风险评估，对突发事件发生的可能性进行预测，以及事故发生期间通过科学方法对事故发展趋势、影响范围及后果进行预测。预测也包括干预措施的预评估，即预测拟采取的处置行为的预期效果。预测的主要任务大致包括四个方面：预测事故的发生；预测事故发生后的传播蔓延趋势；预测事故可能带来的后果；预测在采取相应处置措施后，所取得的效果。

1）预测事故的发生

预测事故的发生主要是预测事故发生的概率，即在何时、何地发生的可能性，以及事故发生的规模。可根据历史统计情况，对常态下的一些数据进行推理挖掘，得出的预测结果是一个概率值。预测事故的发生按照预测时期的长短，可分为远期预测和近期预测。

2）预测事故发生后的传播蔓延趋势

生产安全事故一旦发生，应急管理者通常希望掌握事件发展的态势，即未来一段时间内事故在时间和空间上传播蔓延的范围情况。例如，预测氯气泄漏后是否可能扩散到周边居民区，预测 LPG 储罐泄漏后发生火灾爆炸事故，会不会产生“多米诺效应”引发次生灾害等。通过预测事故的传播蔓延情况，便于园区内的应急管理人员适时启动相应级别的预案，有效开展应急处置工作。

3）预测事故可能带来的后果

事故发生后，一方面需要关心事故发展情况，另一方面也需要关注事故可能带来的后果。预测事故的后果首先需要基于事故发生后传播蔓延的预测，在此基础上，获得传播蔓延所影响的区域内员工、经济、危险源、设备等分布情况，通过查询统计，评估事故可能带来的后果。

4）预测应急处置效果

事故发生后，应急管理者及时采取处置手段来降低事故危害程度，防止事故继续扩大。处置手段效果如何，或者多种可选用的处置手段如何选择，需要通过预测事故的处置效果来实现。

3.2.3 化工园区重大生产安全事故模型

根据化工园区典型的重大生产安全事故类型，对其进行事故后果预测分析需要以下四大类事故模型的支持。

1）泄漏扩散模型

由于设备损坏或操作失误引起泄漏，从而大量释放易燃、易爆和有毒物质，将会导致火灾、爆炸、中毒等重大事故发生。泄漏扩散事故的后果，不但与物质的数量、易燃性、毒性有关，而且与泄漏物质的相态、压力、温度和燃烧热等状态也密切相关。在事故后果分析中将泄漏物质主要分为 4 种类型：常压液体；加压液化气体；低温液化气体；加压气体。

2）火灾伤害模型

火灾是常见的化工园区生产安全事故，火焰强烈的热辐射可以造成严重的人员伤亡和重大财产损失，还可能进一步引发爆炸使事故扩大。火灾大致可分为 6 类：池火、喷射火、火球、闪火、固体火和普通火灾。进行火灾后果分析时，首先要计算燃烧速度、燃烧时间、火焰尺寸、热辐射通量等，然后计算一定距离的人或设备接受的辐射大小，最后计算事故影响范围。

3）爆炸伤害模型

爆炸是物质由一种状态迅速转变为另一种状态，并在瞬间以机械力的形式释放出巨大能量，或是气体、蒸气在瞬间发生剧烈膨胀等现象。爆炸分为物理爆炸和化学爆炸两大类。其中化学爆炸包括不稳定固体或气体的爆炸、受限空间内可燃混合气体爆炸和开放空间的可燃气体蒸汽云爆炸等。园区主要面临的爆炸事故威胁来自于化学爆炸。

4）中毒伤害模型

化工园区生产、储存大量有毒有害物质，一旦发生事故，在物质的泄漏扩散过程中容易造成大量的人员中毒和伤亡事故。

3.2.4　事故后果伤害准则

1）爆炸冲击波伤害准则

常见爆炸冲击波的伤害准则有：超压准则、冲量准则和超压-冲量准则。

（1）超压准则。超压准则认为，冲击波是否对目标造成伤害是由冲击波超压唯一决定的。只有当冲击波超压大于某一临界值时，才会对目标造成伤害，否则爆炸波不会对目标造成伤害。冲击波对人员伤害详如表 3-2 所示。

表 3-2　冲击波对人员的伤害准则

超压 ΔP/（kgf/cm^2）	伤害程度
0.2～0.3	轻微挫伤
0.3～0.5	中等损伤（听觉器官损伤，内脏轻度出血、骨折等）
0.5～1.0	严重（内脏严重挫伤，可引起死亡）
＞1.0	极严重，可能大部分死亡

（2）冲量准则。冲量准则认为，冲击波是否对目标造成伤害既取决于冲击波超压，又与冲击波持续时间相关。如果冲量大于某个临界值，目标被冲击波波伤害；否则，目标不被伤害。

（3）超压-冲量准则。超压-冲量准则认为，目标是否被伤害，伤害程度如何，应由作用在目标上的冲击波超压和冲量共同决定。如果爆炸波超压和爆炸波冲量的不同组合能满足一定的条件，就能对目标造成相同程度的伤害，见式（3-2）。

$$(\Delta P - P_{cr}) \times (I - I_{cr}) = C \qquad (3\text{-}2)$$

式中，P_{cr} 为目标破坏的临界超压；I_{cr} 为目标破坏临界冲量；C 为常数。

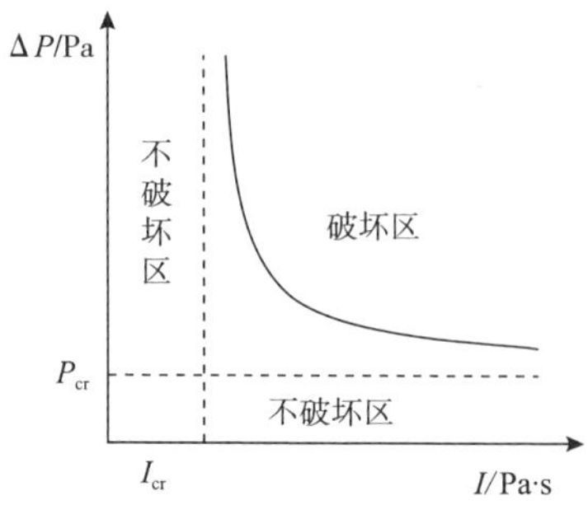

图 3-2　$\Delta P-I$ 示意图

如图 3-2 所示，在 $\Delta P-I$ 平面上，式(3-2)代表一条破坏曲线，$\Delta P<P_{cr}$ 或 $I<I_{cr}$ 代表安全区，其余区域为破坏区。越靠近平面右上方，坐标点所产生冲击波的破坏作用越大。

理论和实践表明，爆炸破坏效应不仅与爆炸超压有关，也与超压的持续时间有关。理论上，超压-冲量准则最能准确的描述冲击波的破坏效应。但由于数据的缺乏，参数的难以测量和估计，妨碍了这一准则的使用。而冲击波超压易于测量和计算，因此，超压准则成为估计爆炸冲击波破坏效应时最常用的准则。

2）热辐射伤害破坏准则

常见的热辐射破坏准则可以归纳为：热通量准则、热强度准则、热通量-热强度准则。热通量是指单位时间、单位面积发生或接受的热能。热强度是热通量与热通量作用时间的乘积。在实际使用过程中通常用 q 表示热通量，用 Q 表示热强度，用 t 表示热辐射作用时间，所以热通量准则又被称为 q 准则，热强度准则又被称为 Q 准则，热通量-热强度准则又被称为 $q-Q$ 准则。

（1）热通量准则。以热通量作为衡量目标是否被破坏的唯一参数，当目标接受到的热通量大于或等于引起目标破坏所需的临界热通量时，目标被破坏；否则，目标不被破坏。热通量准则的适用范围为：热通量作用的时间比目标达到热平衡所需要的时间长。

（2）热强度准则。热强度准则以目标接收到的强度作为目标是否被破坏的唯一参数，当目标接受到的热强度大于或等于目标破坏的临界热强度时，目标被破坏；否则，目标不被破坏。热强度准则的适用范围为：作用于目标的热通量持续时间非常短，以至于目标接收到的热量来不及散失掉。瞬态火灾热辐射作用下，人员伤害和设备破坏的临界热强度如表 3-3 所示。

表 3-3　瞬态火灾热辐射作用下人员伤害和设备破坏的临界热强度

伤害破坏	热辐射强度/（kJ/m^3）	伤害破坏	热辐射强度/（kJ/m^3）
点燃木材	1030	人员三度烧伤	375
人员死亡	592	人员二度烧伤	250
人员重伤	392	人员二度烧伤	125
人员轻伤	172	人员感觉疼痛	65

（3）热通量-热强度准则。当热通量准则或热强度准则的使用条件均不具备时，应该使用热通量-热强度准则。热通量-热强度准则认为，目标能否被破坏不能由热通量或热强度一个参数决定，而必须由它们的组合来决定。如果以热通量 q 和热强度 Q 分别作为纵坐标和横坐标。那么目标破坏的临界状态对应 $q-Q$ 平面上有一条临界曲线，如图 3-3 所示。曲线的右上方为破坏区，左下方为不破坏区，$Q=Q_{cr}$ 和 $q=q_{cr}$ 分别为渐近线、分别对应热强度准则中的临界热强度和临界热通量。因此，热通量准则和热强度准则都是热通量热强度准则的极限情况。

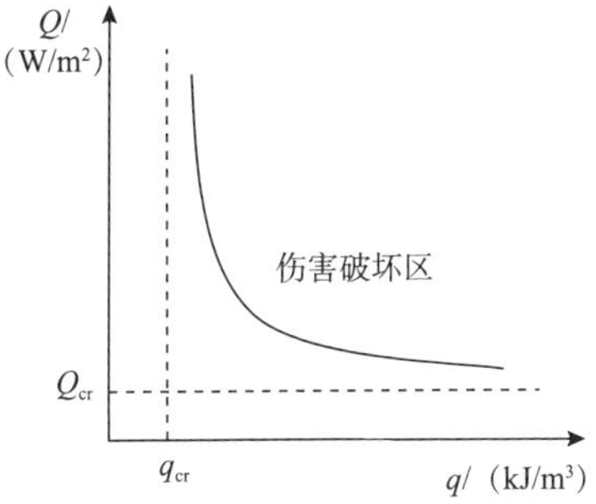

图 3-3　热通量-热强度破坏伤害准则示意图

3）毒物伤害判定准则

有毒气体或易挥发液体泄漏初期密集在泄漏源周围，直接影响现场人员，随后由于环境温度、地形、风力和湍流等影响气云漂移、扩散，浓度减小，扩散范围变大，形成不同程度的危害区域。为了预测中毒事故后果的潜在危害区域，必须界定恰当的危害边界值，即在什么浓度范围内人员必须立即采取防护措施，什么浓度范围内人员只需要采取就地防护措施即可，以期最大限度地及时有效的减轻有毒气体对人员的伤害。目前毒物伤害准则主要有两种：毒物浓度伤害准则和毒物浓度—时间伤害准则。

（1）毒物浓度伤害准则。毒物浓度伤害准则规定了有毒物质的临界浓度值，只有毒物浓度高于某一临界浓度值时，才会造成伤害，否则即使长期接触也不会对人员造成伤害，这一临界浓度也成为浓度阈值。在临界浓度值的判断指标方面，各国法律法规规定的容许浓度有很多，见表 3-4。针对这种急性中毒情况，目前应用较多的是美国工业卫生协会（AIHA）制定的应急反应计划指南（ERPGs），其中规定了 3 种浓度（ERPG—1、2、3）来表述暴露程度。

表 3-4　常见毒物浓度伤害阈值标准

美国			
序号	颁布机构	名称	备注
1	American Conference of Governmental Industrial Hygienists （ACGIH）	Threshold Limit Values （TLVs）	其中 TLV－STEL；TLV－C 可作为应急救援毒物伤害判断参考准则

续表

美国			
序号	颁布机构	名称	备注
2	Occupational Safety and Health Agency (OSHA)	Permitted Exposure Limit	其中 PEL－STELE 可作为应急救援毒物伤害判断参考准则
3	National Academy of Science (NAS)	Emergency and Continuous Exposure Guidance Levels (EEGLs)	整体可作为应急救援毒物伤害判断参考准则
4	National Institute for Occupational Safety and Health (NIOSH)	Immediately Dangerous to Life or Health (IDLH)	整体可作为应急救援毒物伤害判断参考准则
5	American Industrial Hygiene Association (AIAH)	Emergency Response Planning Guidelines (ERPGs)	整体可作为应急救援毒物伤害判断参考准则
中国			
序号	颁布机构	名称	备注
1	中华人民共和国卫生部	工业场所有害因素职业接触限值（OEL）：化学有害因素 GBZ 2.1—2007	其中 OEL－MAC 与 OEL－PC－STEL 可作为应急救援毒物伤害判断参考准则

（2）毒物浓度一时间伤害准则。该准则认为人员是否受到伤害及受到伤害的程度取决于毒物浓度与接触时间两个参数。

目前常用毒物浓时积准则（Haber 准则）表示毒物浓度与接触时间的关系。有毒气体经呼道吸入作用时，其毒性大小常用两个数据表示：一是引起中毒的染毒空气浓度 C；二是人员未带呼吸道防护器材在染毒空气中的呼吸的时间，称为暴露时间 t。毒性大小可用这 2 个数据的乘积浓时积（C_t 值）表示。浓时积 C_t 值是一种阈值，小于此值时不引起中毒，只有等于或大于此值时才引起中毒。C_t 值可看作一个常数，它取决于毒剂种类、个体差异和中毒条件。

按毒害程度的不同可分为若干等级，常用的分级有：致死浓时积，指能使 50%左右人员死亡的浓时积，以 LC_t50 表示；失能浓时积，指能使 50%左右人员丧失能力而未引起死亡的浓时积，以 IC_t50 表示；中毒浓时积，指能使 50%左右人员中毒的浓时积，以 PC_t50 表示。

3.2.5　化工园区风险表达方式及可接受标准

3.2.5.1　化工园区风险表达方式

化工园区实际风险可以通过个人风险和社会风险来定量评价。

1）个人风险

个人风险是指区域内的不同危险装置造成某个固定位置的人员个体死亡概率，通常用个人风险等值线表示，如图3-4所示。

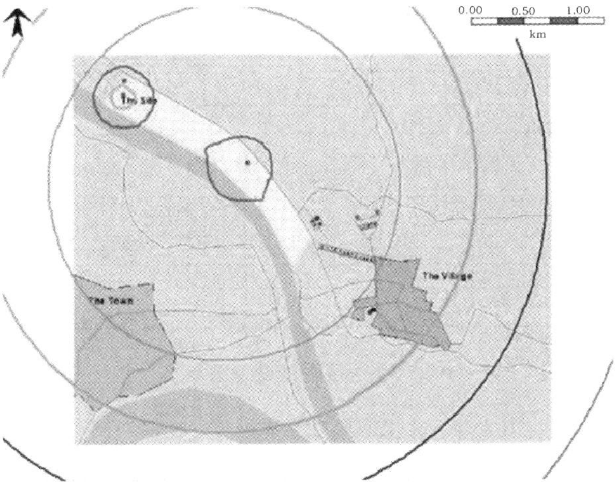

图3-4　化工园区个人风险等值线图

2）社会风险

社会风险指能够引起大于等于 N 人死亡的所有不同危险源的事故累积频率（F），也即单位事件内（通常为年）的死亡人数，通常用社会风险曲线（$F-N$ 曲线）表示，如图3-5所示。

个人风险和社会风险指标在风险评价过程中所表示的含义不同。个人风险衡量的是某一地点个体的死亡概率；而社会风险衡量的是某一区域内的总体情况，与区域内人口密度相结合。因此如果没有人员出现的危险活动的现场，则社会风险为零，而个人风险值可能很高。

3.2.5.2　化工园区风险可接受标准

在得到个人风险和社会风险的计算结果后，需采用个人风险和社会风险的可接受标准作为风险决策的依据。风险可接受标准衡量的是“多安全才足够安全的问题”。它是指社会公众根据主观愿望对风险水平的接受程度，其确定是一个非常复

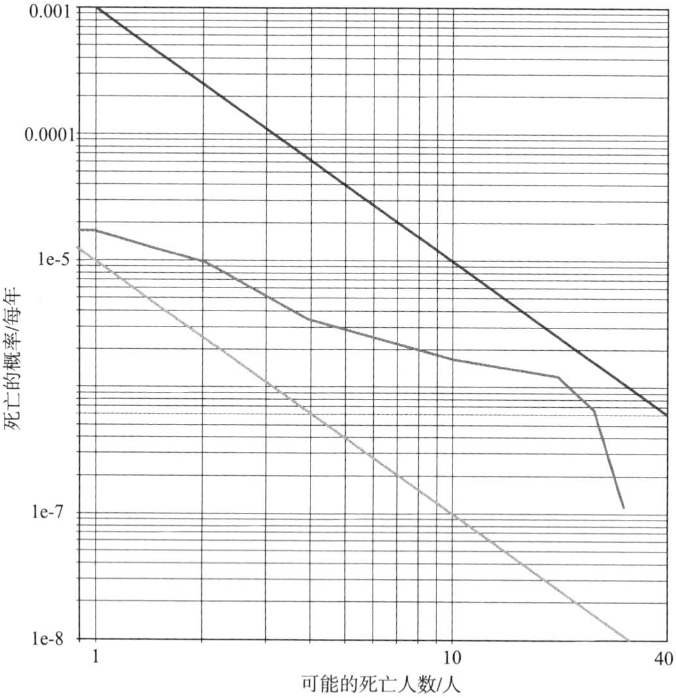

图 3-5　化工园区社会风险 $F-N$ 曲线图

杂的过程，受经济、政治、社会、人文环境等诸多因素的影响。不同国家采用的个人风险和社会风险可接受标准之间往往存在差异，即使是在同一个国家不同历史阶段的可接受标准也不尽相同。因此，应根据当地的实际情况确定建议风险可接受标准。风险可接受标准的最终决策应在政府部门，并应得到社会的公认。

目前国际上被广泛接受的风险可接受基准是 1949 年英国提出的 ALARP（As Low As Reasonable Practicable）最低合理可行的风险准则。ALARP 准则把风险划分为不可忍受区（上限及上限以上区域）、合理可接受区（上下限之间的区域）和风险可忽略区（下限及下限以下区域）。其中，合理可接受区的风险能勉强接受，但需要对装置进行成本效益分析及合理的安全投入和设施整改，若分析认为增加投资不能有效地降低风险，则允许该风险存在。ALARP 准则如图 3-6 所示。我国的风险可接受基准亦是采用这一准则，并在此基础上细化研究。

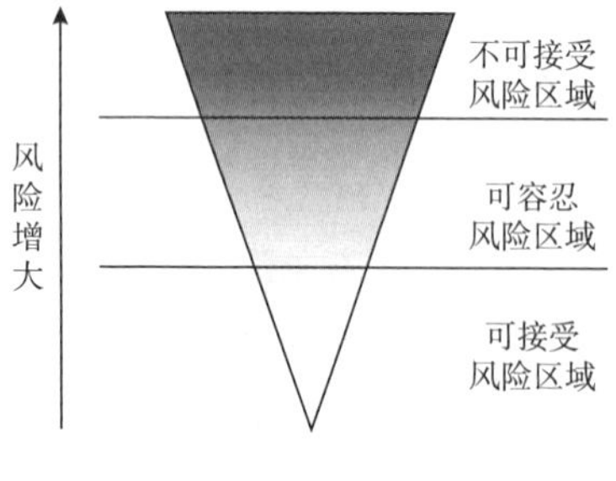

图 3-6　风险等级与 ALARP 准则

1）个人风险可接受标准

我国的个人可接受风险基准的计算方法是：个人可接受风险基准值=人口分年龄段死亡率最低值×风险可允许增加系数。2014 年国家安监总局出台的《危险化学品生产、储存装置个人可接受风险标准和社会可接受风险标准（试行）》中给出了个人风险可容许标准，如表 3-5 所示。

表 3-5 我国个人可接受风险标准值表

防护目标	个人可接受风险基准值	
	新建装置（每年）≤	在役装置（每年）≤
低密度人员场所：单个或少量暴露人员（人数<30 人）	1×10^{-5}	3×10^{-5}
居住类高密度场所：居民区、宾馆等。公众聚集类高密度场所：办公场所、商场、公园等（30 人≤人数<100 人）	3×10^{-6}	1×10^{-5}
高敏感场所：学校、医院等。重要目标：军事禁区、文物保护单位等。特殊高密度场所：大型体育场、露天市场等（人数≥100 人）	3×10^{-7}	3×10^{-6}

2）社会风险可接受标准

$F-N$ 曲线图也有上限线和下限线，以及它们之间的中间区域，如图 3-7 所示。2014 年国家安监总局出台的《危险化学品生产、储存装置个人可接受风险标准和社会可接受风险标准（试行）》中给出了社会风险可容许标准，其中社会风险可以接受的上限为从 $N=1$ 人死亡（频率 $F=1\times10^{-3}a^{-1}$）到 $N=100$ 人死亡（频率 $F=1\times10^{-5}a^{-1}$），可以忽略的上限为 $N=1$ 人死亡（频率 $F=1\times10^{-5}a^{-1}$）到 $N=100$ 人死亡（频率 $F=1\times10^{-7}a^{-1}$）。

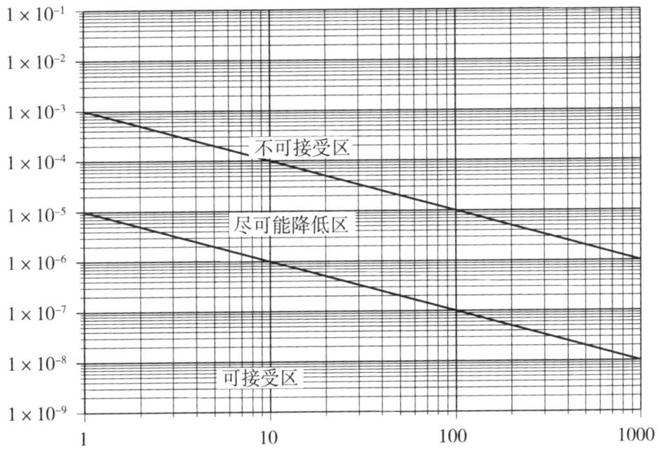

图 3-7 我国社会可接受风险标准图

3.3 化工园区风险源监测监控

3.3.1 化工园区风险源监测实施流程

诱使危险源发生事故的影响因素存在于各个方面，当园区内所有风险因素得到有效控制时，即可保障园区的安全生产。若发生意外事故或故障，也可通过预先掌握的风险因素迅速、有效地采取应急措施，尽可能减少人员伤亡及经济损失。因此，掌握园区实时风险源的应急管理相关信息，是抑制风险源发生危害事故的重要手段。

化工园区风险源监测就是通过一定的科学方法，对可能诱发事故的各种危险有害因素和事故本身的变化进程进行实时观察、测定。对于化工园区而言，建立一套高效的风险源监控系统，是科学防范和应对突发生产安全事故的基础和前提，是科学管理灾害的客观要求。有效的监测与监控可以帮助人们在第一时间发现问题，以便及早做出反应，避免事态的进一步扩大。科学合理的风险源监控实施过程包括：工艺流程分析、危险与风险评估、监控系统安全等级确定、安全功能分配、安全与自动化系统开发、安装调试、运行维护等，如图 3-8 所示。

图 3-8 化工园区风险源监测实施流程

在进行流程分析和风险评估前，要进行现场调研和资料收集，主要包括生产工艺流程及设备的种类、数量、分布、工艺参数和监视区域的确定等信息，并掌握园区的平面布置及园区内各个企业及园区周边情况以及现场的地质、环境、气象等自然条件及其影响。其次，对收集的资料信息进行科学评估，掌握园区内各个企业的生产和控制系统的基本情况，特别是现有的安全隐患、监控盲点。以此为基础，进行需求分析，确定系统建设的原则、目标、方向和主要内容，完成开发的前期准备，对重点危险源对象进行危险性分析和风险评估。

3.3.2 化工园区风险源人工监测

人工监测风险因素信息主要是通过园区日常安全监管的渠道获取，主要搜集3.1.1节中提到的5种风险因素。风险因素信息的监测工作主要由以下3类人员承担：

（1）驻园企业安全管理人员；

（2）园区安全管理机构工作人员；

（3）化工园区所在地安全生产监督管理部门或其他如消防部门等安全管理相关机构。

这3个层面的安全监督管理人员，可以通过定期或不定期地组织安全生产大检查和隐患排查，集中、大量地发现园区和企业生产过程中存在的风险信息。

实际工作中，应设计和采用适用的检查表、分析表，使人工采集风险信息的过程规范、有序，从而获得全面、准确的风险信息。

对于管理人员、监察人员填写的安全检查分析记录表，以及通过其他渠道获取的风险信息，由专设的“园区安全信息中心”负责收集并进行分类、整理，然后将风险信息输入计算机，传输到网络服务器，进行统一的存储和管理。对于各类风险信息，由安全信息中心汇报给有关部门和领导，或提到有关会议上协商解决方案，再通过安全监察人员、安全管理人员等反馈到生产现场。风险信息由人工采集、安全信息中心处理后，通过计算机局域网完成上传和存储，如图3-9所示。

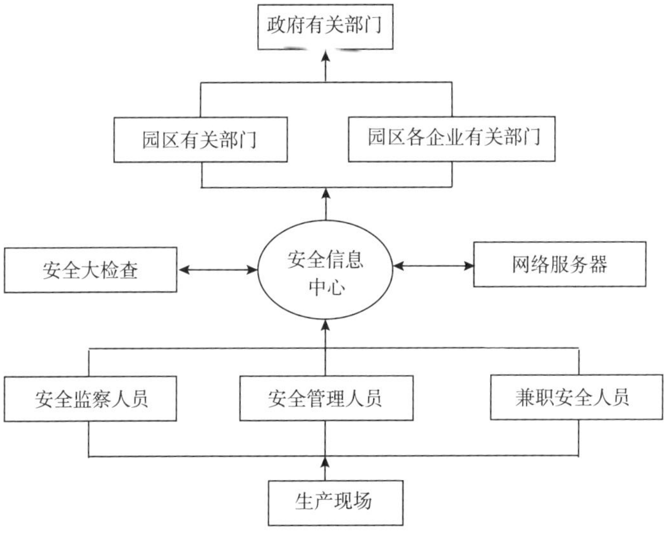

图3-9 人工采集风险信息的传输方式

3.3.3 化工园区风险源自动监测

风险源的人工监测方式不可避免地存在信息采集不能“实时化”的缺陷。风险信息获取的延迟可能会严重降低监测预警工作效用。因而，自动化监测手段由于其风险信息获取快捷、准确、全面等特征，成为风险因素监测的主要方向。自动风险源信息监测是利用设在生产现场的各类传感器，实时采集生产过程中的有关参数的数值，如压力、温度、气体浓度等参数，并利用通信系统如通信电缆、光缆等，将这些参数值传输到监测计算机，由计算机对各参数所反映的风险信息进行分析和处理，完成仿真显示、声光报警等。

自动监测风险源信息的方式主要有如下 3 种。

1）自动化仪器监测

自动化仪器监测利用自动化仪器设备采集生产过程中的有关参数，如有害气体浓度、温度、湿度、压力等参数值，并对各参数所反映的风险信息进行分析和处理，然后通过计算机网络传输相关信息，实现监测数据的自动化采集和传输。

2）实时应急监测系统

利用计算机系统监测（或监控）系统监测风险源信息，是利用设在生产现场的传感器，实时采集生产过程中的有关参数的数值，并利用通信电缆、光缆等，将这些参数值传输到监测计算机，由计算机对各参数所反映的风险源信息进行分析和处理，然后通过计算机网络传输相关处理信息。实时监测系统采集和传输风险源信息的方式如图 3-10 所示。

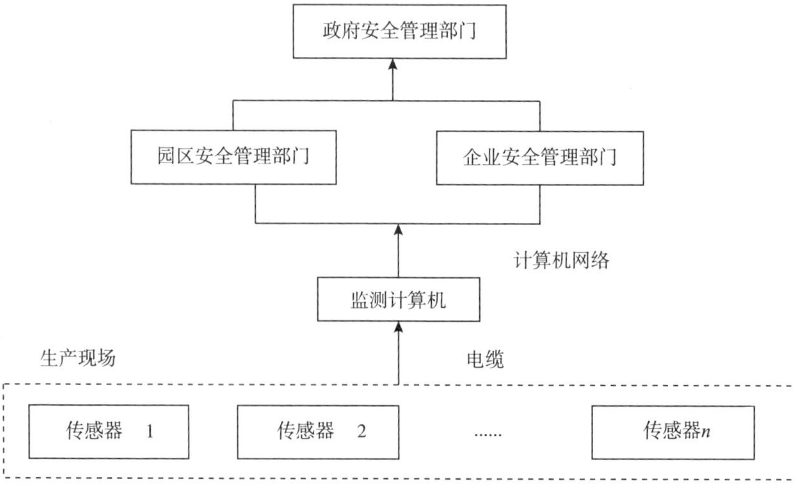

图 3-10 实时监测系统采集和传输危险源信息的方式

3）应急平台决策系统

根据自动化仪器监测数据和现场视频实时监控系统的视频采集，将园区风险信息在应急平台进行综合分析，根据不同场景采取不同应对措施。应急平台可以为管理人员提供与现场实时通信的途径，有利于管理人员综合分析，快速研判，正确决策。

实时监测系统完全解决了信息采集、传输的自动化，但只能采集环境参数和设备运行参数（如设备开停、运转速度等），而化工园区企业生产过程中的风险源信息远不止这些。完全依靠计算机监测系统采集化工企业风险信息，目前还难以做到。在化工园区安全生产工作中，大多采用自动采集与人工采集相结合的方式来监测和传输生产过程中的风险源信息。

3.3.4　化工园区各风险因素监控系统介绍

3.3.4.1　危险源与脆弱性目标管理系统

该系统主要用于管理化工园区内的危险源和脆弱性目标，是在GIS平台的基础上建立一套对化工园区重点监管危险源信息和脆弱性目标进行统一日常管理和查询浏览的子管理信息系统：

1）危险源管理

《职业健康安全管理体系　要求》（GB/T 28001—2011）将“危险源”定义为：“可能导致人身伤害和（或）健康损害的根源、状态或行为，或其组合。”化工园区内的危险源主要是和安全生产相关的危险源，其中包括：储罐区、库区、生产场所、压力管道、锅炉、压力容器等。然后根据上述六类危险源建立危险源数据库，包含上述六张危险源数据表。危险源管理主要是在危险源数据库基础上对化工园区危险源进行录入、修改、删除、查询、浏览等操作。

2）脆弱性目标管理

化工园区的脆弱性目标为在生产安全事故中可能造成社会关注、财产损失、人员伤害、生态和环境破坏的目标。根据脆弱性目标的类型分为社会关注区、人员密集区、财产设施、生态环境，对其基本情况进行描述建立脆弱性目标数据库，然后在该数据库基础上对脆弱性目标信息进行录入、修改、删除、查询、浏览等操作。

3.3.4.2　视频监控系统

可在监控中心或通过网络远程监视化工园区情况，实现摄像机云台、镜头的远程控制；实现自动录像及视频回放，查看以往现场情况，此外，还可以实现视频报警等功能。具体如下：

(1) 画面显示　系统可实现全屏、多画面实时监视，各状态下均可切换到全屏显示。

(2) 设备控制　可控制远端云台、镜头进行操作控制。对云台上、下、左、右和自动旋转；镜头的缩放、聚焦、光圈调整以及自动巡航。

(3) 抓拍管理　管理员设定存储图片路径后，使用者可以抓拍实时图片、也可抓拍回放图片，管理员可自行更改图片的存放路径。图像可作为线索证据、文档素材、打印等用途。

(4) 轮巡管理　可以灵活设置多画面轮巡、单画面轮巡及各个画面轮巡的摄像机数目，设定画面切换间隔的时间。

(5) 视频报警　监控画面如显示异常情况，如火灾、爆炸等，可实现应急平台的快速报警，以便救援人员快速处置事故现场。

(6) 查询、回放　多条件组合方式查询。如以现场监控摄像机名称、日期时间作为条件进行查询，从中选取需要的录像进行回放。对查询到的录像文件提供完整的回放功能。

(7) 视频存储功能　在监控中心完成对视频的存储，系统提供导出录像功能，把重要的录像文件，按日期时间、摄像机编号等条件导出来，转储到备份硬盘和光盘等储存介质。

(8) 流媒体功能　为监控系统内、外部所有客户端提供流媒体转发服务。

3.3.4.3　危险源监控系统

化工园区危险源监控系统用于实时监测园区内的重点监管的危险化学品和重大危险源。

1) 毒害气体监测系统

包括可燃气体和毒性气体，主要针对园区内的重点危险源，如化学品仓库、储罐，在其周边区域部署气体探测器，对有毒气体、可燃气体的浓度监测及存档，并能够进行历史数据查询。毒害气体监测系统主要用于实现危险化学品气体泄漏扩散的监测功能，并对监测数据进行数据挖掘与分析，利用预警模型给出事故若干等级警报。

2) 火灾监测系统

物质燃烧时，产生烟雾和放出热量的同时，也产生可见的或不可见的光辐射。火灾监测系统是通过设置火焰探测器，监测环境中的扩散火焰燃烧的光照强度和火焰的闪烁频率，实现化工园区的火灾监测及记录存档。火灾监测系统主要用于事故预警和事故发生位置定位功能。

3）气象监测系统

气象监测系统主要用于实时监测化工园区固定点的风向、风速、空气湿度和环境温度等气象参数，记录并存档，并根据实际情况进行气象预警。

危险源监控系统具有以下功能：

（1）实时数据查询　通过互联网、手机等多种方式查询各危险源的实时监控数据。

（2）系统告警　可以对设置系统告警的临界值，当危险源参数达到或超过该值，则通过平台或短信告警。

（3）统计分析　自动生成周报和月报，对危险源的历史参数和告警情况进行统计分析。

3.3.4.4　工艺装置参数监控系统

《国家安全监管总局关于公布首批重点监管的危险化工工艺目录的通知》和《第二批重点监管危险化工工艺重点监控参数、安全控制基本要求及推荐的控制方案》中提到了18种重点监管的危险化工工艺流程及重点监控工艺参数，如表3-6所示。

表3-6　重点监管的危险化工工艺及重点监控工艺参数

序号	重点监管的危险化工工艺	重点监控参数
1	光气及光气化工艺	一氧化碳、氯气含水量；反应釜温度、压力；反应物质的配料比；光气进料速度；冷却系统中冷却介质的温度、压力、流量等
2	电解工艺（氯碱）	电解槽内液位；电解槽内电流和电压；电解槽进出物料流量；可燃和有毒气体浓度；电解槽的温度和压力；原料中铵含量；氯气杂质含量（水、氢气、氧气、三氯化氮等）等
3	氯化工艺	氯化反应釜温度和压力；氯化反应釜搅拌速率；反应物料的配比；氯化剂进料流量；冷却系统中冷却介质的温度、压力、流量等；氯气杂质含量（水、氢气、氧气、三氯化氮等）；氯化反应尾气组成等
4	硝化工艺	硝化反应釜内温度、搅拌速率；硝化剂流量；冷却水流量；pH值；硝化产物中杂质含量；精馏分离系统温度；塔釜杂质含量等
5	合成氨工艺	合成塔、压缩机、氨储存系统的运行基本控制参数，包括温度、压力、液位、物料流量及比例等

续表

序号	重点监管的危险化工工艺	重点监控参数
6	裂解（裂化）工艺	裂解炉进料流量；裂解炉温度；引风机电流；燃料油进料流量；稀释蒸汽比及压力；燃料油压力；滑阀差压超驰控制、主风流量控制、外取热器控制、机组控制、锅炉控制等
7	氟化工艺	氟化反应釜内温度、压力；氟化反应釜内搅拌速率；氟化物流量；助剂流量；反应物的配料比；氟化物浓度
8	加氢工艺	加氢反应釜或催化剂床层温度、压力；加氢反应釜内搅拌速率；氢气流量；反应物质的配料比；系统氧含量；冷却水流量；氢气压缩机运行参数、加氢反应尾气组成等
9	重氮化工艺	重氮化反应釜内温度、压力、液位、pH 值；重氮化反应釜内搅拌速率；亚硝酸钠流量；反应物质的配料比；后处理单元温度等
10	氧化工艺	氧化反应釜内温度和压力；氧化反应釜内搅拌速率；氧化剂流量；反应物料的配比；气相氧含量；过氧化物含量等
11	过氧化工艺	过氧化反应釜内温度；pH 值；过氧化反应釜内搅拌速率；（过）氧化剂流量；参加反应物质的配料比；过氧化物浓度；气相氧含量等
12	胺基化工艺	胺基化反应釜内温度、压力；胺基化反应釜内搅拌速率；物料流量；反应物质的配料比；气相氧含量等
13	磺化工艺	磺化反应釜内温度；磺化反应釜内搅拌速率；磺化剂流量；冷却水流量
14	聚合工艺	聚合反应釜内温度、压力，聚合反应釜内搅拌速率；引发剂流量；冷却水流量；料仓静电、可燃气体监控等
15	烷基化工艺	烷基化反应釜内温度和压力；烷基化反应釜内搅拌速率；反应物料的流量及配比等
16	新型煤化工工艺	反应器温度和压力；反应物料的比例控制；料位；液位；进料介质温度、压力与流量；氧含量；外取热器蒸汽温度与压力；风压和风温；烟气压力与温度；压降；H_2/CO 比；NO/O_2 比；NO/醇比；H_2、H_2S、CO_2 含量等
17	电石生产工艺	炉气温度；炉气压力；料仓料位；电极压放量；一次电流；一次电压；电极电流；电极电压；有功功率；冷却水温度、压力；液压箱油位、温度；变压器温度；净化过滤器入口温度、炉气组分分析等
18	偶氮化工艺	偶氮化反应釜内温度、压力、液位、pH 值；偶氮化反应釜内搅拌速率；肼流量；反应物质的配料比；后处理单元温度等

工艺参数监控系统主要用于实时监测化工园区内相关的重点监管危险化工工艺流程的重点监控工艺参数，如储罐液位、压力、温度、流量等并记录存档，实现历史数据查询；同时对实时监测工艺参数数据进行挖掘与分析，利用预警模型给出事故若干等级警报。

3.3.4.5　环保监测系统

通过自动监控设备实时采集大气、水源、噪声等相关的监测数据，经数据采集传输设备写入化工园区环境在线监测预警系统数据库。如果园区企业发生污染物排放浓度超标或者主要生产设备、环保设备不运行的情况，预警系统则会自动地在园区配套的 GIS 系统上显示出发生事件的位置，智能系统根据前端采集设备采集回来的数据，与应急响应和决策系统内的数据进行比对智能判断事故等级，通过声光的形式进行报警，并以短信的形式通知到相关的责任人且告知相关处理办法；此外，环境监测人员还可以通过对采集数据进行统计与加工，从而对化工园区的环境质量进行预测、环境信息的发布，并为环境的管理和执法提供可靠的依据。

系统应包括水污染监控、大气污染监控、园区噪声参数监控、应急污水池的水位监测等子系统。

1）水污染监控

园区水监测系统可以对园区企业废水排放情况进行动态监测和监督，防止企业超排或偷排，为环境执法提供依据，为完善环境管理提供基础数据。化工园区要根据自身需求，配置相应的环境监测仪器，化工园区常用的水体污染日常监测和应急监测仪器有水质采样仪、降水采样器、质谱仪、等离子体发射光谱仪、TOC 测定仪、油分测定仪、BOD 测定仪、放射性测定仪等。

2）大气污染监控

园区大气污染监控可以对园区大气污染状况进行监测分析，有助于了解园区大气污染的变化规律，可为预测预警工作提供基础数据，为通告企业限排、减排提供科学依据。常用的大气环境监测仪器有污染源气体采样器、悬浮微粒采样器、环境气体测定仪、汽车排气测定仪电子计算机和显微镜等。

3）噪声参数监控

化工园区要对园区区域内环境噪声源、生产场所噪声源、交通噪声源和其他扰民噪声源调查测试。及时准确地了解园区噪声情况以及各类噪声源的污染程度和范围，为园区噪声管理、治理和科学研究提供系统的监测资料。可以采用噪声检测仪或噪声测试仪实现对现场噪声的实时监控。其他噪声监测仪器还有声级计、分贝计等便携式检测设备。

4）应急污水池监控

为了防范危险化学品事故引发环境污染事件，化工园区要采取必要的防污措施；应急污水池能够在环境事故发生后，将溢漏液体及其事故污水有效地阻拦，防止其遍地流淌扩散，起到安全和环保两方面作用：安全上有效地防止事故扩散，环保上有效防止污染扩大。对应急污水池的废水液位要进行实时监测，及时了解应急污水池的安全情况。

环保监测系统具有以下特点：

（1）视频监控与环保在线监测仪器结合使用，确保数据准确设备安全；

（2）视频画面叠加环保数据字符，方便录像保留取证；

（3）环保监测数据支持智能查询统计，自动生成业务报表；

（4）集成智能视频分析技术，无需任何仪器即可自动获取烟气林格曼黑度数据；

（5）GIS 电子地图定位技术，可标注监测点地理位置信息；

（6）人性化环保监测界面，支持仿真仪表盘、线图、柱图数据显示模式；

（7）集成联网门禁管理功能，可远程管理监测点人员进出；

（8）监测数据超标智能报警，可自动联动视频、录像、电子地图、手机短信等告警方式，事后可通过查询报警日志调取录像。

3.3.4.6 封闭监控管理系统

2012 年 8 月 9 日国务院安委会办公室发布的关于《进一步加强化工园区安全管理的指导意见》中提出要结合园区产业结构、产业链特点、安全风险类型等实际情况，逐步推进园区封闭化管理。原则上要按照核心控制区、关键控制区、一般控制区的防护等级，通过采取不同的封闭监控管理手段，实行封闭化管理。要建立完善的园区门禁系统和视频监控系统，严格控制人员、危险化学品车辆进入园区。进出园区的危险化学品车辆都要安装带有定位功能的监控终端，实行专用道路、专用车道和限时限速行驶措施，由园区安全生产管理机构实施统一监控管理。对暂时无法进行封闭化管理的园区，要首先对重大危险源和关键生产区域进行封闭化管理，加强安全防控。

根据意见，可以将园区封闭监控管理系统分为门禁管理系统、道路运输监管系统、公共管廊监测监管系统、道路卡口治安监管系统、高空瞭望应用系统等五个子系统。

1）门禁管理系统

门禁管理系统园区的门禁管理系统一般采用 TCP/IP 网络传输方式，实行模块化设计，标准化接口，支持多种认证方式，具有强大的故障自检与报警功能；具有图形抓拍与对比功能，一般与 CIS（Corporate Identity System，CIS）系统结合并进行展示。其主要模块以及相应的功能如表 3-7 所示。

表 3-7　园区门禁系统主要模块及相应功能

系统	模块	子模块	功能说明
门禁管理系统	门禁基础信息	门禁基本信息	对门禁基本信息维护
		RFID 卡信息	对 RFID 卡的信息维护
		值班人员信息	对值班人员信息维护
		固定车辆信息	对固定车辆（有固定 RFID 卡）信息维护
		车辆黑名单	对车辆和司机黑名单信息维护
	值班管理	—	门禁值班记录信息
	固定卡办理	入场管理	车辆信息登记、人员信息登记、发卡、卡片费用记录、企业门禁，到达反馈
		出场管理	园区内行车记录查询、违规记录查询，信誉等级自动评价、收卡、离场
	固定卡办理	—	有固定 RFID 卡的车辆进入的自动记录、到达企业反馈、有固定 RFID 卡的车辆出园的自动记录
	查询统计	场内车辆查询	对场内车辆的查询统计
		进出记录查询	对车辆进出信息的查询统计
		违章记录查询	违章记录、违章处理
		统计汇总	对位置记录、处理的查询统计
	收费管理	押金管理	记录收取的押金
		使用费管理	记录每张卡的使用费用
		用户等级体系	根据相关制度，确定持卡用户的等级及减免记录
	GIS 功能	—	显示门禁位置，方便调用该门禁的相关信息

2）道路运输监管系统

园区的道路运输监管系统主要模块以及相应的功能如表 3-8 所示。

3）公共管廊监测监管系统

园区公共管廊监测监管系统主要有地图操作、网络分析、综合查询、管线运行模拟状态、在线监测及泄漏预警和泄漏定位 6 个功能模块。

表 3-8 道路运输监管系统的主要模块及相应功能

系统	模块	子模块	功能说明
道路运输监管系统	道路运输基础信息	RFID 监控点信息	对 RFID 监控点信息管理
		预警模型维护	对道路运输监控预警模式进行维护
	车辆实时监控	重点车辆跟踪	用视频联动的方式对重点车辆进行跟踪
		车流监控	结合 GIS 对道路车辆状况进行监控
	预警系统	预警定位	未在指定时间内到达企业预警、洒落等情况预警、地感，RFID 等超速预警、结合 GIS 快速定位警情位置
		警情处理	对报警事件进行处理
	车辆指挥调度	广播	用广播的方式对园区车辆进行指挥
		短信	用短信的方式通知园区车辆驾驶员进行指挥
		电子公告牌	用电子公告牌发布信息
	查询统计	行车记录查询统计	对车辆的行车记录进行查询统计
		警情查询统计	对预警情况进行查询
		预警处理查询统计	对预警处理进行查询
	GIS 功能	监控点信息查询	在 GIS 上显示监控点信息
		车辆轨迹模拟	在 GIS 上模拟车辆运行轨迹

4）道路卡口治安监管系统

园区道路卡口监管系统一般应包括以下模块：车辆捕获、车辆特征和车辆驾驶人面部特征高清晰拍照、车辆拍照自动识别、车身颜色自动识别功能、车辆型号判别、Web 方式数据查询浏览、前端设备管理维护、远程自动更新等。

5）高空瞭望应用系统

高空瞭望是指在距离地面 50～100m，乃至 100m 以上的位置布设云台摄像机以实现方圆一公里到十几乃至几十公里范围的视频图像监控。高空瞭望技术可以弥补普通图像监控手段无法避免环境物体阻挡、视野范围较小的缺点，从而实现基本无阻拦的大范围监控。

园区高空瞭望应用系统就是利用视频监控设备解决包括固定重点监控位置的快速定位、任意位置的监控定位和监控目标的地图定位等问题，实现定轨迹巡检、随意轨迹巡检、目标跟踪监控和监控位置坐标定位等各种功能。

3.4　化工园区生产安全事故实时预测预警处置

化工园区预测预警是在园区安全事故发生前或事故处置中实施应急管理的一个重要环节，由两个相辅相成的环节构成，即“预测”与“预警”。“预测”指在事故发生前对各种致灾因子及其表象进行实时、持续、动态的监测，采集相关数据和信息，并通过各种预测模型或预测方法来预测园区安全事故发生的可能性以及事故发展的趋势。“预警”是指在预测事故发生的区域、规模、性质、影响因素、辐射范围、危害程度以及可能引发的后果等因素后进行综合评估，在一定范围内采取适当的方式预先发布事故危险的警告并采取相应级别的预警行动，最大限度地防范事故的发生和扩展。化工园区生产安全事故预测预警的总体思路如图 3-11 所示。

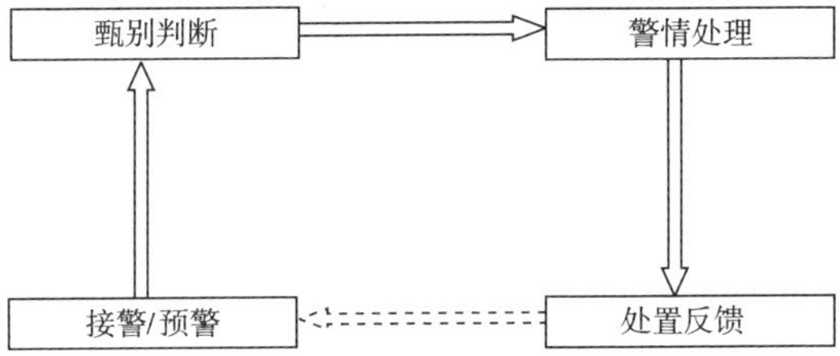

图 3-11　化工园区生产安全事故预测预警总体思路

3.4.1　化工园区生产安全事故预警方法

化工园区生产安全事故预警，是基于园区风险预测结果，对园区生产安全事故进行预报，确定预警的范围、级别，以及将预警信息通过合适的途径发布给受众的行为。预警信息发布的目的是：“警示园区风险变化，即园区生产安全事故发生的可能性增加或达到何种程度；向园区内人员提供权威的指令，即在响应过程中采取适当的行动。”

化工园区安全生产预警的主要任务一般包含 5 个时序阶段，即预警信息搜集、预警信息筛选、信息评价、阈值设定、报警。目前预警的方法主要有 3 种，即指数预警、统计预警和模型预警。

1）指数预警

该类方法是通过制定综合评价指数来评价监测对象所处的状态，目前主要应用于宏观公共安全领域（如公共卫生指数、社会安全指数等），用来预测公共安全周期的转折点。

2）统计预警

该类方法主要通过统计方法来发现监测对象的波动规律，它的使用变量少，数据收集容易，操作比较简单，如多元辨别分析法、逻辑回归分析等。

3）模型预警

该类方法是通过建立数学模型来评价监测对象所处的状态，因而在监测点比较多、比较复杂时广泛应用，该类模型分为线性和非线性模型。主要灾害变量之间有明确的数量对应关系时就可用线性模型预警；非线性模型预警则对处理复杂的非线性系统具有较大的优势。如何对监测对象的复杂表现状况进行有效预警评价，仍是预警方法研究中的难点。

3.4.2 化工园区安全生产预警分级

建立化工园区应急预警分级机制的目的是为了提高化工园区应急预警的效率，保证应急资源的高效利用。根据事故现场分级管理考虑事故的严重程度和事态的发展、影响，并兼顾化工园区的应急处置能力来设定相应的预警级别，满足我国分级预警机制的分级原则和依据。

1）生产安全事故分级管理

根据《生产安全事故报告和调查处理条例》规定，将事故按照人口伤亡情况和财产损失情况划分为特别重大事故、重大事故、较大事故和一般事故 4 个等级。对于化工园区而言，还可根据事故的影响范围与需要调用的应急资源，将化工园区生产事故划分为：A 级（企业内装置单元级）；B 级（企业生产区级）；C 级（化工园区级）；D 级（化工园区外级），见表 3-9。

表 3-9 化工园区生产安全事故分级

	A 级	B 级	C 级	D 级
事故类别	一般灾害事故	较大灾害事故	重大灾害事故	特大灾害事故
事故特点	无毒无火灾	影响较小的火灾、泄漏	影响范围较大的火灾、毒物泄漏	严重的火灾、毒物泄漏
影响区域，死亡半径/m	$R<50$	$50<R<100$	$100<R<200$	$R<200$

2）生产安全事故预警分级

在 2006 年国务院发布的《国家突发公共事件总体应急预案》中规定根据预

测分析结果，对突发公共事件进行预警。预警级别依据突发公共事件可能造成的危害程度、紧急程度和发展态势，一般划分为 4 级：Ⅰ级（特别重大）、Ⅱ级（重大）、Ⅲ级（较大）和Ⅳ级（一般），依次用红色、橙色、黄色和蓝色表示（其中一级为最高级别），见表 3-10。化工园区划分预警级别也可参考此原则进行。

表 3-10 化工园区安全生产预警级别划分

预警水平 / 预警等级	预警色	预警水平描述
Ⅰ级	红色	采取紧急措施，立即出动应急队伍和救援物资，直到事故风险降至足够低的水平
Ⅱ级	橙色	应急救援力量集结待命，在规定的时间内努力降低风险，恢复正常生产作业
Ⅲ级	黄色	应急救援力量原地待命，并考虑是否需要采取其他控制措施
Ⅳ级	蓝色	风险水平可以接受，可维持正常生产作业

从上述可以看出，预警级别和事故级别在逻辑上保持一致，即事故越严重、影响范围越大，则对应的预警级别也对应较高。但两者的区别在于：预警级别是在统计事故具体人员伤亡和财物损失之前确定；而事故等级是在事故发生后，根据具体的损失情况后做出的级别判断和发布。也就是说，预警级别是为了应急需要，对可能的事故级别提前作出的预判。

3.4.3 化工园区安全生产预警信息发布

《国家突发公共事件总体应急预案》要求突发事件的信息发布应当及时、准确、客观、全面，确保突发事件发生是各级决策处置部门和被影响的人群能够在第一时间准确获取预警信息，及时采取有效的应对措施，最大限度地避免或减少突发事件造成的损失。这就要求园区的应急管理机构在第一时间要向园区发布简要信息，随后发布初步核实情况、园区应对措施和员工防范措施等，并根据事故处置情况做好后续发布工作，避免引起恐慌。

预警信息内容应该具体、明确，要向园区内的人员讲清楚事故的类别、预警级别、起始时间、可能影响范围、警示事项、应采取的措施和发布单位等。除关注预警信息内容外，在预警信息发布时，还需要考虑发布的时间、接收预警信息的对象及发布的主题，评估不同对象接收预警信息的成功率。

预警信息的发布主要包括预警信息编制、预警信息发布、预警信息反馈。

1）预警信息编制

预警信息编制的内容包括事故的名称、类型、预警级别、起始时间、可能影响的范围、警示事项、预警信息发布范围、预警信息发布方式、防范措施、发布单位等关键信息。编制过程中需要考虑三个问题：预警范围的划定及描述；预警信息栏目内容的填写；发布稿的生成。

2）预警信息发布

预警信息发布是将已经审核确定的信息通过各种信息发布渠道进行发布。预警信息发布包括定向发布和公告两种方式。园区内定向发布的媒体主要包括园区的广播、手机短信等；公告类型的发布媒体主要有：室外 LED 显示屏、互联网、公共电话等。预警信息编制完成并审批通过后，由信息发布系统通过网络传送到信息发布媒体管辖部门的专用接口设备，媒体管辖部门从专用接口设备上提取预警信息，在规定时间内向园区内人员及社会发布。

3）预警信息反馈

对于已发布的预警信息，可通过各种软、硬件技术手段对预警信息发布的效果进行监测监控，及时获取预警信息发布的反馈情况，以确定预警信息发布是否成功以及是否送达预定目标，便于采取进一步的处置措施。

为了对信息发布过程进行有效监控，需要及时了解预警信息发布的结果。为了确保系统安全，预警信息发布系统的数据库及相关服务器不允许园区其他部门直接访问。

第 4 章　化工园区应急预案管理

化工园区生产安全事故，对园区及驻园企业造成了严重的人员伤亡和财产损失。因此制定完备的应急预案成为防范类似危害的重中之重。应急预案是危机情况下协调处置行动的指导方针，为应急管理者提供了处置突发事件的“通用”方法和行动计划，是应急管理工作的生命线，加强应急预案管理对于提高化工园区应对突发生产安全事故能力具有重要的现实意义。

4.1　化工园区应急预案编制基础

4.1.1　应急预案的编制依据

我国十分重视应急预案体系的建设，《安全生产法》、《突发事件应对法》等多部法律法规对部门和企业编制应急预案提出了明确的要求（见表 4-1），应急预案成为应急管理工作的重点。特别是近几年，国务院安全委员会、国家安全生产监督管理总局多次发文提出推进化工行业应急管理工作、完善应急预案体系的行政命令或指导意见。虽然尚未出台专门针对化工园区的应急预案编制工作的具体指导性文件，但趋势已经非常明显。

表 4-1　我国关于编制应急预案的法律法规

序号	法律法规名称	颁布时间	颁布机构	说明
1	突发事件应急预案管理办法	2013.10.25	国务院办公厅	应急预案的规划、编制、审批、发布、备案、演练、修订、培训、宣传教育等工作
2	生产经营单位生产安全事故应急预案编制导则	2013.7.19	国家安全监管总局	规定了编制生产安全事故应急预案的程序、内容和要素等基本要求
3	关于加强化工过程安全管理的指导意见	2013.7.29	国家安全监管总局	企业要建立完整的应急预案体系，开展应急预案培训和演练并及时完善预案

续表

序号	法律法规名称	颁布时间	颁布机构	说明
4	关于进一步加强化工园区安全管理的指导意见	2012.8.7	国务院安委会办公室	制定园区总体应急救援预案及专项预案。督促企业修订完善应急救援预案并与园区总体应急救援预案相衔接
5	危险化学品安全管理条例	2013.12.7 修订	国务院	相关管理部门、危化品单位、运输企业等应制定相应应急预案
6	进一步加强安全生产应急救援体系建设的实施意见	2010.11.9	国务院安委会办公室	切实提高安全生产应急预案质量，适时修订完善应急预案，组织专家进行评审或论证
7	国务院关于进一步加强企业安全生产工作的通知	2010.7.19	国务院	建立完善企业安全生产预警机制，完善企业应急预案
8	生产安全事故应急预案管理办法	2016.4.15 修订	国家安全监管总局	规定了生产安全事故应急预案的编制、评审、发布、备案、培训、演练和修订等工作
9	突发事件应对法	2007.8.30	全国人大常委会	第十七条、第十八条规定了应急预案的制定要求及组织指挥体系与职责
10	危险化学品事故应急救援预案编制导则（单位版）	2004.4.8	国家安全监管总局	导则规定了危险化学品事故应急救援预案编制的基本要求
11	中华人民共和国安全生产法	2014.8.31 修订	全国人大常委会	第十七条、六十八条、六十九条规定了危化品生产经营单位制定并实施本单位的生产安全事故应急救援预案

4.1.2 应急预案的编制原则

化工园区应急预案编制要以“预防为主，防救结合”为总原则，突出化工园区应急管理体系的“安全保障能力”和“减少事故造成的损失”这两个关键点。要充分考虑化工园区与单个化工企业的事故危险性的差异。单个化工企业的区域布局单一，没有众多高危性企业聚集。而化工园区不仅有高度密集的上、中、下游化工企业的存在，还可能有化工企业开发建设和竣工投产、设备运行生产和动火维修同时进行的局面，给化工园区带来了新的危险源，同时也对应急管理工作提出了更高的要求。预案的编制过程还要同时充分考虑以下原则。

1）全区规划原则

化工园区是化工企业及配套服务设施组成的有机整体。企业进行产品生产和技术研发，园区管理机构承担公用工程、环境保护等日常运营服务。所以预案编制前要对园区布局、企业类型、自然环境条件、安全生产特点等可能影响化工园区事故危险源的因素作全面的调查研究和规划分析，制定客观、完善的园区应急预案。某些化工园区在前期规划过程中没有把安全规划纳入到专项规划中来的，在预案编制中要更加注重对全化工园区的整体规划。

2）针对性原则

由于化工园区是近年来在我国大规模兴起的经营模式，园区应急管理工作也处在不断摸索和磨合阶段，其应急预案的编制没有固定模式可循，但一定要依据园区的风险特征、实际运营模式进行编制。在编制园区应急预案时，要针对危化品种类和数量繁多，高危场所集聚，易发生事故连锁反应和次生灾害等园区特殊危险性，与单个企业的预案编制工作区别开来。这样编制出来的应急预案才具有较强的实用价值和可操作性。

3）预见性原则

应急预案应对未来可能发生的灾害（事故）做出具体的描述，对灾害（事故）进行危害识别和风险评价，并分析可能由此而引起的事态扩大、恶化的形式和后果。对园区危险场所要进行重大事故危险源的辨识。对已确认的重大危险源，应预测发生重大事故的状态和损失程度以及对周边地区可能造成的危害程度。特别是石油化工生产装置、罐区（罐组）、石化码头等可能会因为事故产生一系列连锁反应的重点部位。

4）联动统一原则

如何解决各级应急预案之间的接口问题，使不同级别应急预案之间高度关联、高度统一是应急预案编制过程中应该重点思考的问题。要注意化工园区应急预案与当地政府部门应急预案、园区企业应急预案等各级预案之间的衔接，编制过程中要注重与政府部门的沟通，同时加强化工园区与园区内部企业、企业与企业之间的预案沟通，增加应急预案之间的逻辑整体性和相互支持性，避免各级预案之间出现矛盾冲突的情况。特别是当需要向上级政府请求支援扩大应急时，更要求化工园区应急预案与园区外或当地政府的应急预案有很好的衔接。

4.2 化工园区应急预案准备

4.2.1 应急预案编制工作组

通常来说，建立工作组是进行应急预案编制工作最好的做法，对于化工园区更是如此。工作组能够以最有效的方式将化工园区职能部门和各类专业技术人员结合起来，既可以保证应急预案编制的科学性和实用性，又可以为化工园区各应急职能部门提供良好的应急工作交流平台，有利于各级预案之间的有效衔接。化工园区应急预案编制工作组建立如图 4-1 所示。

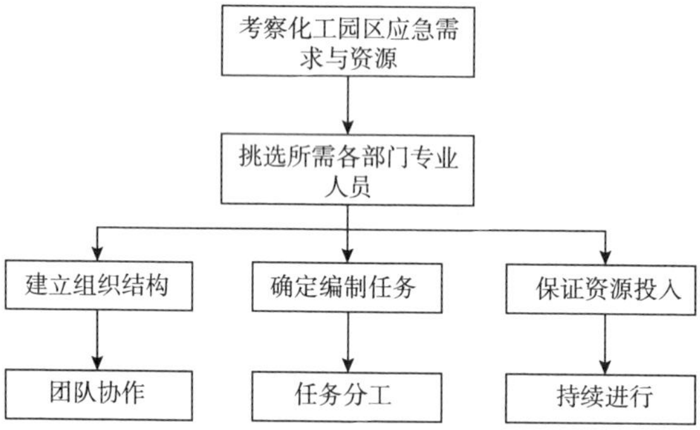

图 4-1 化工园区应急预案编制工作组建立模式

应急预案的编制人员通常是与化工园区突发安全生产事件应急管理有着直接或间接联系的人群代表。他们在预案编制中发挥着重要的作用，通过在制定预案内容时积极提出各自的诉求，使应急预案更全面、充实，具有可行性。一般来说，化工园区预案编制工作组成员必须包括：

（1）化工园区应急管理机构；

（2）其他应急相关部门代表（安监、消防、公安、医院、环保、交通等）；

（3）专家组代表（应急技术专家、咨询机构等）；

（4）社会组织及公众代表。

预案编制团队的规模取决于化工园区规模大小及区域风险大小。工作组负责人由化工园区管委会核心领导担任，建立明确的负责人与工作组成员之间的线性权力关系，通过“授权”形式进行应急预案编制工作管理。管理层采取必要的步骤来制定预案编制的计划，应急预案编制工作组负责人发出责任声明，声明包括以下几点：

（1）目标　明确应急预案编制的目的和所有可能涉及到的部门与机构；

（2）组织　应急预案编制工作组的组织体系与职责范围；

（3）期限　预案编制的工作计划和编制期限。工作日程表修改得越具体越好；

（4）开支　对编制过程中可能产生的开支（如研究、印刷、研讨会、咨询服务以及其他必要开支）进行初步预算。

4.2.2　化工园区脆弱性评估

化工园区建设过程中，在重视产业规划的同时往往容易忽视化工园区潜在的事故风险，导致化工企业选址、布局不尽合理，与民用设施、居民区以及江海湖泊等脆弱性环境的安全距离严重不足，使得伤亡事故风险不断加大。

脆弱性评估是应急预案编制的基础和关键步骤，其结果有助于明确预案编制过程需重点考虑的事故风险，并为预案编制、应急准备和应急响应提供必要的信息支持。

化工园区脆弱性研究主要针对化工园区内易发的各类工业事故。工业事故不同于自然灾害，其能量释放形式、影响范围、与承灾体作用方式都与自然灾害存在很大差别。受资源和时间等因素的限制，对于化工园区这个庞大的危险源集聚区域来说，选择评价对象则显得尤为重要。一般选择如危险化学品储罐、输油管网等高危因素进行脆弱性评价，评价流程如图 4-2 所示。

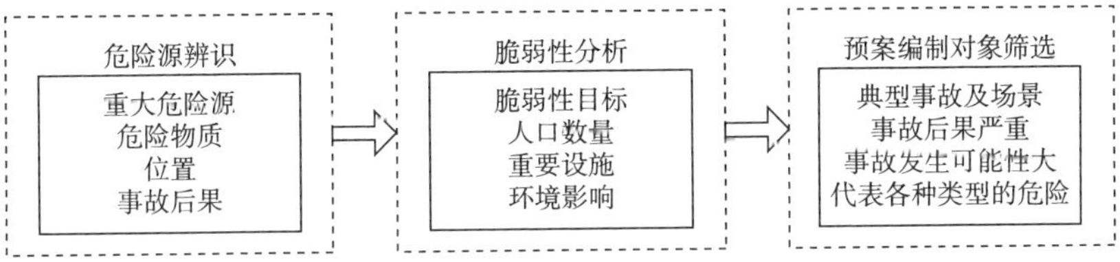

图 4-2　危险源辨识与脆弱性分析过程

1）危险源辨识

化工园区各类事故的发生，根本原因在于园区内存在着大量的危险源和危险因素。系统安全理论认为，事故的发生与系统的具体特性具有相关性，系统具有什么特点和属性，就会引发何种事故灾难。因此，必须首先对园区内的危险源进行辨识。危险源或危险因素的辨识在 3.1 节中已有说明，就不再赘述。

2）脆弱性分析

脆弱性分析是在危险源辨识的基础上，分析这些危险源一旦发生重大事故后，其周边哪些地方和哪些人员容易受到破坏或伤害。对化工园区脆弱性进行分析，不仅需要对园区的特点有所了解，还要对园区的基本构成进行系统分析。

化工园区的脆弱性分析是对园区内人员、设施、环境三类承灾体在与意外释放能量接触时所表现出来的脆弱性的分析。三类承灾体相对于意外释放能量都可以看作脆弱性目标，即在对化工园区进行脆弱性分析时，化工园区是由人员脆弱性目标，设施脆弱性目标以及环境脆弱性目标所组成的（见表4-2）。

表4-2 化工园区脆弱性目标类型

化工园区脆弱性目标	人员脆弱性目标	工业装置区域内职工 公共场所聚集人群 工厂周边交通工具使用人员
	设施脆弱性目标	驻园企业 基础设施（交通枢纽、石化码头等） 私人设施 公共设施（超市、医院等）
	环境脆弱性目标	农业区域 一般自然区域 特殊自然区域

（1）人员脆弱性目标　根据化工园区基本情况统计资料，了解化工园区下辖社区、常住人口、流动人口等基本情况；了解化工园区人员工作性质和流通特征。

（2）设施脆弱性目标　在基础设施方面，化工园区可能建设规划有铁路干线和支线、公路、航道和石化码头等交通运输方式；化工园区内部企业的业务范围又涉及石油炼化、生物化工、材料加工、仓储物流等，通过对园区企业调研，对各企业的建筑设施、生产装置等设施类型进行分析，了解其脆弱性。

（3）环境脆弱性目标　包括化工园区所在区域地形分布、自然村、农田、水库、公园等自然环境，还包括了自然保护区、湿地、沿海滩涂等特殊自然环境。

不同脆弱性目标在园区内的暴露特征以及易损程度不同，使得由其构成的化工园区在面对不同形式的工业事故时所表现出的脆弱性不同。园区内各类承灾体组成不同，会使化工园区系统在面对突发生产安全事故时所表现出来的整体脆弱性发生变化。

3）预案编制对象筛选

应急预案中必须包含脆弱性评估的内容，对化工园区进行危险源辨识和脆弱性分析，并根据历史经验，研究总结突发事件的机理，根据机理分析影响因素以及突发事件发生可能造成的危害级别，明确化工园区整体的脆弱性情况以及对各种突发事件的应对能力，为应急预案的制定提供基础。同时对于每种可能出现的事故，分析园区内哪些企业、哪些区域、哪些人群属于弱势应该加强防护，在制定应急预案时要特别注明。

4.2.3　化工园区应急能力分析

在编制化工园区应急预案之前，需要对化工园区现有应对突发生产安全事故的能力进行分析和评估，明确其具有的优势和劣势，了解面临的危机和挑战，从而更好地明确预案编制的侧重点，以制定可行的应对措施。根据全流程应急管理，从事故前、事故中、事故后来分析化工园区应急能力，包括监测预警、日常管理、资源准备、应急响应能力等。

1）监测预警能力

监测预警能力是整个应急过程的基础和前提。应急预案编制工作组要从监控网络覆盖率、监测技术水平、预测潜在危险的能力、预警机制的完善性、预警监测设备的灵敏度等方面全面了解化工园区监测预警能力，为应急预案的编制提供依据。

2）应急管理建设能力

化工园区应急管理建设能力包括园区针对应急而建立的各项规章制度和组织机构，以及具体的实施方案和评估办法。体现了化工园区的应急管理水平和对应急管理的重视程度。评估重点从应急规章制度、应急机构、应急预案和应急培训等 4 个方面，检验各种规章制度建设的完整性和实施效果，如图 4-3 所示。

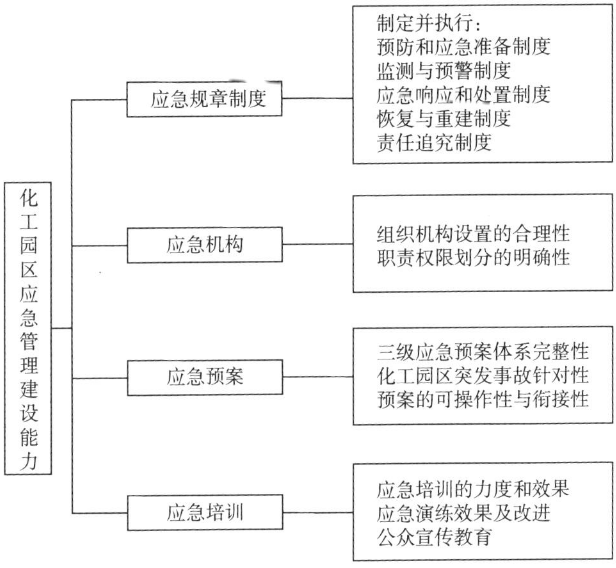

图 4-3　化工园区应急建设管理能力分析

3）资源准备能力

应急资源的充分配备是降低化工园区事故损失的重要保障，相关的人、财、物等资源，是整个应急救援过程的必要凭借。应急预案编制工作组需要从救援队伍、应急物资装备、应急资金、避难场所等因素着手，对园区的应急资源准备能力进行评估，如图 4-4 所示。

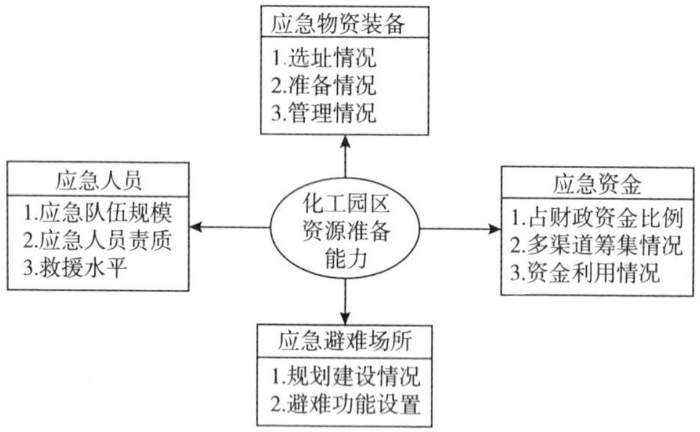

图 4-4　化工园区应急资源准备能力

4）应急响应能力

应急响应是化工园区事故中应急管理工作的中心任务，也是整个全流程应急管理工作的中心环节。因此，在进行应急预案编制工作时，一定要对园区应急响应能力进行充分客观地评估，这样编制出的预案才能在实际救援时更好地与实际情况贴切。进行应急响应能力评估时，应着重从信息传递、指挥协调能力、紧急救援能力等方面进行考虑，如图 4-5 所示。

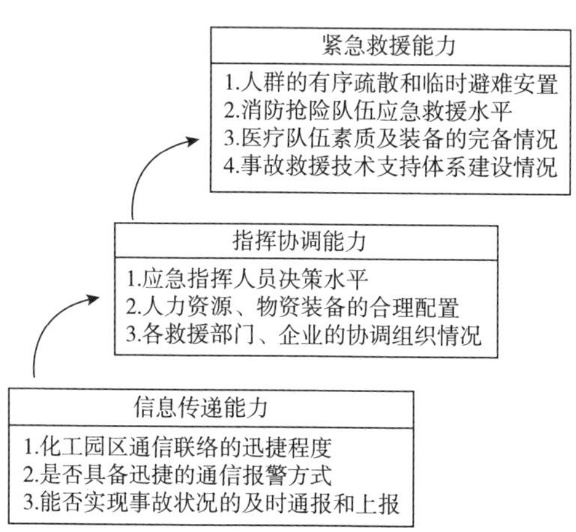

图 4-5　化工园区应急响应能力分析

4.2.4　最不利情景假设

俗话说“饱备干粮，晴带雨伞”。在日常生活中，常常需要从最糟糕的情况出发分析问题，这就是最不利原则。情景假设是在一系列明确的背景假设之下，不断地丰富合乎逻辑的情景布置（可能是一系列有着强烈因果关系的事实），并最终形成对应结论的一种分析方法。当假设的信息发生改变时，也能相应地做出检验，并预测在未来一定时间序列内可能造成的影响。将最不利原则与情景假设结合，预先考虑化工园区事故可能造成的最大伤害与破坏，可为应急预案的制定提供参考并提高应急预案的预见性。

预案编制工作组对过去发生的灾害案例进行广泛调研，分析事故的伤害机理，同时对未来的灾害进行合理的类比与假定，根据分析结果和未来趋势科学地假设极端情景下可能造成的人员伤害和环境破坏等。该过程中要重点考虑以下两点因素：

1）应急资源的限制性

即考虑资源配置的有效范围和资源规划的目标。很多资源的使用有时间或者空间上的限制，比如消防器材的使用年限、应急药品的使用期限，比如救援直升机的响应范围；最不利场景假设必须也在这个有效范围内，这样相应的资源配置才有意义。而考虑资源规划目标，是因为资源的投人往往是有限的。超出规划目标的资源需求是不能满足的，或者是不经济的。基于上述两方面原因最不利场景的假设必须受到限制。

2）最不利场景可信性

可信性原则要求最不利场景假设的是最糟糕的情况，同时这种情况的发生可能是被接受的，即假设的最不利场景是可信的。这是因为如果假设的最不利场景不可能发生，或者发生的可能性被认为是可忽略的，那么针对其预先进行的资源储备投人就不够经济甚至失去意义。

由以上可以看出，最不利场景的假设必须从实际需求出发，兼顾安全性和合理性。

需要指出的是最不利场景的假设还会受人们风险态度的影响。对于同一个具有不确定结果的事物，每个人的风险态度是不相同的，并由此影响人的行为决策，经济学上将之划分为风险爱好者、风险中立者和风险厌恶者。风险爱好者对风险的容忍度较高，假设的最不利场景通常更乐观；相反风险厌恶者对风险的容忍度较低，假设的最不利场景往往比较悲观；而风险中立者的态度则比较居中。

在作出最不利情景假设后，应急预案编制工作组需要定义希望达到的救援目标以及通过何种措施来实现这个目标。一般情况下，预案编制过程中要从应急需求和应急能力两方面来制定相应的响应措施。前者考查化工园区实际执行能力以便决定需要多少新的物资供给以满足预期的需求。在化工园区运营初期和整改期间，应急救援资源还在不断地增加和完善，因此可以基于本化工园区的应急资源和应急能力，制定出符合实际情况的应急救援措施。

4.3　化工园区应急预案编制

化工园区应急预案编制工作组在风险分析和应急能力评估的基础上编写应急预案，对应急机构职责、人员、技术、装备、设施（备）、物资、救援行动及其指挥与协调方面预先做出具体安排。它需要预案编制工作组：综合应用系统安全工程理论与技术；分析事故的发生、发展及其演化的过程，设计和建立化学工业园区重大事故场内外应急预案的结构框架和内容要素；系统描述化工园区应急组织及力量和应对重大事故时监测预警、应急准备、应急保障、应急处置等一系列程序和规定。

4.3.1　应急预案结构模式

根据化工园区安全监管的实际情况，结合事故应急管理需求，化工园区应急预案可采用“基本预案＋应急功能程序＋支持附件”的结构模式，如图 4-6 所示。基本预案、应急功能程序、支持附件三部分相互联系、相互作用、相互补充，构成了一个有机整体。

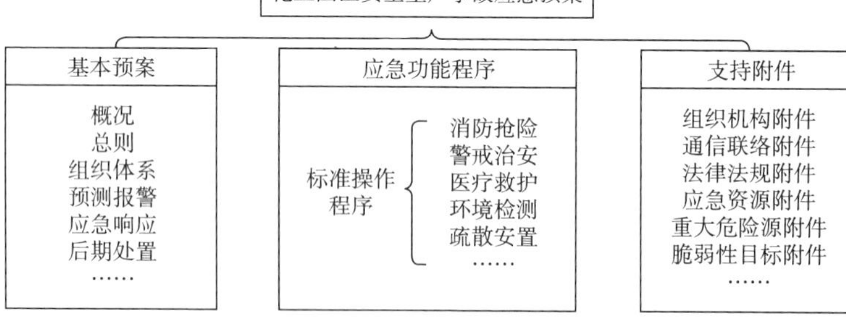

图 4-6　化工园区应急预案结构模式

基本预案对化工园区应急预案作总体上的描述及必要说明，主要阐述应急预案所要解决的紧急情况、应急组织体系、预防预警、应急响应、后期处置、应急保障、宣传、培训和演练等方面的程序和规定，如表4-3所示。

表4-3 化工园区基本预案编制说明

预案要素	主要内容说明
总则	1. 编制目的 体现预案对于预控事故的作用，从减少事故造成的人员和财产损失、环境破坏及社会影响等方面来叙述； 2. 编制依据 列举预案编制过程中参考的安全生产法律法规、行业条例等规范性资料； 3. 分类分级 根据事故性质、严重程度、过程及影响范围等因素来对事故进行分类分级； 4. 应急工作原则 遵循“以人为本、安全第一”、“预防为主，平战结合”、“整合资源，协同应对”等基本原则。
基本风险及应急能力情况	1. 风险现状 描述化工园区基本概况、园区风险源基本情况、周边安全状况及可能发生事故的后果和波及范围； 2. 应急能力 描述化工园区现有应急救援体系、应急响应能力、应急资源保障等水平。
应急组织体系	1. 应急领导机构 叙述化工园区安全生产应急管理人员组成和在应急管理工作中的决策和指导作用； 2. 应急工作机构 叙述园区相关部门如安监、公安、消防、街道、环保等各相关部门承担的日常应急管理工作职责以及参与的应急救援工作内容。
监测和报告	1. 危险源监控 明确园区危险源监控方式以及采取的预防措施；重要生产工艺自动监测、报警、紧急切断及紧急停车系统；可燃气体、有毒气体的监测报警系统；消防及火灾报警系统等； 2. 预警行动 叙述“报警－接警－处警”机制，描述园区信息逐级上报制度并明确信息报告主体及报告的主要内容。
应急响应	1. 指挥和协调 如何有效地实现指挥协调应急行动、资源调配、技术支持；如何避免次生事故以及扩大应急等响应程序？ 2. 疏散与安置 避难方式如何选择；疏散范围如何确定；人员安置地点如何选择；后勤保障如何安排等？

续表

预案要素	主要内容说明
应急响应	3. 现场检测与评估 如何对场内场外应急决策信息进行获取；如何进行应急事态评估？ 4. 治安警戒 如何划定警戒区域；如何调整警戒区域；如何执行警戒工作？ 5. 事故抢险 如何针对不同的事故类型、等级、时空属性等因素执行抢险任务？ 6. 应急人员安全 如何根据不同的事故情景选择防护装备？ 7. 医疗救助 如何开展现场医疗救助及伤病员转送和分流工作？ 8. 其他 如应急通信、电力等保障工作如何落实；如何对公众进行应急信息发布等？
实施	1. 如何针对园区及周边承受风险的人群制定应急预案培训计划？ 2. 如何提高全面的参与程度并取得预期的教育宣传作用？ 3. 如何对应急预案的宣传和培训效果进行考核和评估？ 4. 如何确定应急预案修订周期、修订方案和修订评价？
应急演练	根据园区应急要求确定演练规模、组织形式、内容及总结等。
后期处置	如何开展灾后事故调查、恢复重建、保险理赔及总结改进等工作？

4.3.2 应急功能程序

应急功能程序是化工园区应急预案的核心，包括标准操作程序和危险化学品应急处置方案两部分。

1）标准操作程序

标准操作程序（Standard Operating Procedures，SOPs），是经与化工园区有关部门的交流与沟通，针对各部门在应急准备、应急响应、灾后恢复的全过程中的职责与作用而编制的详细、具体的行动指南。其目的在于通过规范化和标准化的操作实现应急救援的规范化。

为了保证预案简洁，基本预案并不说明各项应急功能的实施细节，而在标准操作程序部分给出详细的操作程序。因此各应急功能的主要责任部门必须组织制定相应的标准操作程序，为应急组织或个人提供履行应急预案中规定职责和任务的详细指导。标准操作程序应保证与应急预案的协调和一致性，其中重要的标准操作程序可作为应急预案附件或以适当方式引用。

2）应急处置方案

危险化学品应急处置方案则针对每一种（或类）危险化学品，明确其应急处置的技术要求及注意事项，主要包括：特别警示、危险特性（燃烧爆炸、健康危害）、公众安全、个体防护、隔离疏散、应急行动（燃烧爆炸处置、泄漏处置）、紧急救助以及泄漏情况下的初始隔离距离和防护距离等。

编写危险化学品应急处置方案必须根据新版《危险化学品目录》及《危险货物品名表》(GB 12268—2012)，对化工园区内部的已建、在建项目使用的危险化学品进行辨识。针对气体、液体、固体等不同危险化学品的危险特性制定相应的事故处置方案。

4.3.3 支持附件部分

支持附件是预案中可能用到的图表和正文引用到的文件的技术资料、数据、信息等文本，如危险分析附件、通信联络附件、法律法规附件、机构和应急资源附件等。表 4-4 详细地列出了应急预案各支持附件中包括的内容。

表 4-4　化工园区应急预案附件内容

附件类型	关键内容
危险分析附件	重大事故灾害类型及影响范围； 重大危险源登记表及分布； 重大防护目标信息表与分布； 事故后果预测与评估； 其他危险分析资料等
通信联络附件	应急机构、人员及专家信息表； 新闻媒体名单； 园区周边地区应急机构、上级部门； 应急服务、物资供应部门、企业信息
法律法规附件	国务院、安监总局及地方政府法律法规； 园区管理机构制定的应急办法和措施
应急资源附件	园区及内部企业消防力量分布； 医疗救护机构分布及能力情况； 消防、应急设施设备、物资、数量储存分布； 通信预警系统分布及覆盖范围
教育培训及演练附件	应急人员培训方案及评估表； 应急演练组织体系、实施方案、效果评估等
技术支持附件	应急信息管理系统； 应急决策支持系统、危化品数据库； 事故案例库； 应急手册； 其他技术支持附件

4.4　化工园区应急预案综合评估

应急预案是化工园区在紧急状态下各应急处置力量采取行动和调配应急资源的依据，是一个涉及多因素的系统。对应急预案进行绩效评估，其实质是按照一定的评价标准来衡量、考核、评价评估对象的绩效水平，确定和测量期望绩效与当前绩效之间的差距，从而提出合理性改进建议，以提高应急预案的绩效水平。在编制过程中持续进行绩效评估可以有效控制预案编制的质量，并进一步促进编制人员与应急管理人员、应急执行人员之间的沟通和交流。

4.4.1　应急预案前评估

1）评估内容

应急预案的前评估是指在应急预案实施前对其进行的评估，预案制定是否科学、内容是否完备等都会影响到应急预案的实施效果。评估内容贯穿应急预案的整个过程，主要是从应急预案的编制原则、构成要素和内容等方面开展。根据预案编制的流程，列出应急预案评估的主要内容如表 4-5 所示。

表 4-5　化工园区应急预案评估主要内容

预案阶段	评估对象	评估关键内容
前期	化工园区基本概况	符合国家和地方法律法规要求，明确园区周边环境、整体安全情况等
	危险源的辨识	园区危险源的识别、脆弱性情况是否准确合理
中期	应急指挥体系	1. 设置分级应急救援组织机构（依据园区规模、危险类型） 2. 应急救援指挥部、事故应急专家组是否合理 3. 部门之间明确的职责
	预防与预警机制	1. 对突发环境事件进行合理预警分级 2. 预警发布、解除、改正的报告方式、责任部门等是否明确，渠道是否有效、畅通
	应急处置	1. 分级响应是否准确 2. 抢险、救援及控制措施可操作性 3. 各项措施明确的目的、执行者、相互逻辑关系 4. 人员撤离、疏散方案的合理性 5. 应急资源的需求、存放和评估，资源互助等

续表

预案阶段	评估对象	评估关键内容
后期	后期处置	1. 事后处置、现场清理等是否可行 2. 调查与评估是否客观合理
	监督管理	1. 是否制定合理的培训方案和计划 2. 是否对演练的内容、范围、频次和组织等进行明确规定 3. 是否规定预案的评审、发布和更新的要求
	附件	主要附件的完备性

2）评估流程

同应急预案的编制过程一样，应急评估也需要组建评估小组，明确专家人员组成及职责分配，并组织专家评估会议讨论对预案进行评估。根据专家组给出的评估意见对应急预案修改和完善，若仍未达到化工园区应急预案标准的要求，则需要重新对应急预案进行评估。基本评估流程如图 4-7 所示。

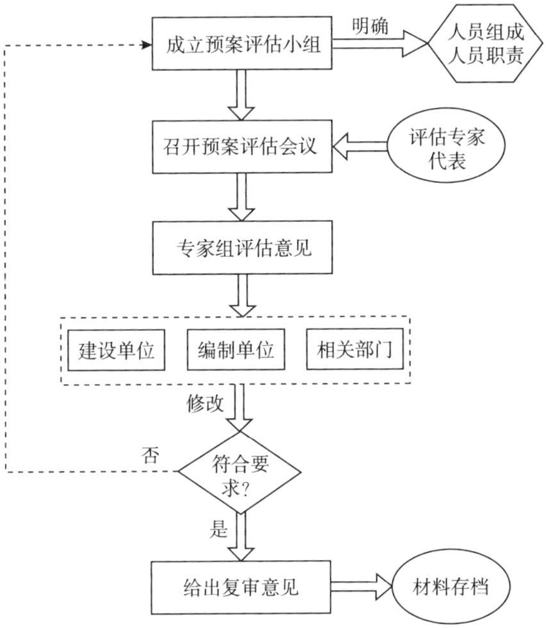

图 4-7　应急预案基本评估流程图

通过应急预案的前评估，可以在应急预案制定后对其各个方面进行分析，检查预案制定得不合理的地方并进一步修正。因为应急预案不可能完美得无懈可击，需要通过各种方法使得应急预案制定得尽可能科学合理，具有更强的可操作性。

4.4.2 应急预案后评估

在化工园区应急预案管理中，应急预案后评估通常是在应急预案实施后进行的。应急预案的实施是为了尽可能减少突发事件造成的影响和损失，因此对应急预案实施的后评估主要是对应急预案的实施过程和实施效果两个方面进行评估。对应急预案进行后评估主要依据表 4-6 中的指标内容。

表 4-6 化工园区应急预案的后评估指标

后评估类别	评估指标
实施过程评估	接警以及出警的及时性
	操作过程的逻辑性
	应对者职责的明确性
	资源的充分性
	资源运送的及时性
	调整的灵活性
实施效果评估	社会损失挽回情况
	经济损失挽回情况
	生命财产损失挽回情况

1）实施过程评估

应急预案的实施过程直接影响应急预案的实施效果，所以对应急预案的过程评估是了解其效果的前提。在应急预案实施过程中出现的任何影响处置效果的问题都可以反馈回应急预案的编制中，分析是否由于编制过程中的问题而导致应急预案实施过程发生意料之外的状况。比如资源没有及时运送或者资源不足等。在化工园区应急预案评估过程中，将应急预案的后评估与前评估结合起来，并将后评估中发现的问题反馈回应急预案的编制中，从源头解决问题，进而保证制定的应急预案能够达到更好的处置效果。

2）实施效果评估

应急预案的实施目标则是尽可能的减少突发事件造成的社会、经济和人民生命财产损失。实施效果评估主要是评估应急预案与最初设立的预期目标对比，即在实施后达到理想效果的程度，从社会、经济和人民生命财产损失三个角度来分析损失减少到最低的程度。通过对应急预案实施后的效果分析，也可以反映出应急预案编制中存在的问题，从而将前评估和后评估联系起来。

4.5 化工园区应急预案实施

预案编制是基础，预案实施是目的。应急预案能否在生产安全事故的应对中发挥积极作用，不但取决于应急预案本身的完善程度，而且还取决于应急预案的实施情况，包括应急预案的宣传教育、培训和演练，机构、人员及应急资源的落实等，使应急预案有机地融入安全保障工作之中，真正将应急预案内容要求落到实处。

4.5.1 应急预案的宣传教育

应急预案编制完成后，如何开展应急宣传教育工作、建立有效的应急宣传工作网络也是化工园区应急预案管理的重要组成部分。通过有效的应急预案宣传教育，在化工园区广泛宣传应急预案、应急管理工作的措施和要求以及基本的应急救助知识等内容，规范化工园区应急管理，提高公众的危机意识和应急突发事件的自救、互救能力，增强化工园区与企业之间的协同作战和高效处置水平。

化工园区应急预案的宣传对象不同于企业，企业主要针对企业干部和职工，而化工园区则要兼顾化工园区内众多企业和职能部门、周边居民及园区客户等，宣传对象多而繁杂，要结合化工园区实际情况，采取形式多样的宣传教育手段。

1）文化主题活动

这是一种常规、有效的宣传教育形式。当前，以主题活动为代表的文化创建已经成为安全生产类企业开展安全工作的趋势。众多化工园区及园区企业纷纷设立了不同主题的“安全宣传月”或“应急宣传周”，着力培养化工园区安全文化。化工园区应急管理部门要为应急宣传创造良好的活动氛围，可以利用好横幅、宣传栏、应急知识展板等各种形式的宣传载体，制作通俗易懂、好记实用的宣传普及材料，向公众免费发放。园区企业可以选择定期开设应急讲座、举办应急知识竞赛、观看宣传片等形式配合园区应急宣传教育的开展。

2）媒体宣传

广播、电视、报纸、网络等媒体的宣传具有覆盖面广、形式活泼的优点，适用于在关键时段的集中宣传和专题宣传。特别是近些年来电视和网络媒体的异军突起，打破了信息接收的地域限制，相比传统媒体具有更好的时效性和信息共享度，化工园区要充分利用互联网宣传的巨大优势，建设和维护交互良好的宣传网页，提升宣传效果。

除此之外，同时也要兼顾报纸、广播等宣传方式，对于部分受众来说，“广播＋报纸＋电视”仍是其接触媒体的主导模式。特别是对于化工园区这种管理严格、相对封闭的环境，广播和内部报刊是进行舆论宣传和信息共享的重要方式。所以，将传统媒体和新媒体相结合的宣传方式有利于对应急预案进行全面、深入地宣传。

4.5.2　应急预案的培训演练

化工园区应急管理是一项事务性、操作性很强的工作，要做到事故突发时能准确、及时地采用应急处理程序和方法，将事故消灭在萌芽状态，必须对应急预案针对性开展实务培训和实际操作演练，使化工园区及园区企业各级应急机构的指挥人员、救援队伍、职工和民众等群体了解和熟悉事故应急的要求并明确各自的职责。只有做到这一步，才能在紧急状况时采用预案中制定的抢险和救援方式，及时、有效、正确地实施现场抢险和救援措施，最大限度地减少人员伤亡和财产损失。

应急预案培训演练是一项系统工程，涉及化工园区的方方面面事务，要做好应急预案培训工作，化工园区需要重点考虑以下几个方面，建立应急预案培训体系。

1）培训方式

如何选择化工园区应急预案培训方式要根据本化工园区企业生产规模、师资力量等情况决定，同时也要考虑培训对象。应急预案培训对象包括化工园区应急人员（应急管理人员和应急执行人员）、园区企业员工、普通民众、外来人员等。针对不同培训群体灵活选用培训方式，以最大程度上提高培训的投入效益。常规的应急预案培训方式有知识讲授式、部门互动式、专题案例讨论式等。

（1）知识讲授式　传授法包括讲授法、基于多媒体教学的视听技术法和用于网络在线学习和远程培训的电脑网络培训法。其共同的特点是借助于人或多媒体以及网络来培训知识，比较常见的培训手段包括书本、电子书、幻灯片等，故对课件制作和语言表达的生动性有很高的要求，目前国内大部分的培训都采用这种方法。

（2）部门互动式　该方法改变传统的“说教式”和“填鸭式”学习方法，通过各企业、各部门之间的交流互动、分组 PK 等灵活多样的形式，充分调动学员的参与积极性。是一种主动性的培训方式，有利于培养各部门之间应急救援的默契，增进应急信息和经验的交流。

（3）专题案例讨论式 该方式生动具体，直观易学。通过分析别人在预防与应急准备、监测与预警、应急处置与救援、事后恢复与重建等环节有哪些经验值得借鉴、有哪些不足需要加强，然后有针对性地对学员开展培训，通过这种实际的鲜活的案例分析，变学员被动接受为主动参与，有利于激发学员参与培训的积极性，有利于提高学员解决实际问题的能力。

2）培训评估

培训评估是指应急预案培训结束后，用定性或定量的方式将培训效果表示出来的过程，是培训效果检验的重要环节。只有对培训进行全面评估分析后，才能更好地降低培训成本，改进培训质量。目前国内外运用得最为广泛的培训评估方法是“培训效果评估模型”，该模型从评估的深度和难度将培训效果分为四个递进的层次：反应层、学习层、行为层、效果层，如表4-7所示。按照模型的思路对于应急管理培训的评估采取如下方法比较适合：培训结束时，根据培训期间的学习内容，结合学员的掌握程度，合理设计考试题目进行考试，同时增加对学员实际运用能力的考核。

表4-7 四级培训效果评估模型

评估级别	主要内容	可以询问的问题	衡量方法
反应层	观察学员的反应	➢ 学员是否喜欢该培训课程； ➢ 课程对学员是否有用； ➢ 对培训讲师及培训设施等有何意见； ➢ 课堂反应是否积极	问卷、评估调查表填写、评估访谈等
学习层	检查学员的学习成果	➢ 学员在培训项目中学到了什么？ ➢ 培训前后，学员的知识、理论、技能有多大程度提高？	评估调查表填写、笔试、绩效考核、案例研究
行为层	衡量学员在培训前后的工作表现	➢ 学员在学习上是否有改善行为？ ➢ 学员在工作中是否用到培训内容？	由上级、同事、客户、下属进行绩效考核、测试、观察绩效记录
结果层	衡量应急管理效果的变化	➢ 学员行为的改变对组织的影响是否积极？ ➢ 部门是否因为培训而运行得更加顺心更好？	考察应急预案实施效率的提高；通过应急救援质量、事故损失减少等指标进行衡量

3）师资队伍

化工园区要发展健全的应急预案管理体系，将整个园区发展成为管理型和知识型园区，就需要培养自己的应急预案培训人才，为园区打造一批专业性强、应急素质高、观念先进的培训队伍。同时也能为园区更新应急管理观念、提高应急管理质量。

为了打造优秀的应急预案培训队伍，一方面化工园区要组织培训人员有计划地推进园区内部常规的学习和研讨，并与园区应急实践结合。另一方面，化工园区需要投入一定的培训经费，有目的地选派培训人员到其他发展较快的化工园区考察进修，通过学习进一步提高培训人员的专业素质。除了“走出去”外，还可以让专家“走进来”，走进园区开展交流，并对化工园区培训工作进行指导，提出改进建议等。

4.6 化工园区应急预案演练

2012年国务院安委办在出台的《关于进一步加强化工园区安全管理的指导意见》（安委办〔2012〕37号）提出“组建园区专业应急救援队伍，开展地方应急救援力量和企业应急救援力量共同参与的应急演练”，对化工园区开展日常应急演练作出了明确了要求。

4.6.1 应急演练的目的

实践是检验真理的唯一标准。应急预案编制在很大程度上是从思维层面对事故进行模拟和判断，并运用常识和逻辑提出应对准备程序和措施的过程。因此，难免存在主观主义和经验主义可能导致的与实际情况不符的情况发生。应急演练可以对应急预案进行有效地检验，并可以根据演练情况倒推预案，对预案的不合理、不完善之处进行改进，此外还能够起到锻炼队伍、培训人员等目的，如图4-8所示。

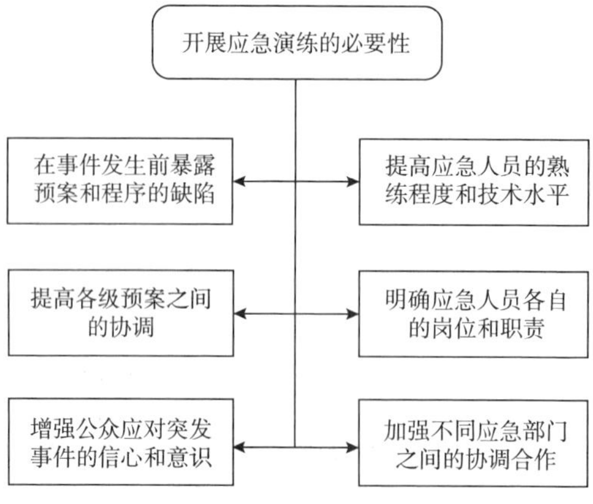

图4-8 应急演练开展的目的

4.6.2　化工园区常用的演练方式

1）桌面演练

组织园区各应急联动单位业务主管、部分企业HSE经理以及关键岗位人员等，以专题会议的形式，按照应急预案及其运作程序作为行动标准，来检验各相关部门采取的应急措施是否快速有效。同时评估跨区域、跨部门之间协同作战、信息沟通、资源调配等各项综合能力，总结存在的功能缺陷，最终完善应急预案。

2）功能演练

功能演练是指测试和评价化工园区应急预案中单个或者某几个应急功能的演练活动。一般由应急救援部门的工作人员负责，通过在特定危险场所进行，所调动的人员、装备按照预案规定满足演练要求即可。演练目的是检验该类紧急状况出现时，应急人员以及应急救援系统的响应能力。

3）全面演练

这是最完善的一种演练形式，是针对应急过程当中全部或者大部分的应急功能而开展，主要目的就是检验评价应急组织应急运行能力的演练活动。全面演练一般来说要持续几个小时，采取交互式的方式来进行，演练的过程要求尽量真实，能够达到实战的目的。三种演练方式优缺点比较如表4-8所示。

表4-8　三种演练方式优缺点比较

	桌面演练	功能演练	全面演练
优点	无需在真实环境中模拟事故情景及调用真实的应急资源，付出最小的时间、成本、资源	针对某类单一的事件或响应功能，适合检验对特定应急状况的处理能力	最完善的一种演练形式，可以检验园区应急过程当中全部或者大部分的应急功能
缺点	演练缺乏真实感、不能为应急救援提供真正的经验，无法全面考验应急管理系统的能力	需要动员的应急响应人员和组织较多，演练方案设计、协调和评估工作的难度较大	准备工作复杂，投入应急资源多，需要调用大量的应急人员和物资设备等

在实际应急管理过程中，化工园区究竟采取什么方式进行演练，要根据具体情况来选择。例如，全面演练方式虽然相对最为完善，但也不能一味的采用这种方式。因为进行全面演练所需消耗的资源、财产太多，有可能造成浪费且容易干扰园区的日常生产工作，不可能经常性地举行。一般在进行园区演练方式选取时，主要从以下5个方面进行考虑：

（1）化工园区应急预案的成熟度。如果园区应急预案体系建立起的时间较短，成熟度较低，则应尽量采用全面演练的方式对其进行综合性的检验。如果应急预案体系建立时间较长，经过若干次的演练或实战被证明适合园区的应急管理实际情况，则可相应降低全面演练的频率。

(2) 化工园区现有应急响应能力。应急演练的一个重要目的是锻炼应急响应队伍的实战能力、强化不同应急机构和部门之间的沟通与协调。如果园区应急响应队伍实战经验丰富、人员组成稳定，且各部门之间配合娴熟默契，则为了缩减成本，应尽量采用桌面演练和功能性演练。反之，则应尽量多地采用全面演练的方式。

(3) 化工园区面临风险的性质和大小。如果事故风险较大，演练就需要更为全面，可采用功能演练或全面演练的方式，提高应急队伍对预案的熟悉程度和实战能力。

(4) 应急演练成本及可用资源状况。

(5) 国家及地方政府部门颁布的应急演练相关的规定。

不论选择哪一种演练方式，应急演练方案都必须与化工园区应急管理的需求和资源条件相适应，结合实际情况来开展演练活动。

4.6.3 应急演练的参与人员

应急演练的参与人员包括参演人员、控制人员、模拟人员、评价人员和观摩人员。这些人员在事先必须要规定好分工，以便在演习的时候能够各司其职，来承担这个演练活动。

1) 演练人员

演练人员是指在应急演练中承担具体任务的工作人员，是演练参与人员的主体。演练人员主要来自园区各应急组织机构和演练相关单位，是现实中与园区安全生产应急救援直接相关的人员。在演练过程中，演练人员应尽可能地针对事故情景做出在真实情景下可能采取的响应行动。

演练人员应熟悉应急响应体系、功能和所承担任务的执行程序。演练时，按规定的信息获取渠道了解有关信息，并根据自身判断确定自己的应急行动，以控制或缓解演练所模拟的紧急情况。演练人员承担的具体任务包括：

(1) 按演练情景救助伤员或者被困人员；

(2) 实施相应行动，保护财产和公众安全；

(3) 获取并管理各种应急资源；

(4) 与其他应急响应人员协同应对演练过程中的各类紧急事件。

2）控制人员

控制人员是指按照应急演练方案控制应急演练进程的人员，通常包括演练总指挥、现场总指挥以及专业工作组人员。在演练过程中，控制人员可以由政府或园区应急救援职能机构的负责人或参演企业的安全管理部门人员担任。

演练控制人员的职责是确保应急演练方案的顺利实施，以达到演练目标；在演练陷入停滞状态时，控制人员应给演练人员一些提示，推动演练的顺利进行。此外，控制人员还要保证现场人员安全，保证整个过程在可控的安全范围内。控制人员在演练过程中的主要任务包括：

（1）确保应急演练目标最大程度实现；

（2）确保演练活动对于演练人员来说，既具有确定性，又富有挑战性；

（3）确保演练进度；

（4）解答演练人员疑问，解决演练过程中出现的问题；

（5）保障演练安全进行。

3）模拟人员

模拟人员是指应急演练过程中扮演与代替某些应急响应机构、社会团体和服务部门的人员（如军队、受害群众、志愿者团体等组织），或模拟紧急事件、事态发展的人员。模拟人员要了解模拟组织的职责、任务和能力，在演练过程中能够模拟这些组织所需采取的行动，积极配合演练人员，提高演练的真实性。模拟人员在演练过程中的任务包括：

（1）扮演与代替实际应急响应行动时，与应急指挥中心、现场应急指挥部所相互作用的机构或服务部门人员；

（2）模拟事故的发生过程，如释放烟雾、模拟气象条件、模拟泄漏等。

开展应急演练，并不要求所有应急机构、组织、部门人员都参与。参与演练的应急机构、组织、部门人员取决于演练范围、规模、演练目标，例如进行小规模、有针对性的功能演练。需要强调的是，不参与演练并不说明该次演练不需要这些机构、人员的支持与配合。

4）评价人员

评价人员是指负责观察和记录演练进展情况并评估相应演练绩效的人员。评价人员的主要任务是：

（1）观察演练人员的应急行动情况和演练过程，记录观察结果，整理记录信息并展开评估工作；

（2）在不干扰演练人员工作的前提下，协助控制人员保证演练按预定的方案进行。

演练前，评估人员必须接受有关评估方法和评估技术方面的培训。演练过程中，评估人员必须认真做好记录。演练结束后，评估人员所收集到的客观信息和事实，将成为评估组总结应急演练和应急预案各方面优缺点的基本依据。

5）观摩人员

观摩人员是指来自园区或园区附近社区，观看演练过程的人员。应急演练现场应划分专门的区域供观摩人员活动，并设立专门人员负责现场秩序的维持，保证观摩人员能够清晰、安全地观看整个演练过程。各类人员职能示意图如图 4-9 所示。

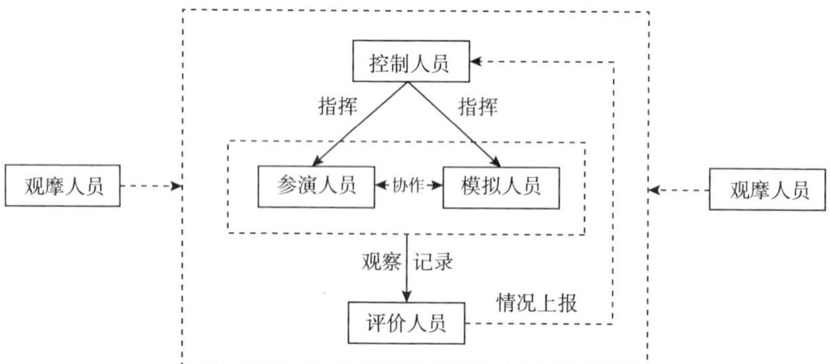

图 4-9　应急演练中各人员职能配合简单流程

4.6.4　化工园区应急演练准备

这一阶段主要是演练策划和落实演练的各项准备工作。演练策划是对演练的总体框架和演练全过程进行系统设计，侧重对演练的目的、演练条件、演练环节的设计，使演练的总体安排既符合应急预案的程序规定，又紧密结合化工园区实际情况，体现演练的针对性和目的性，具体准备工作如图 4-10 所示。

4.6.4.1　应急演练方案设计

应急演练方案的设计主要包括目标设计、演练实施设计、演练评估对象选择和后期总结 4 个方面的内容。

1）演练目标设计

演练方案中的目标设计要依据“简单、定量、可达成、现实”的原则，进而结合园区可能发生的突发事件，如火灾爆炸事故、有毒气体泄漏事故、“多米诺效应”事故等，确立演练的总体目标及各个控制关键点的具体目标。

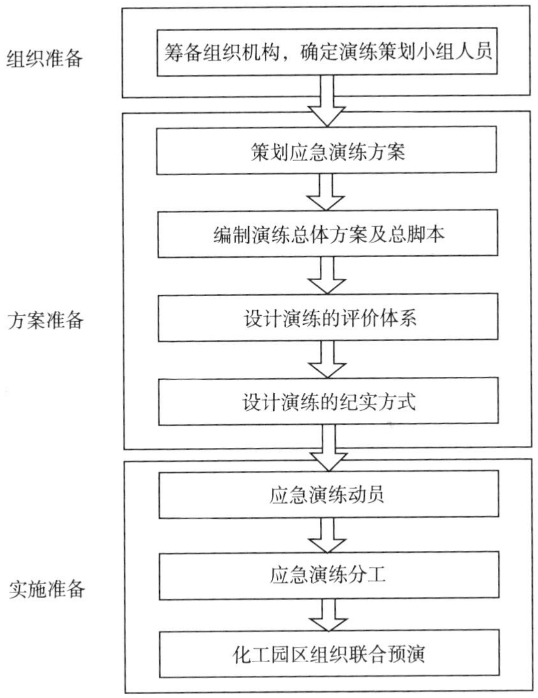

图 4-10　应急演练准备流程图

2）演练实施设计

演练的实施是演练方案中的主体部分。演练实施设计主要根据设定的总体目标及具体目标，结合园区地理位置、风向等自然情况及园区应急设备和物资的存储、运转情况，以确定演练情景的发生地、具体应对情节等内容。具体包括：会合地点、救援指挥区域、演练区域、演练安排、参演人员、必要的指导和管理服务信息等。

3）演练评估设计

科学合理的应急演练评估是对应急演练有效的检验，体现在演练方案的设计中主要是选择恰当的评估对象与评价方法。演练评估的方法主要由 4 个步骤：演练评估计划与安排，观察演练与收集数据，分析数据，起草演练总结报告。

4）演练总结设计

演练总结作为演练后期的整理分析工作，对整个应急管理的后期工作都具有指导意义，其在演练方案的设计中主要是对总结会议的召开及报告的书写格式及日期安排上的书写。对其主要分析的问题框架设计部分均可以暂时不进行具体设计。

4.6.4.2 应急演练实施方案编写

演练方案编写的宗旨就是要将预案的指导性转换为演练的可操作性和实战性。因此在演练方案的编写中应实现应急预案的“四化”，即程序语言化、情节丰满化、执行具体化、步骤流程化。

1）程序语言化

程序语言化就是要将应急预案中很多描述性的处置程序转化为指挥员与应急救援人员的语言交流和沟通。将应急预案的程序尽可能地语言化，不仅便于参演人员直观了解应急救援行动的进展情况，同时也便于观摩人员理解正在进行的各种救援行动，既便于演练的展开，又提高了演练的表现力。

2）情节丰满化

应急预案作为化工园区应对突发生产安全事故的指导性文件，对事件的发生规模、性质、处置方式一般只进行一些相对粗放的描述，而演练的成功进行则需要更为丰富的信息。

3）执行具体化

执行具体化就是要将各应急响应程序具体化和可操作化，便于各种应急救援任务的执行落实和完成质量的保证。

（1）任务执行姓名化　将各种应急救援任务落实到对应的参演人员，例如每个应急救援小组的人员数量，分别负有何种相应的演练任务，受困人员由谁扮演，谁发现、谁报警、谁疏散、谁抢险、谁搜救等，所有任务一一对应，落实到个人。

（2）处置任务具体化　为使应急预案演练有条不紊，保证应急处置程序的完成质量，必须对预案反应程序进行具体化，各种细节都必须进行事前的缜密设计，例如：

①现场疏散人员的具体集中位置；

②人员如何高效清点并最快统计出受困人员数量；

③将动用多少灭火器，动用几种灭火或灭火设施，分别在哪个阶段启用；

④要动用多少水枪，几支用于灭火，几支用于冷却隔离，几支用于掩护抢险搜救等；

⑤受困人员有几名，其中有几名受伤，伤何种伤害，作何种急救处理；

⑥119、120 车辆进入现场的时间点在什么时候，停车位置在哪，如何进行车辆入场的信息沟通；

⑦疏散抢救出的危险品、物资等安放在什么位置等。

4）步骤流程化

预案演练由于情节的丰满和执行的具体化，会比应急预案的应急响应流程图增添不少程序和内容。编制演练程序流程图，将演练各环节的响应程序进行合理有序地组合，可以优化演练各程序之间的衔接，增加演练的流畅性，提高应急反应效率，同时观摩人员也可以根据流程图了解掌握应急演练的即时进行。

4.6.4.3　应急演练的主要环节要素

应急救援演练涉及因素较多，包括响应、救援、反馈等环节。因此在日常应急救援演练中，必须明确重点环节，以达到演练的目的。在一场应急演练中，“响应、处置、协同”这 3 个环节必不可少。每当组织策划一次应急演练，组织者必须根据演练的背景和类型，围绕应急预案，重点进行这 3 个环节的演练，见图 4-11。

- 应急演练
  - 快速响应
    - 报警——事故单位及时向上级或周边报警，通报情况
    - 接警——各应急组织立即启动应急响应程序
    - 指令——各应急组织立即发出指令
    - 执行——各应急组织立即做出反应，迅速赶赴现场
  - 有效处置
    - 侦查——消防实施现场侦查
    - 隔离——消防采取第一危险区域的隔离标志
    - 警戒——消防进行第一危险区域警戒、治安进行第二或第三危险区域警戒（疏散半径、影响范围）
    - 搜救——消防迅速组织搜救被困人员或受伤人员
    - 监测——环保和气象人员迅速对事故现场或周边危险区域实施监测
    - 抢救——消防对事故现场泄漏点实施堵漏或抢修、抢救
    - 疏散——公安迅速组织危险区域内人员的防护疏散，交巡警对交通道路、车辆、人员进行管制和疏导
    - 救护——医疗急救中心对事故现场或周边伤员实施救护处置
    - 灭火——消防对现场火灾实施灭火控制
  - 全面协同
    - 报告——各应急组适时向现场指挥组报告处置情况或救援建议
    - 协同——各应急组之间的联动对接
    - 指令——在任务分工前提下，按照职责进行协同合作
    - 支持——专家在事故现场的技术咨询支持

图 4-11　应急演练的主要环节要素

4.6.4.4　演练方案的培训

演练方案的培训内容可归结为“三个明确，一个模拟”。

1）明确职责任务

明确各应急小组及其成员在各个演练阶段的任务，将演练任务落实到应急小

组、落实到人、落实到时间点、落实到各阶段。

2）明确任务的具体要求

明确演练任务的完成内容、完成时间、完成地点以及完成质量要求。

3）明确演练对话内容

为保证演练各级指挥员和行动小组之间的信息沟通和各种报警报告语言的规范化，必须对演练过程中可能出现的报警报告和对话内容进行适当规范和精炼，提高沟通效率，增加观摩性。明确演练对话内容就是将演练中的信息交流对话一一落实到执行人，要求执行人掌握自己对应的对话内容，便于演练展开。

4）进行模拟演练

模拟演练遵循先单项后综合的原则，即采用先小组后全体、先企业后园区的模拟演练模式。通过单项演练提高参演人员对任务的熟悉程度和对处置措施的熟练程度，提高应急处置能力，缩短应急反应时间；通过综合模拟演练提高各应急小组的协作水平和程序衔接速度，发现演练方案的缺陷。

4.6.5 应急演练实施

化工园区开展应急演练一般包括演练组织筹备工作、实施前准备工作，演练实施和演练总结评估等阶段，每个阶段具体内容各有侧重，需要解决的问题也不同。

1）桌面演练的实施

演练前各参演部门、单位和参演人员熟悉各自的角色和任务，按照事先编制好的演练方案组织相应的演练准备工作，熟悉演练实施过程的各个环节。确认演练所需的设备设施、技术资料和参演人员到位。演练实施过程中，安排专门人员采用文字、照片和音像等手段记录演练过程。

另外，在桌面演练中，化工园区应急救援重型装备（如大型吊车等）一般不会出动。医疗卫生救护车辆及人员也不需开赴假想事故现场，但必须了解这些人员、装备设施及其他应急救援资源是否处于良好的应急状态，以便在演练中面对问题时能够做出正确的判断。

2）实战演练的实施

实战演练的实施是正式演练的全程时段，实施阶段的关键是演练过程控制、演练评估和演练纪实。演练过程控制就是对抢险救援、治安警戒、医疗救助、后勤保障等重点环节每个步骤进行全面监控，确保重点环节紧凑衔接，按照预定的演练方向发展。演练评估就是对演练的全过程及各参演部门、参演企业及参演人员的应急表现，按照预定的评价体系标准进行客观的记录、总结和评价，做好演练评价工作关键在于确定好客观的评价要素标准，按照演练内容编制响应的评价表格。演练纪实则是对演练实战进行完整的记录。

实战演练的实施过程总体上应保持演练的自然发展，减少过多的干预，但也必须采取必要的措施保证演练的顺利进行。演练启动后，应保持演练人员具有较大的自主性，根据突发事件背景和注入的信息或插入事件，自主地根据预案做出及时的反应。控制人员应当只在演练人员的行为偏离演练主线很远，并有可能影响整体演练进程的条件下，再进行必要的干预。

3）演练评估与总结

应急演练的评估包括任务层面、职能层面和演练总体层面的评估。任务层面主要针对演练中的某个具体任务的完成情况进行评估；职能层面针对某个部门的实际职能职责的完成情况进行评估；演练总体层面是对演练的总体完成情况进行评估。

演练评估的内容应包括演练过程中的正确反应程序和存在的不足。演练评估的过程一般包括评估计划的制定、数据收集、数据分析和评估报告的编写几个步骤。演练实施前，评估组应制定适当的评估计划；演练过程中，评估组应参与其中，收集演练进行情况的资料并进行分析；演练结束时，评估组应给出针对演练的评价并编写评估报告。

4.6.6 应急演练过程中注意事项

1）第一时间的快速响应

园区任何一起突发生产安全事故发生后，能否有效避免事态的扩大，关键在于第一时间的响应处置效果。在策划应急响应处置方案中，首先要考虑在事发的第一时间内，事故企业如何做出“第一报警自救”动作；其次要考虑化工园区应急管理机构在第一时间内如何做出“第一响应指挥”行动；第三要考虑各专业救援组在第一时间内应做出的“第一应急处置”行为。以上三个“第一快速响应”方案，是策划演练的重要内容，直接影响着演练的最终效果。

2）三个层面的响应指挥

一般情况下，组织应急救援演练，目的在从政府部门、园区和园区企业3个应急组织层面，检验他们执行“报警、通报、接警、指令、执行”等一系列响应指挥动作的能力。只有保证其反应速度、果断决策、及时指令的正确有效性，才能更好地提高各级应急响应的指挥能力。

3）强调救援之间的协同作战

整个应急救援演练的响应处置，都必须得到各个细小环节的密切配合，才能完整体现演练的协同作战效果，使演练“纵向贯通到底、横向联动到边”。

4）重视周边区域的联动疏散

应急预案演练，特别是毒气泄漏事故的演练处置，要重视周边区域的联动防护、疏散。这一环节涉及范围广、人员多，情况复杂，不易组织疏散，需通过多次演练，才能提高联动疏散的能力，确保社会人员的生命财产不受到严重伤害和损失。

4.7 化工园区应急预案动态管理

应急预案不是一成不变的，而是有一定的生命周期。伴随着应急管理的“预测预警—计划准备—响应处置—评估恢复”这一管理闭环的演进，预案也经历着一个编制、宣传和教育培训、预案演练、预案评估、改进和完善的动态周期。应急预案动态管理的重要性并不亚于预案的制定。由于客观情况经常发生变化，要根据化工园区内外部环境变化，及时调整、修改预案内容，使其更加具有针对性、实效性。此外，还应将应急预案编制与应急平台建设有机结合，实现应急预案的数字化管理。

4.7.1 应急预案完善与更新

应急预案与化工园区生产安全事故之间并非是完全契合的对应关系，应急预案往往滞后于园区日趋变化的应急管理需求。随着化工园区规模的不断扩大以及园区企业的持续发展，生产安全事故的数量和种类也会随之增多，表现形式也更加复杂。同时，化工园区应急预案作为应急准备工作的重要环节，在管理机制方面的主要存在两个方面缺陷；一是未充分突出化工园区应急管理部门的主导地位，导致在实际应急工作中指挥不集中，应急预案难以得到贯彻执行；二是管理机制缺乏灵活性，协调和组织起来比较困难。针对这些问题，应急预案编制完成后，应结合化工园区实际情况，特别是重大危险源、应急资源与设施等变动情况以及演练效果。修订和完善应急预案以提高其合理性、针对性和完备性等。

一般来说，出现以下情况，应当修订和更新预案：

（1）发现了新的风险；

（2）从应急演练和应急救援中获得经验教训；

（3）组织机构及其程序、技术系统发生变动；

（4）关键工作人员发生变动；

（5）有关的法律规定被修改，或者制定了新的法律规定；

（6）来自其他方面的重要建议。

修订前，要对已有应急预案进行回顾与评审。应急预案修订前的回顾包括横向和纵向两个方面。横向回顾主要是对各类应急组织的应急预案及其工作状况、运转过程的了解，有助于进一步明确各部门的应急责任分配和在应急行动中相互提供援助。纵向回顾主要是对曾经发生过突发事件的应急预案和程序进行回顾，充分了解突发事件应对方法的演变历史，以便于修订预案时扬长避短，保持应急预案的连续性和时效性。

针对化工园区，应当对以下几个部分作为改进重点。

1）完善应急组织体系内容，明确各部门的职责

原有的应急预案中，已经对化工园区应急组织体系和部门职责进行了具体的阐述和要求，但随着国内外应急研究技术的提高和应急管理实践经验的积累，政府也会出台改进应急管理的法律法规和意见。为了满足应急要求，需要对应急预案中应急组织体系和职责作出新的规定、调整和重构，实现各部门之间的统一协调指挥、部门之间合作联动的完善机制。

2）完善应急制度、措施，更新应急资源

修订应急预案要规定各级、各类相关应急预案的衔接关系，形成园区应急预案同企业应急预案、上级应急预案以及同区域其他单位应急预案相互衔接的预案体系。分级、分类地完善突发事件的具体防范措施和处理流程。增加化工园区最新应急监测预警系统、应急救援物资、应急救援力量内容。完善应急准备、应急处理与救援、应急评估等制度。

3）强化企业责任，形成园区联动机制

化工园区建设前期，由于园区企业都是先后进驻并投产，化工园区管理机构不仅要承担基础设施和公共工程的任务，同时也负责园区大部分应急管理工作。在园区管理进入正轨后，企业在实现盈利的同时，应当逐渐加大参与应急管理的程度，并体现在应急预案修订过程。实现化工园区应急联动机制，有利于高效率地实现对危险源的管理、加大对突发事件的防控。

4.7.2　应急预案数字化

在当前信息化时代下，数字化是未来我国应急预案的发展方向，也是应急预

案的时代性要求。传统文本应急预案在编制、评审、修订、检索、时效性、可操作性等方面已经无法适应高效处理各种突发事件的应急要求。因此，在现代信息技术高速发展的背景下，必须建立一套充分利用网络技术、数据库技术的数字化应急预案系统，更快捷有效地对预案进行编制、提交、存储、检索、评审、修订和使用。

数字化预案，就是利用计算机技术和网络技术，根据突发事件的处置流程，在事态发展即时信息的基础上，形成全面、具体、针对性强的直观高效的应急预案，使预案的制定和执行达到及时化、科学化、可视化的水平。应急预案的数字化可以使应急预案进一步精细化和实用化，有利于建立统一的管理、检索和调取系统。应急预案数字化是需要持续发展和完善的重要内容。数字化预案与传统文本预案的不同如表 4-9 所示。

表 4-9　数字化预案与传统文本预案对比

	数字化预案	传统文本预案
事态针对性	可以针对每次的事态发展制定具体的行动方案，提供尽量详尽的步骤和信息，针对性强	通常只是对应急处置过程和职责的概要描述，过于简单抽象
事态动态性	可以根据事态的发展演变及时进行调整，尽量贴近应急真实情况，并将更新过的行动方案迅速通知有关人员和部门	实际应急过程中调整难度大，动态性差
应急参考性	数字化预案灵活运用于应急系统，积累多次后可以为应急培训及演练提供依据	在应急管理中参考作用有限
更新快捷性	事后能够更加容易的根据真实情况下的行动方案对预案进行修正和调整。让预案的建立、修改、更新、升级更加方便，快捷	投入资源多，修订周期长

化工园区数字化应急预案管理是为园区应急管理中心、企业和重点防护单位提供编制、讨论和落实应急预案的数字化平台，其实现过程如图 4-12 所示。主要功能模块包括：预案管理、预案依据、预案专家、预案救援队伍、预案指挥部、预案指标、预案调阅、模板管理、评审管理、备案管理、统计分析、公告管理等。

化工园区数字化预案实现步骤：

(1) 将文本预案进行结构化分解。将事件信息、事件分级、组织机构与职责(制作职责分配表)、监测预警、应急响应、应急资源、应急通信录等要素，开发成既相对独立又相互关联的程序模块。

（2）分析应急预案流程图。根据突发事件的演化过程分析，将文本预案进行流程化分解，分析每个关键节点，如信息接收、信息传达、预案启动、预警级别判断、响应级别判断、召开紧急会议、根据职责分配表关联具体的应急行动等，从而得到详细的预案流程图，并开发成能够自动分析执行的预案流程模块。

（3）将各种信息和资源与预案流程图关联。包括各预案结构要素模块，突发事件演化分析信息，现场设备与环境信息，现场视频监控数据，应急资源信息等。

（4）开发应急预案专家系统模块。收集突发事件的应急知识和同类事件的典型案例，开发应急知识库和案例库。制定应急策略和处置方案的推理规则，实现应急响应过程中关键节点应急处置方案的智能化分析和评估。

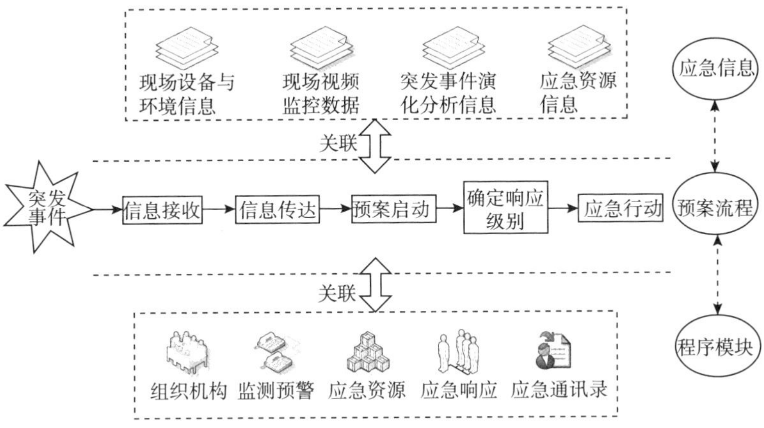

图 4-12　数字化应急预案实现流程

第 5 章　化工园区应急资源保障系统

任何一种社会实践活动，都要投入一定的人力、物力、财力等资源。作为人类应对生产安全事故或紧急状态的一种方式，应急管理是一项涉及多方面因素的系统工程，需要坚实的应急资源系统加以保障。

加强应急资源保障系统建设是开展应急管理的基础性内容，合理、有效配置事故应急资源，实现资源的最优化利用，对提升应对生产安全事故的科学技术水平和应急能力具有非常重要的意义。

5.1　化工园区应急资源系统概述

在化工园区内，由于危险源的复杂性和多样性，很难预测事故发生的类型和事故发生后会出现什么样的情况，因此应急资源作为化工园区重大危险源控制系统的重要基础组成部分，对于事故的应急救援具有重要意义。如果资源保障落实不到位，应急救援的能力将受到限制，难以有效地开展事故的预防、准备、响应、善后和改进管理工作。

5.1.1　应急资源保障体系的主要内容

化工园区应急管理体系结构复杂，涵盖内容众多，需要各种类型的资源支持其运转。充分完善的应急资源储备和建设是应急救援工作有效实施的前提和基础。就其范围而言，应包含企业、园区、政府、社会、公众所拥有的与事故应急救援相关的所有资源。其中，企业和园区是应急管理的直接参与者和利益相关者，具有法定的主体责任与义务；政府作为区域性应急救援开展的核心力量和领导者，可调控的应急资源将占整个应急资源的绝大部分。

应急资源一般包括应急物资、资金、人力及信息。化工园区应急资源保障体系如图 5-1 所示，包括有形的实体物质与无形的信息数据、静态的固定设施与动态的流动物资，既有体现资源功能主体性的组织协作，也有体现资源目标客体性的物资调配。

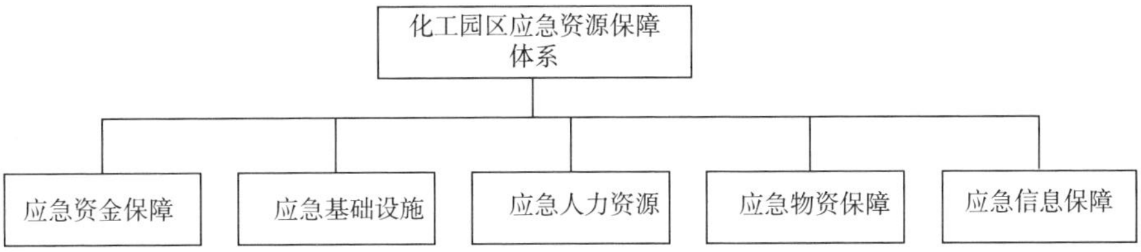

图 5-1　化工园区应急资源保障体系

5.1.2　应急资源系统的主要特征

化工园区应急资源系统，本质上是企业应急资源、园区应急资源以及地方性社会应急资源的层次性整合，其主要特征包括以下几点：

（1）时效性　时效性是指应急资源应在事故发生后或发生前按照指挥调令在一定的时间内到达指定的位置，以发挥其本身的使用价值和在特殊情况下的应急价值，否则其应急价值将大打折扣，甚至有可能完全失去其所拥有的应急价值。

（2）多样性　应急资源的多样性来自事故的多样性和应急救援的多样性。在化工园区内，由于危险源众多、情况复杂，涉及各种性质的危险因素，因此发生的事故类型多种多样，需要的应急资源也是种类繁多。为全面应对事故，需要配置各种类型的应急资源，每类资源又有许多子类，子类之下可能还有子类。

（3）一致性　一致性是指同类型、同种类的应急资源在制式、性能、效能、功能等方面应尽可能保持相同，以利于应急救援的开展。比如应急通信工具，在技术上应具有相同的体制、相同的工作方式，并在园区级应急响应中使用专门的信号波段与通信频道，以保证应急救援中指挥调度的快捷及信息沟通的畅通。

（4）灵活性　突发事件是动态演变的，随时可能出现新情况，关于事件发展的信息也是从模糊到清晰，从不完全到完全。在事故的响应过程中，为尽快控制、减缓和消除其造成的危害和负面影响，应急管理系统应能迅速、准确调集到应对事故所需的各类资源，并适应及时调整的需要，保证资源的及时到位。

（5）分布性　分布性是指应急资源分布在不同区域和不同的组织内部。它源于两个方面：一是事故的不确定性，事故可能发生在各个区域，其影响和危害范围可能是整个地区，也可能是局部地区；二是应急管理体系涉及众多单位、组织和公众，它们的工作地点和活动分散在各个地区。因此对应急资源进行分布式网络配置，有助于集成局部组织资源优势，在更大的应急响应范围上覆盖化工园区全域。

（6）共享性　共享性是指应急资源可由化工园区内部的组织成员在规定范围内共同使用，既可以被某些组织成员用于应对某类事故的处置活动，又可以被另一些组织成员用于应对另一类事故的处置活动，实现应急资源的有效和充分利用，防止资源的重复配置，减少浪费。

5.1.3　应急资源系统的功能目标

化工园区是全球化工产业发展的战略趋势，集群化、园区化发展的根本动因就在于区域资源共享和集约化优势。由于危险化学品企业的区域性聚集，原先针对单一企业制定的，用于保护外部相邻企业的安全缓冲区难以充分落实，必须借助化工园区共享的应急联动体系加以补偿。随着化工园区安全生产应急管理创新试点工作的开展，目标就在于着重解决资源分散、高精尖装备不足、协作能力分散等问题，从组织、资金、队伍、装备等方面不断强化化工园区的应急保障能力，建立化工园区应急资源整合、优化配置新模式，将有利于资源共享、优势互补，提高化工园区整体安全生产应急水平。

1）资源保障系统运行的基本原则

（1）资源效益与效率原则　资源效率原则具有两方面的含义：一方面是时间上的效率性，一旦发生事故，必须在最短的时间内反应，争取在最宝贵的时间内到达救助点，开展救助；另一方面是资源配置与使用效率性，前提是根据实际需求比例合理配置各类资源。应急管理所需成本巨大，必须严格加以控制和管理，才能使其发挥最大的经济效益和社会效益，通过应急资源评估可以判断实际所需应急资源量和已有的资源数量、种类之间的差异，从而进行资源的补充和整合，杜绝不必要的浪费但又能满足实际的需要。

（2）资源共享与优势互补原则　资源共享是在一定范围内的所有或部分资源在整合的基础上共同使用，实现充分有效利用，最大限度地满足特定主体的资源使用需求，防止重复配置减少浪费。中小型化工园区可以依托大型企业和地方政府，国家级园区依靠应急指挥中心整合资源力量，同时借助园区外的社会力量，如依托国家级、省级危险化学品应急救援基地，聘请高校科研院所的技术专家组成顾问专家组。充分发挥各方面专家集中、技术优势突出和物资储备充分、救援装备先进的优势，合理配置物资、装备、专业的队伍等资源，在化工园区局部乃至整体形成应急合力，弥补中小企业应急能力和救援力量的不足的状况。

2）应急资源的协调联动机制

区域协调联动机制贯穿于整个化工园区应急管理过程，是应对突发事件的关键点。不断整合、发展和执行化工园区一体化应急体系，需要落实到所有园区内的企业及职能部门，这些组织需要在应急管理的全流程中，配置充分适当的物质资源和人力资源，以保障各个环节得到有效的执行。

化工园区跨企业的应急资源协调机制，是在特定的应急环境下通过体制、制度建设，建立起来的协调方式及模式，是实现利益协调、文化协调、契约协调和信息协调综合体系的方式与过程，如图 5-2 所示。

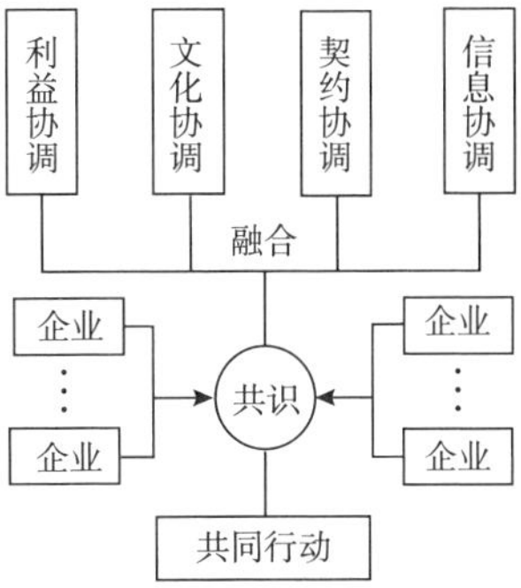

图 5-2　化工园区跨企业应急资源协调机制

由于“应急”牵涉范围广，工作内容极端复杂，因此需要全面动员企业、园区以及社会力量，形成立体化的网络。应急协调机制的建立可分为两个阶段，首先是相邻企业之间以合同制的形式签订应急联动和互助协议，实现企业之间的资源协调、优势互补、信息共享，随后在园区局部乃至整体层面建立应急联盟，构建应急管理机构，建立相互兼容、共同执行的完善的应急管理体系。

5.2　应急资金保障

应急资金保障是调动外部或间接资源的总枢纽，是保障化工园区发生灾变事故时，能迅速投入开展应急救援工作的前提基础，能够扩展应急管理资源的范围和种类，是影响应急决策自由度的重要因素。在化工园区应急资源保障系统中，资金保障是其他物质资源发挥效能的有益补充，同时也是人力资源和信息资源的重要保障。没有可靠的资金渠道和充足的应急保障经费，就无法保证有效开展应急救援工作和维护应急管理体系正常运转。

5.2.1　应急资金的来源及其特点

用于应急管理的资金来源主要有四类：政府财政、企业自筹、金融市场和社会捐赠。四类资金诉求不同，运行方式各异，只要配置得当、协调合理，它们就可以在应急管理的资金保障体系中分别承担不同的作用，搭建起相互协调、支持配合的应急管理资金保障体系，获得相得益彰的整体优化结果。

1）政府财政资金

财政资金是我国区域性应急管理实务所需资金的主要来源，公共财政在政府应急管理体系中处于战略性地位，是社会应急机构在应急工作中得以发挥实际作用的支柱。财政资金的特点是公共性和强制性，其来源和使用都要求基于某种公共目的，实践中更强调相关政策的统一性和公平性。

2）企业自筹资金

企业应急经费是企业安全生产投入的重要组成。根据法律中“责权利相统一”的原则，既然企业是其生产活动中的权力主体，那么企业必须为其安全生产活动负有主体责任。《企业安全生产风险抵押金管理暂行办法》第八条明确规定：“企业发生事故后产生的抢险、救灾及善后处理费用，全部由企业负担。”参照《企业安全生产费用提取和使用管理办法》规定，专门用于完善和改进企业或者项目安全生产条件的资金，须按照“企业提取、政府监管、确保需要、规范使用”的原则进行管理。可见，来自企业的应急保障资金具有显著的强制性和主体性特征。

3）金融市场资金

金融市场是对应急资金来源的渠道多样化的重要补充，主要包括保险资金和银行信贷。其中，保险资金是基于事前评估，对未来可能发生风险的一种预提或准备，其基本特点是事前性和分散性；银行信贷是在事故后为解决政府（企业）资金周转需求，加快决策而提供的贷款资金支持，其基本特点是事后性和补充性。

4）社会募集资金

社会捐赠资金由形形色色、主旨各异的非政府组织具体负责实施，它虽然不是灾害管理的主力资金，但因其分散、灵活、小型、多样的特点使其可遍布应急管理从事前、事中到事后的各个环节，从而与主力资金相互补充，相得益彰。

5.2.2　完善应急资金保障体系

目前，我国应急管理中的资金保障模式尚未成熟，存在资金来源渠道窄，应急投入不稳定等问题。根据2010年一项针对我国50个典型化工园区的突发事件应急管理调查，结果表明化工园区的经费保障机制不完善，园区应急救援系统建设及维护、消防站、医疗站等公共应急基础设施建设资金主要依靠财政资金且严重不足，仅靠政府投入来源过于单一，大部分中小型化工园区财政根本无力负担。

欧美等发达国家在应对突发事件时，除了政府财政编制专项应急预算外，进一步通过经营应急信托基金、商业保险、银行信贷等，在扩大经费保障渠道的同时，更多的将风险转移到了金融市场，形成了有效的风险共担、利益共享的共同体，由此建立起多样化应急资金来源。同时通过强化体系建设，畅通资金下拨渠道、完善决策法制化、落实监管全方位，保证了应急反应的迅速行动，有利于控制或减少污染损害。

由于化工园区具有基础设施资源共享性及事故风险的区域扩展性，使得化工园区内所有的利益相关者成为天然的风险与利益的共同体。通过整合分散在各个组织单位的资金，改变过去资金分配散乱、各自为政的局面，形成完善的多层级应急资金保障体系，如图 5-3 所示。

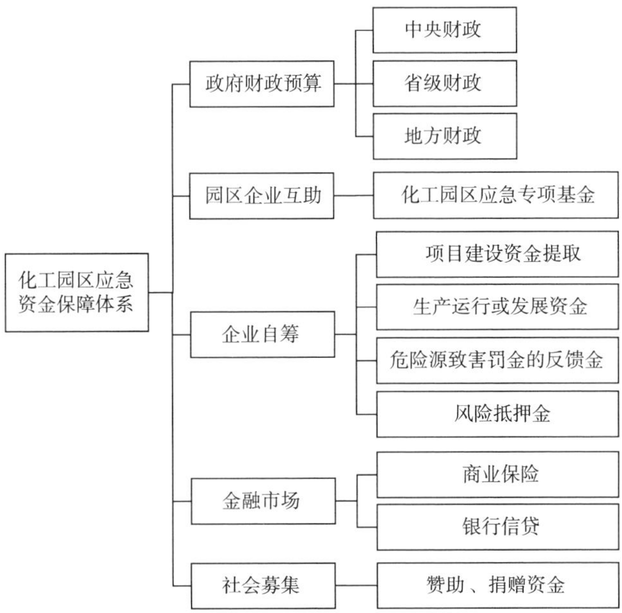

图 5-3　整合多渠道的化工园区应急资金保障体系

以化工园区应急管理职能整合为契机，对分散的资源进行整合，在园区层面规范预算资金的投入，避免经费的重复安排，统一协调各渠道来源资金并实现各种信息资源的共享，以更好地发挥“集中力量办大事”的政策效果。

5.2.3　应急资金的使用

1）日常应急准备开支

（1）完善、改造和维护应急基础设施。危险品生产企业安全设备设施包括车间、库房等作业场所的监控、监测、通风、防晒、调温、防火、灭火、防爆、泄压、防毒、消毒、中和、防潮、防雷、防静电、防腐、防渗漏、防护围堤或者隔离操作等设施设备。

（2）配备必要的应急资源物资。包括应急管理参考资料、应急救援器材、设备和现场作业人员安全防护物品等，具体可参阅 5.5.1 章节。

(3) 应急知识技能宣传、培训与应急演练支出。组织开展富有针对性的面向化工园区全体生产、管理人员,以及各专(兼)职应急抢险队伍的危险化学品危险性、紧急报警、逃生及应急抢险技能;定期组织企业级、园区级、区域级的专项应急演练。

(4) 化工园区事故应急管理与救援技术的项目研发。与当地高校及科研院所建立长期技术合作关系,开展化工园区安全生产应急救援相关的科研攻关与技术革新项目,特别是伴随信息技术革命所兴起的数字化、可视化、一体化、智能化的应急管理信息平台技术。

2) 事故应急响应资金的使用

(1) 事故应急响应资金的启动流程。应急响应资金的启动流程如图 5-4 所示,化工园区发生危险化学品事故后,由应急技术小组携带监测仪器,对事故现场周围危险化学品的影响进行动态监测,根据现场多方信息融合,对事故灾情进行动态分析,判断是否需要启动或扩充应急响应资金,并拟定应急资金需求计划。

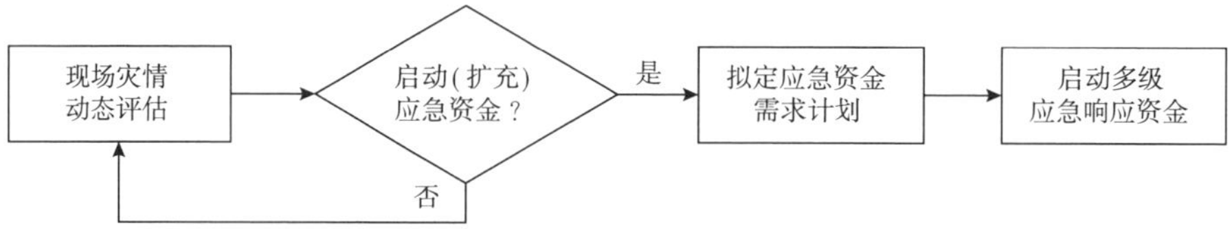

图 5-4　化工园区应急响应资金的启动流程

(2) 应急响应资金多级启动路线。由于事故责任的主体性以及应急救援的公益性,决定了应急资金的主力主要来自企业和政府,而化工园区应急基金的设立,进一步体现的是企业间风险共担、利益共享的集群战略趋势。根据事故应急响应分级,应急资金的启动遵循一条从企业到化工园区再到政府的清晰的、逐级递进的路线,如图 5-5 所示,其他渠道的应急资金如商业保险、银行信贷、社会捐赠等,则作为补充资金,支撑应急救援与恢复重建的需要。

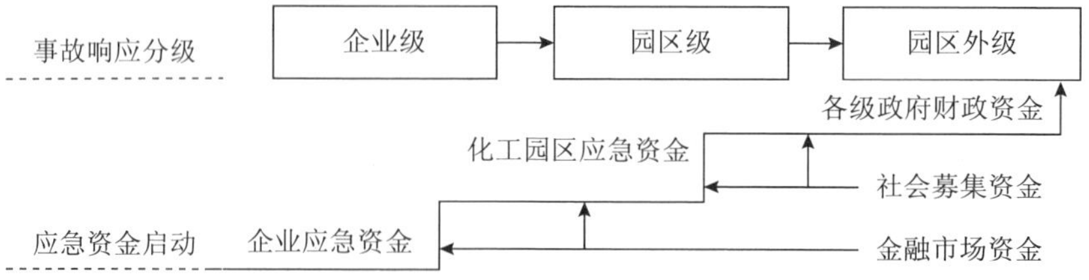

图 5-5　化工园区应急响应资金多级启动路线

5.2.4　应急资金的监管

化工园区的应急资金保障体系的高效运转，有赖于完善的资金流监管体制，特别是在园区级事故的应急响应过程中，由于涉及园区内的众多利益相关者，应急资金的各项预算、开支、审计情况，需要尽可能地实现透明化，真正站在化工园区风险共同体的角度，实现全局效益最大化。

（1）建立全方位应急资金监管制度。完善的法规制度是实施资金保障监管工作的根本依据。健全完善应急资金管理的法规规章和管理办法，使资金使用和监管工作做到有法可依、有章可循。

（2）建立全过程应急资金监控机制。对应急资金实行事前、事中、事后全程的监督，覆盖资金筹措募集、预算编制、申请划拨、采购支付各环节，以及财政、园区、企业团体等资金使用的所有部门和单位，使资金保障监管工作真正做到横向到边、纵向到底、严密有效，把所有救灾资金保障活动全部纳入政府监督检查的视野。

（3）建立内外监督协调配合的监控体系。要采取资金使用单位、职能部门内部监管，化工园区应急管理协调机构、政府审计、纪检监察部门外部监管相结合的方式，通过定期或不定期召开联席会议等形式，互通监管信息，形成监管合力，及时发现和处理应急资金管理使用中的违法违规问题。

（4）建立公共舆论监督及信息反馈机制。积极推行化工园区应急管理信息公开，对不涉及企业和政府机密的应急管理资金的分配使用以及财政预决算等内容，向所有园区利益相关者公开，特别是在化工园区层面的应急基础设施建设与日常应急准备开销。把公开透明原则贯穿于应急资金管理使用的全过程，发挥群众舆论监督作用，加大社会监管力度。

5.3　应急基础设施保障

化工产业集群化、园区化发展的一大战略优势在于共享基础设施带来的规模经济效益，例如，荷兰的鹿特丹港正是凭借其有力的深水良港、交通运输、水、电资源供应等基础条件，成为著名的化工产业聚集地。

化工园区的应急基础设施与其他公用基础设施一样，具有共享性。它不同于可流动和自由调配的一般应急物资，应急基础设施是纳入化工园区整体规划的基础性物质资源，需要从园区的发展全局着眼进行建设，且往往工程量大，短期回报率低，具有显著的规模经济效益，若重复投资建设，势必将造成资源利用的低效和浪费。

化工园区应急基础设施保障，主要包括应急避难场所、交通路网、消防设施、医疗设施、公共事故应急池，以及污水站等其他应急清理设施。

5.3.1 应急避难场所

应急避难场所是指为应对突发事件，经规划、建设，具有应急避难生活服务设施的场所。化工园区内一旦发生突发安全事件，应迅速将警戒区及污染区内与事故应急处理无关的人员撤离，并转移到应急避难所，关闭所有门窗及所有通风、加热、冷却系统，为避难者提供一个相对“清洁”的空间，它是进一步减少人员伤亡的重要措施。

目前在欧洲的许多国家，当发生事故后，首先采取的避难方式是就地避难，然后事故应急指挥中心会根据事故情况综合评估结果，发出继续就地避难或疏散的指示。当事故具有下列特征时，启用应急避难场所进行就地避难是一个很有效的方法：

(1) 危险化学品从容器中一次或全部泄漏；

(2) 蒸气云迅速移动并扩散；

(3) 天气状况促进气体快速扩散；

(4) 泄漏容易控制；

(5) 没有爆炸性或易燃性气体存在。

就地避难的效果很大程度上取决于避难场所，作为应急避难场所的建筑设施应具有如下特点：

(1) 结构良好，没有明显的洞、裂口或其他可能使危险气体进入内部的结构弱点；

(2) 门窗有良好的密封；

(3) 通风系统可控制。

避难场所有临时与长期之分。临时的避难场所可能是窗户和门都关闭的任何一个封闭空间。长期的避难场所在设计时必须考虑安全的室内空气供给和其他支持系统，应能提供限定人员足够呼吸的空气量和足够长时间的有效保护。

5.3.2 交通路网设施

化工园区在道路规划时就要考虑应急通行条件，在事故应急响应过中，满足事故现场人员应急疏散以及应急抢险人员、物资输送的需要。

1）应急疏散路网

路网疏散指在有效的时间内，将事故发生地点集结的人员尽快疏散到安全区域，也就是按照某一种目标准则，对路网交通流路径进行分解与指派，充分利用路网的最大运输量，引导人流尽快进行疏散。

由于危险化学品的高度聚集，潜在的园区级多米诺效应事故风险具有由点及面的特征，导致需要进行应急疏散的人员范围大大超过企业级事故，同时疏散的目标也不再仅仅是安全离开事故装置区或厂房室内空间，而是向园区内指定的应急避难场所或园区外安全区域转移。

为提高应急疏散的路网通行效率，需充分考虑疏散人流密度与路段疏散阻抗（距离、时间、运费等），同时在多源多汇网络状态下各路口（交通节点）设置必要的应急疏散指示标志，合理分配邻接路段的疏散交通，并为事故应急抢险留出必要的应急通道。

2）消防车道

化工园区内拥有大量的危险工艺生产装置和危险化学品储罐，应在工厂、仓库及储罐区按要求设置消防车道，并在全面投产前通过消防验收审批。在《建筑设计防火规范》（GB 50016—2014）中规定：

（1）高层厂房，占地面积大于 3000m^2 的甲、乙、丙类厂房和占地面积大于 1500m^2 的乙、丙类仓库，应设置环形消防车道；

（2）液化石油气储罐区，甲、乙、丙类液体储罐区和可燃气体储罐区，应设置消防车道；

（3）供消防车取水的天然水源和消防水池应设置消防车道。

针对消防车道的具体要求包括净宽度、净空高度、车道坡度、回车场面积等。为进一步适应现代消防车辆大型化的趋势，化工园区应在考虑路面上方横跨管线高度，及路面下方管线承载压力的基础上，提高消防车道的建设标准。

5.3.3　消防设施

1）消防站

（1）企业消防站。化工园区内的大中型石油化工企业应按照《石油化工企业设计防火规范》（GB 50160—2008）设立企业消防站，规模应根据石油化工企业的规模、火灾危险性、固定消防设施的设置情况，以及邻近企业的消防协作条件等因素确定。

(2) 化工园区消防站。有条件的化工园区可按照《城市消防站建设标准》建立普通消防站或特勤消防站，其选址布局以接警后 5min 内消防队可达到责任区边缘为原则确定，并确保消防站责任区面积全覆盖。

(3) 水上消防站。大部分化工园区分布在沿江、沿海水资源丰富及有深水码头一带，仅长江流域正在建设或规划的化工园区就达 20 多个。针对接收石油、天然气的大型港口码头以及临江、临海的大型储罐区，可增设水上消防站，从水上开展火灾抢险及溢油处置。

2) 固定消防设施

除了合理建设企业、园区两级消防保障力量外，其他固定式消防设施的配套建设也可为应急抢险创造有利条件，例如消防水池与消防泵、消防供水管道与室外消防栓、消防炮与泡沫灭火系统、防火水幕系统等，部分标准规定如表 5-1 所示。

表 5-1 化工园区固定消防设施标准要求（部分）

标准名称	具体规定要求
《建筑设计防火规范》(GB 50016—2014)	1. 高度大于 15m 或单罐容积大于 2000m³ 的甲、乙、丙类液体地上储罐，宜采用固定水冷却设施； 2. 总容积大于 50m³ 或单罐容积大于 20m³ 的液化石油储罐（区）应设置固定水冷设施，埋地的液化石油气储罐可不设置固定喷水冷却装置
《石油化工企业设计防火规范》(GB 50160—2008)	1. 工厂水源直接供给不能满足消防用水量、水压和火灾延续时间内消防用水总量要求时，应建消防水池（罐）； 2. 可燃液体地上立式储罐，罐壁高于 17m 储罐、容积等于或大于 10000m³ 储罐、容积等于或大于 2000m³ 低压储罐应设置固定式消防冷却水系统； 3. 大型石油化工企业的工艺装置区、罐区等，应设独立的稳高压消防给水系统……消防给水管道应保持充水状态； 4. 消火栓的数量及位置，应按其保护半径及被保护对象的消防用水量等综合计算确定……罐区及工艺装置区的消火栓应在其四周道路边设置； 5. 甲、乙类可燃气体、可燃液体设备的高大构架和设备群应设置水炮保护……固定式水炮的布置应根据水炮的设计流量和有效射程确定其保护范围； 6. 甲、乙类和闪点等于或小于 90℃ 的丙类可燃液体的固定顶罐、浮顶罐，应采用固定式泡沫灭火系统
《石油天然气工程设计防火规范》(GB 50183—2004)	1. 油罐区应设置灭火系统和消防冷却水系统，且灭火系统宜为低倍数泡沫灭火系统； 2. 机动消防设施不能进行保护或地形复杂消防车扑救困难的储罐区，应设置固定式低倍数泡沫灭火系统； 3. 液体硫磺储罐应设置固定式蒸汽灭火系统

续表

标准名称	具体规定要求
《石油库设计规范》（GB 50074—2014）	1. 石油库的消防设施设置，石油库的消防设施设置，应根据石油库等级、储罐型式、液体火灾危险性及与邻近单位的消防协作条件等因素综合考虑确定； 2. 火灾时需要操作的消防阀门不应设在防火堤内。消防阀门与对应的着火储罐罐壁的距离不应小于15m，如果有可靠地接近消防阀门的保护措施，可不受此限制； 3. 消防冷却水系统应设置消火栓

为防止极端情况下原油、化学品流入园区周边水域，应考虑事故缓冲池采取逐级防护的方式，即各罐区防火堤—隔堤—事故企业缓冲池—相邻企业应急缓冲池互联互通—水域应急池依次防护的层次，防止泄漏的可燃液体和受污染的消防水流入区域排洪沟或周边开放水域。

5.3.4　医疗设施

医疗救护是危险化学品应急救援过程的重要环节，考虑到化工园区事故波及企业、人员众多，除了企业级医务室外，还需在化工园区整体规划中设立园区级应急医疗机构，或者与临近区域的医疗机构签订应急救援协议、设立化工园区医疗分支机构，保证紧急情况下的事故医疗救护。

根据《医疗机构管理条例》《医疗机构管理条例实施细则》《医疗机构设置规划指导原则》中的相关规定，医疗卫生机构的设置要能够及时的到达事故现场实施应急救援，一般应在10～15min（约15km），同时具备进行烧伤、外伤和呼吸道中毒等紧急事故的救治能力，备足用于救治的特种医药物资，成为临时收治伤员，特别是重伤员救护的中转站。

5.3.5　其他应急清理设施

（1）废物清理设施。有些事故会带来大量的废弃物资，包括废墟、垃圾、污染物等，需要及时进行处理。因此，在废物清理设施建设时，应考虑预留应急情况下的处理能力。

（2）污水处理设施。含油污水或事故消防水应集中到化工园区污水站进行处理，根据污水的水质和水量，选用相应的调节、隔油过滤等设施。对于间断排放的含油污水，宜设调节池。当含油污水中含有其他有毒物质时，尚应采用其他相应的处理措施。同时，在园区污水排放处，应设置取样点或检测水质和测量水量的设施，防止超标污水直接排放到周边水域。

（3）公共事故应急池。事故应急池必须根据项目特点、行业标准或规范、事故池容积确定的具体要求等，注意区分各标准规范的适用范围，根据《石油储备库设计规范》（GB 50737—2011）的要求，库区需设置四级拦油措施，漏油及污水搜集在库区内。园区可利用大型企业自建事故缓冲设备作为共享资源，周边部分企业可铺设管道共用事故应急缓冲池。

5.4 应急人力资源保障

人力资源是化工园区应急管理的主体力量，是能否顺利地进行应急救援工作的保证，充足的物质加上适当的运用和正确的方法，才是安全有效地进行应急救援的充分条件。

人力资源是应急管理中的能动因素，应急人员素质的高低和应急救援能力直接决定化工园区应急管理水平。人力资源渗透在化工园区应急准备、监测预警、应急响应及应急恢复的全过程中，并且这个过程执行的好与坏在很大程度上来说都取决于人的主观能动性，如何最大限度地调动人的应对积极性是判断应急人员组织有效性的重要依据。

5.4.1 应急队伍的组成

化工园区危险化学品事故应急救援是一项涉及企业、化工园区、地方社会等多个层面的复杂工程。应急队伍作为实施应急救援的骨干力量，包含由事故企业、毗邻企业及化工园区、地方区域性社会力量共同组成的三级应急救援队伍体系。

1）企业级救援队伍

企业既是事故发生者，又是事故受害者和自救者。化学事故一旦发生，能最快、最早控制并清除事故危害源的往往是事故单位本身，最早发挥救援力量的也是事故企业的专（兼）职应急队伍，因此，一级救援网络是危险化学品事故应急救援的关键。《中华人民共和国消防法》第三十九条规定："大型核设施单位、大型发电厂、民用机场、主要港口，生产、储存易燃易爆危险品的大型企业，储备可燃的重要物资的大型仓库、基地，应当建立单位专职消防队，承担本单位的火灾扑救工作。"对于一般的中小型企业也应参照有关要求，建立兼职应急队伍。

2）园区级救援队伍

园区级救援力量涵盖事故企业所在区域，包括毗邻企业的应急队伍和化工园区的专职救援组织。一旦发生事故，该区域内所有应急力量都要迅速组织起来，时刻待命进行园区抢险互救。《中华人民共和国消防法》第三十八条规定："公安消防队、专职消防队应当充分发挥火灾扑救和应急救援专业力量的骨干作用；按照国家规定，组织实施专业技能训练，配备并维护保养装备器材，提高火灾扑救和应急救援的能力"。化工园区可依托驻园或临近的公安消防队伍、大型企业危险化学品应急救援队，建立以前者为主、后者为辅、主辅相成的园区级应急救援联防体系。

3）园区外救援队伍

当化工园区事故范围波及面大、损害严重时，所在行政区域的应急指挥中心将从园区外调集更多的社会救援力量，除了公安、消防、卫生、交通、民政等政府职能部门的协同联动外，还可以调动国家级、省级危险化学品应急救援基地资源，使之成为地方区域内特别重大和复杂危险化学品事故处置任务的重要救援力量。此外，必要时还可动用防化部队，是当地最高级的救援力量。

针对化学工业园区事故类型主要为危险化学品泄漏、火灾、爆炸、中毒的特点，本着"专而精"的原则，有针对性地配备现场侦检、爆炸抑制、泄漏封堵、化学洗消、风险评估等装备，从园区整体层面整合入园企业专（兼）职应急救援队伍，根据化工园区各企业特点增强其相关抢险救援能力，使之成为专业技术强、熟悉某一行业或领域化工工艺和流程及产品特性的特种工程抢险队伍。

5.4.2　应急人员职责分析

针对不同类型和级别的化工园区突发事故应急处置，需要配备的应急人员是不同的。要识别应急管理工作中的不同人员需求，首先需要对整个应急管理体系中的职能部门或岗位进行必要的职责分析，这是应急人员配备规划的一个首要环节。

作为人力资源管理的一项职能活动，职责分析同样具备任何一种活动所必备的基本要素，同样也是应急人力资源管理乃至整个应急管理体系中基础性的环节，对提高应急管理水平发挥着重要作用。

化工园区在进行应急人员配备规划时，要充分考虑包括应急指挥人员、应急救援人员、生产作业人员、技术专家组成员等在内的不同人员职责。

1）应急指挥人员

为在发生化学事故时能迅速有秩序的进行应急救援，必须建立权威的指挥机构，指定专门的指挥、领导人员，负责事故现场的应急指挥工作。应急指挥人员作为应急决策的制定者和指挥者，对应急救援的成败往往起着决定性作用，提高应急指挥人员的应急能力是化工园区应急能力建设的重点。

应急指挥人员是应急救援行动的核心，其主要的职责包括：现场协调消防部门或应急医疗部门；与应急中心保持紧密接触；帮助做出疏散的决定；成为应急中心与现场直接联系的纽带。可以说应急指挥人员承担着整个救援过程中的灵魂任务，他们的受教育程度、参加培训的经历和实战经验决定了应急指挥人员能否在事故影响范围可控的情况下协调指挥园区级救援行动；能否及时的对事故进行分级，并应用相应的救援预案；能否在救援过程中保持冷静的头脑，对突发事件及时做出反应，保证救援效率；在事故发生之后，及时组织人员进行检查清理工作。

2）应急救援人员

应急救援人员是应急救援工作的直接参与者，特别是园区危化品专职救援队伍，他们是化工园区发生事故后迅速赶赴现场抢救人员和处理灾害的专业救援组织，其救援能力直接决定应急救援的效果。

应急救援人员一般具有专业的救援知识和能力，受过专业的培训，配有专业的装备和设备，可以迅速有效的开展救援活动，控制和缩小事故影响范围。事故现场应急处置的效率在很大程度上取决于应急人员的快速反应能力、熟练的应急抢险技术以及丰富的实战救援经验，另外救援人员还应熟练掌握化工园区内疏散通道和避难设施的位置等必要的信息。

根据专业分工不同，可将应急救援人员分为六类：抢险抢修人员、医疗救护人员、消防工作人员、抢救疏散人员、物资供应人员和安全警戒人员，各部分人员的主要职责如表5-2所示。

表5-2　应急救援人员主要分工及职责

人员组成	主要职责
抢险抢修人员	1. 泄漏控制、泄漏物处理； 2. 设备抢修作业； 3. 恢复生产的检修作业
医疗救护人员	1. 组织救护车辆及医务人员、器材进入指定地点； 2. 组织现场抢救人员； 3. 进行防化防毒处理
消防工作人员	担负灭火、洗消和抢救伤员任务
抢救疏散人员	负责现场周围人员和器材物质的抢救、疏散工作

续表

人员组成	主要职责
物资供给人员	1. 通知库房准备沙袋、锹镐、泡沫、水泥等消防物资及劳动保护用品； 2. 准备车辆，将所需物资供应现场
安全警戒人员	1. 布置安全警戒，保证现场井然有序； 2. 实行交通管制，保证现场及园区道路畅通； 3. 加强保卫工作，禁止无关人员、车辆通行

3）现场作业人员

现场作业人员主要指化工园区企业生产设备的操作人员及技术人员，他们熟悉生产设备的操作和维保，每天直接与各种设备、危化品接触，其操作的规范性是避免事故发生的重要手段。现场作业人员如果能在事故发生的初期迅速采取有效的措施，就能够防止重大或者特大安全事故的发生，同时及时准确地报告事故现场信息也将为后续应急救援提供必要的决策支持，所以现场作业人员须对安全隐患具有高敏感性，并熟练掌握安全操作技术和清楚了解逃生手段，其受教育和培训程度将直接影响事故应急救援的及时性和有效性。

4）技术专家组成员

根据化学工业园区内企业的特点，可以与国内外有关咨询中心建立起固定的联系，聘请包括安全、消防、卫生、环保在内的各类专家组成技术专家组。专家组成员在救援过程中提供科学合理的专家意见，为应急救援决策提供必要的技术指导与支持；有条件的化工园区还可以定期请专家为园区企业中高级管理人员进行安全教育培训。

5.4.3　应急人员技能与培训

人作为生产的中心要素，不论是事故的预防还是事故的救援，都离不开人的存在，对应急人员进行教育和培训是应急人力资源管理的重要组成部分，是应急救援行动成功的前提和保证。通过培训，可以提高事故涉及人员（包括应急人员、事故当事人等）辨识、处理危险的能力，进而使其掌握在事故发生时，应该做什么，能够做什么，如何去做以及如何协调各方面应急队伍的工作等，对降低事故率和事故后果起着举足轻重的作用。

1）应急人员的技能要求

对于不同职能的应急人员，对其技能要求也是不一样的，但基本的要求是，通过培训使应急人员掌握必要的知识和技能以识别危险、评价事故危险性、采取正确措施，以降低事故对人员、财产、环境的危害。

应急人员能力成熟度模型如图 5-6 所示，共划分为五个技能水平：初级意识水平、初级操作水平、专业水平、专家水平以及应急指挥级水平。

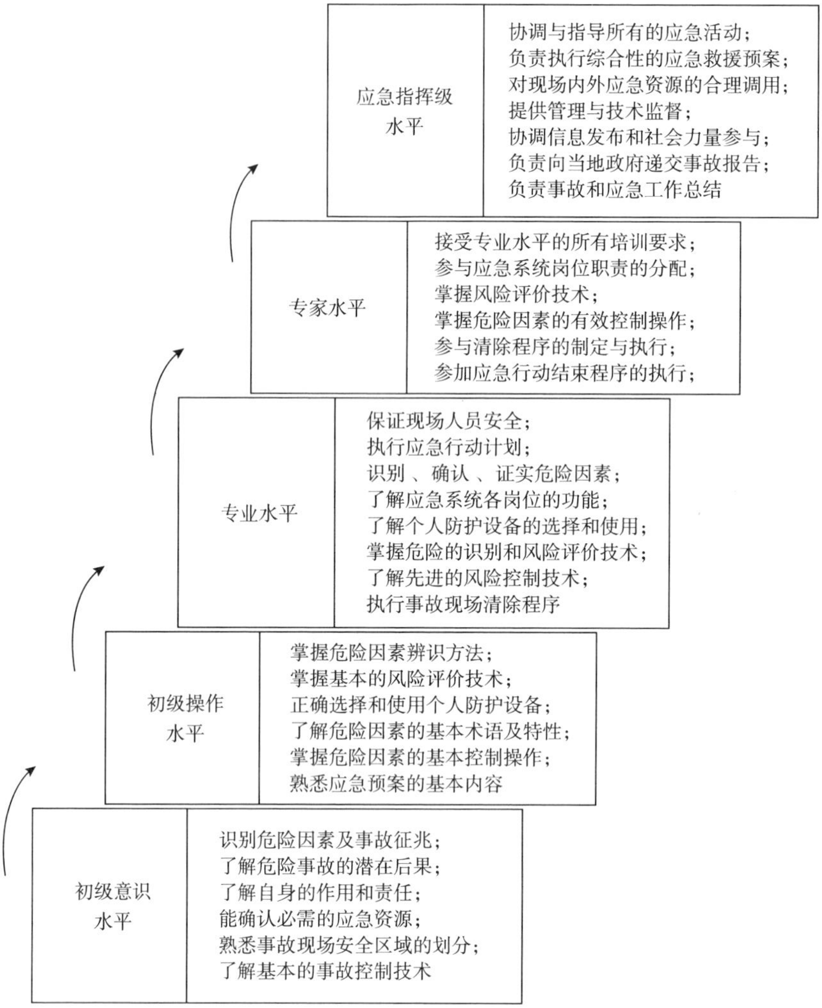

图 5-6　化工园区应急人员能力成熟度模型

(1) 初级意识水平　该水平应急者通常处于能首先发现事故险情并及时报警的岗位上的人员，例如保安、门卫、巡查人员等。

(2) 初级操作水平　该水平应急者主要参与预防危险事故的发生，以及发生事故后的应急处置，其作用是有效控制事故扩大化，降低事故可能造成的影响。

(3) 专业水平　该水平应急者的培训应根据有关指南要求执行，达到或符合指南要求之后才能参与突发事故应急。

（4）专家水平　具有专家水平的应急者通常与相关行业技术专业人员一起对紧急情况作出应急处置，并向专业人员提供技术支持，因此要求该类专家所具有的关于事故危险因素的知识和信息必须比专业水平人员更广博、更精深。

（5）应急指挥级水平　该水平应急者主要负责事故现场应急行动的控制执行，协调应急人员之间的活动和通信联系。由于责任重大，因此应当具有相当丰富的事故应急和现场管理经验，并要求其进行更为全面和严格的培训，以提高应急指挥者的素质。

2）应急培训的形式

化工园区应急培训的范围应包括政府应急管理行政部门人员、化工园区企业全体人员、园区周边社区居民以及专业应急救援队伍。由于不同的应急人员在应急管理中所负的职责不同，对他们的培训形式也将因人而异，具体如表5-3所示。

表5-3　化工园区应急培训对象及主要形式

培训对象	培训形式
政府应急管理人员	全员培训与和重点培训相结合，前瞻性与持续性相结合，可采用教师授课或自学等方式进行
化工园区高级管理人员	由化工园区应急中心或地方政府应急指挥中心组织开展，吸收行业专家资源，采用参观调研、专题研讨、经验交流等形式进行
企业全体员工	由企业人力资源或安全部门进行培训，可以采用课堂学习、企业闭路电视等方式，同时要加强现场教学力度
专业应急救援人员	电视录像、专业教材、实操特训等培训方式，并结合实战演练进行培训
园区周边社区居民	可采用平面媒体（宣传海报、报纸和传单等）、电视（宣讲、通告、座谈和访谈）、广播以及报告会（学校、社区组织）等方式
社区志愿者	可采用集中学习培训或参与实战演练等方式进行

3）应急培训的计划与实施

化工园区应建立起统一、明确的区域整体应急管理培训规划和培训大纲，避免出现重复培训浪费资源、培训工作安排混乱或出现培训漏点，将有利于提升园区各企业应急管理能力，使企业了解自身与周边单位可能出现的相互影响，以及周边出现事故本企业应采取的紧急措施；有利于化工园区安全管理部门对区域事故风险进行总体把握。

针对化工园区内相关人员的应急培训计划，包括培训的力度、培训的内容和培训效果评估等方面，形成应急培训的规范机制，通过制定培训管理制度，编制应急培训内容、课程体系、考评方式，明确从化工园区到企业班组的各级培训组织管理机构的职责和任务、做到分工明确、互补有序，实施有系统、有计划、有步骤地培训，做到按章施训、按纲考核。

此外，应有计划地组织所属应急救援队伍在所负责的区域进行预防性检查和针对性的训练，保证应急救援队伍熟悉所负责区域的环境和条件，既体现预防为主，又为事故发生时开展应急救援工作做好准备，提高应急救援队伍的战斗力，保证应急救援顺利有效进行。加强对企业的非专业应急救援队伍的培训，平时从事生产活动，在紧急状态下能够及时有效地施救，做到平战结合。保证常态的化工园区管理部门在应急状态下迅速转为非常态管理机构（平时与战时的转换），支持快速响应和决策，建立快速响应的职能转换机制。

5.4.4 应急队伍的协作机制

化工园区应急人力资源的组织与管理，是使一切客观因素参与到应急过程的主观因素，合理的组织协调机制将直接影响应急活动的效率。静态方面，它反映了人、职位、任务以及它们之间的特定关系，把分工的范围、程度、相互之间的协调配合关系、各自的任务和职责等确定下来，成为组织的框架体系。从动态方面看，它是将应急活动的各个要素、各个环节，从时间上、空间上科学地组织起来，使每个成员都能接受领导、协调行动，从而产生新的、大于个人和小集体功能简单相加的整体职能。

组织队伍间的协调运行机制，始终贯穿于化工园区日常管理、异常应急全过程，是化工园区应急管理工作有效运行的纽带。化工园区应遵循关键区域重点防范、重大事故快速反应、统一指挥、分组负责的原则，建立企业自救、互救与社会救援相结合的区域联防机制，这是在化工园区因受人力物力限制的条件下控制事态扩大的有效举措。

1）联合决策

由化工园区主管单位牵头，建立以大企业为骨干、中小企业为补充的园区联合决策小组。定期对园区内的风险因素进行信息沟通，对可能影响园区局部乃至整体安全发展的议题进行联合磋商；对于突发状况需要作应急决策时，以集体决策的方式，在最大程度上保证区域整体利益。

2）指挥领导

指挥领导是整个救援工作的灵魂所在，它决定着救援的方向和步骤。应急救援是一项多部门、多层次、复杂庞大的工程，只有实现统一指挥、协调领导，才能保证整个救援工作有条不紊地进行。在美国、德国、荷兰等一些发达国家和地区，化工园区均建立了事故预警和应急处置指挥中心，其突发事件都是由园区的行政首长负责的专门机构来管理的。例如德国勒沃库森化工园区，平时园区内各个企业均处于独立运行的状态，而当园区遇有紧急情况时，园区的管理会自动切换到紧急处理机制模式，由园区总经理统一管理，园区内所有企业均只向其汇报，园区总经理有权要求某家企业停产或暂时关闭装置。

3）沟通协调

救援工作是一项涉及各部门协同作业的庞大工程，对于参与其中的应急领导小组、园区应急队伍、企业应急队伍以及园区外部救援队伍，人员疏散与救护、物资财产的抢险与转运以及事故现场的控制，很多时候是同时展开的，要做到救援工作有条不紊地展开，就需要在所有应急人员之间建立起有效的沟通协调机制。

4）互助协作

园区内的相邻企业，特别是不具备专职救援队伍的企业，可通过签署应急救援互助协议，提升企业间应急救援联动响应和处置能力。依托大中型企业建设的方式进行，充分发挥大型企业抢险队伍专业技术性强、具备应急制造加工能力的有利条件，通过协作的方式，为区域相关企业提供应急抢险支持。

5.5 应急物资保障

应急物资是指除化工园区基础设施外的，可进行转运、调配的物质保障资源，是整个应急资源保障系统中涉及内容最广泛的一项。所谓“兵马未动，粮草先行”，为保证应急工作的有效实施，化工园区及园区企业都应当制定应急救援物资的配备标准，在平时做好物资的储备工作，保证装备处于良好使用状态；在战时迅速启动园区物资的联网调配，保证应急救援工作的顺利开展。

5.5.1 应急物资的组成

应急物资种类繁多，应用于不同场合，涵盖整个应急救援过程。在各种突发事件发生前，能够对应急物资进行合理、充分的储备，将极大的提高应急救援活动的效率和效果。

国家发改委公布的《应急保障重点物资分类与产品目录》中，将应急保障重点物资分为四个层级。第一层级主要体现应急保障工作的重点，分为现场管理与保障、生命救援与生活救助、工程抢险与专业处置3个大类；第二层级将保障重点按照不同的应急任务进一步分解为16个中类；第三层级将为完成特定任务涉及的主要作业方式或物资功能细分为65个小类；第四层级针对每一个小类提出了若干种重点应急物资名称。国家民政部的《自然灾害应急救助物资生产商名录》按照衣、食、住、用两级分类标准对救灾物资进行分类，包括：食品类、饮用水类、救灾衣物类、临时住宿类、生活用具类、应急工具类。

根据化工园区危险化学品企业聚集的特点，应急物资资源主要包括用于处置危险化学品事故的车辆和各类侦检、个体防护、警戒、通信、输转、堵漏、洗消、破拆、排烟照明、灭火、救生等物资及其他器材。

1）侦检装备

主要是指通过人工或自动的检测方式，对火场或救援现场所有灭火数据或其他情况，如气体成分、放射性射线强度、火源、剩磁等进行测定的仪器和用具。具体包括热成像仪、可燃气体和毒性气体检测器、智能型水质分析仪、有毒气体探测仪、核放射性侦检仪、核放射探测仪、生命探测仪、综合电子气象仪、漏电检测仪等。

2）个体防护装备

进入危险化学品事故现场实施救护的人员，在有毒物泄漏可能造成中毒、化学性灼伤、缺氧窒息的情况下，必要佩戴好个体防护器材，如防毒面具、口罩、帽子、手套、防护衣裤等，方可进入现场。应急救援人员个体防护装备配备参考表5-4。

表5-4 应急救援人员个体防护装备清单

序号	名称	主要用途
1	消防头盔	头部、面部及颈部的安全防护
2	二级化学防护服装	化学灾害现场作业时的躯体防护
3	一级化学防护服装	重度化学灾害现场全身防护
4	灭火防护服	灭火救援作业时的身体防护
5	防静电内衣	可燃气体、粉尘、蒸汽等易燃易爆场所作业时的躯体内层防护
6	防化手套	手部及腕部防护

续表

序号	名称	主要用途
7	防化靴	事故现场作业时的脚部和小腿部防护
8	安全腰带	登梯作业和逃生自救
9	正压式空气呼吸器	缺氧或有毒现场作业时的呼吸防护
10	佩戴式防爆照明灯	单人作业照明
11	轻型安全绳	救援人员的救生、自救和逃生
12	消防腰斧	破拆和自救

3）输转、堵漏、洗消装备

主要用于危险化学品发生泄漏、火灾爆炸、中毒等事故的现场应急处置工作。

（1）输转装备　如有毒物质密封桶、多功能毒液抽吸泵、手动隔膜抽吸泵、液体吸附垫、吸附棉、集污袋。

（2）堵漏装备　如管道密封套、泄漏密封枪、木制堵漏楔、气动吸盘式堵漏工具、粘贴式堵漏工具、电磁式堵漏工具、注入式堵漏工具、内封式封堵袋、外封式封堵袋、捆绑式封堵袋。

（3）洗消装备　如洗消帐篷、高压清洗机、强酸、碱清洗剂强酸、碱洗消器、洗消粉。

4）灭火装备

包括灭火器、水带、移动式消防炮、机动手抬泵、泡沫液桶、空气泡沫枪、消防拉梯等。

5）警戒装备

主要用于事故现场警戒警示与秩序维护。各类警示牌、隔离警示带、警戒标志杆、锥形事故标志柱、出入口标志牌、闪光警示灯、手持扩音器等。

6）通信装备

在考虑到原有通信系统破坏时，采用的应急通信联络工具和现场通信联络工具。如移动电话、对讲机等，并且在易燃易爆环境下必须防爆。

7）排烟照明装备

主要用于事故现场的排烟、送风与应急照明。如移动式排烟机、坑道小型空气输送机、移动照明灯组、移动发电机。

8）救生与医疗装备

主要用于现场逃生、救援及医疗救护。

(1) 救生装备　缓降器、逃生面罩、折叠式担架、救援三角架、救生软梯、安全绳、救生绳等。

(2) 医疗急救装备　常规急救用品，如三角巾、绷带、夹板、检伤分类标志；特殊急救用品，如呼吸机、止血带、胶布、输液装置、氧气和便携式吸引器等；急救药品，如酸碱烧伤中和冲洗液、生理盐水、烧伤油膏、眼药水和眼膏等。

9) 应急车辆

主要用于事故现场抢险与伤员救护的快速机动响应，主要的应急救援车辆种类如表5-5所示。考虑具体的企业及园区规模，实际配置中可参照《中华人民共和国消防法》《消防应急救援装备配备指南》(GB/T 29178—2012)《石油化工企业设计防火规范》(GB 50160—2008)《城市消防站建设标准》(建标 152—2011)等标准要求，在园区层面进行统一的协调规划。

表5-5　应急救援车辆

序号	应急救援车辆	
1	专勤抢险车	通信指挥抢险车
2		多功能抢险救援车
3		危险化学品事故抢险救援车或防化洗消抢险救援车
4		排烟抢险救援车或照明抢险救援车
5		供气抢险救援车
6	灭火抢险车	水罐或泵浦抢险救援车
7		水罐或泡沫抢险救援车
8		干粉泡沫联用抢险救援车
9		干粉抢险救援车
10	举高抢险车	登高平台抢险救援车
11		云梯抢险救援车
12		举高喷射抢险救援车
13	后勤抢险车	自装卸式抢险救援车（含器材保障、生活保障、供液集装箱）
14		器材抢险救援车或供水抢险救援车
15	急救救护车	抢救型救护车（主要为危重伤员所用）
16		专科型救护车（仪器设备因科而异）
17		普通型救护车（主要用于普通伤员的运输）

10）其他重型装备

重型设备在控制紧急情况时是非常有用的，它经常与大型道路和建筑物联系起来。在紧急情况下可用到的重型设备包括反向铲、装载机、车载升降台、翻卸车、推土机、起重机、叉车、破拆机、开孔器、挖掘机等。企业以及化工园区并不一定要购置上述装备，但至少需要明确，一旦应急救援需要可以从哪些渠道及时获取上述装备的支援。

5.5.2 应急物资需求预测

"凡事预则立，不预则废"，应急物资的需求预测是物资储备的前提。

1）应急物资需求分级

应急物资需求时间的紧迫性、对各类突发事件救助的适用性、与流通领域商品的通用性都会影响其储备方式、储备地点和储备量。综合考虑应急物资需求的特点和应急事件处理的方法，在分析了应急物资的需求特性基础上，从重要性、稀缺性、时效性三个维度，可建立应急物资的需求分级模型，如图5-7所示。

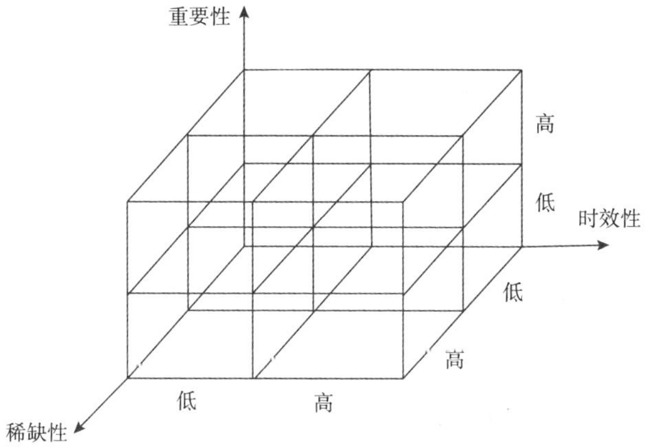

图5-7 应急物资的需求分级模型

2）应急物资需求分析

预测是从过去和现在已知的情况出发，研究某一事物当前已知因素与未来某些可确定因素之间的关系、寻求事物的发展规律，利用一定的方法和技术去探索或模拟不可知的、未出现的或复杂的中间过程，推知其未来发展的趋势，为当前制定规划、进行决策提供依据。

在分析化工园区应急物资储备需求时，可分为3个阶段，如图5-8所示。

（1）由相关领域专家综合考虑化工园区的人口分布、地质、水文、气象等区

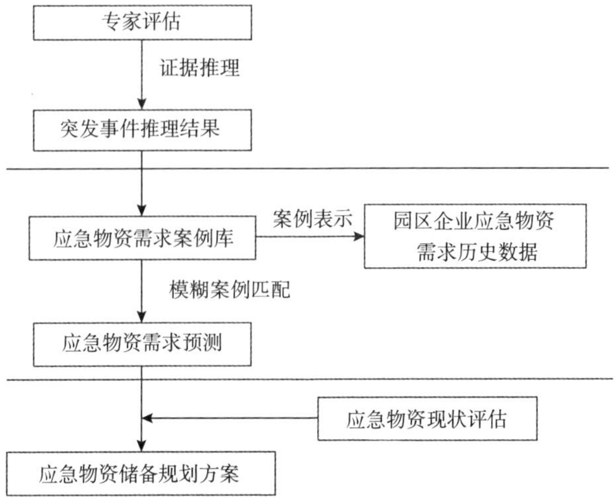

图 5-8 应急物资需求分析过程

域特征，在分析各类灾害事故的历史数据基础上，确定突发事件的影响特征值，对突发事件发生类型、概率给予模糊评判，综合专家意见对区域内突发事件的发生做出合理的估计；

(2) 根据以往突发事件应急经验，建立应急物资需求案例库，以园区内各企业突发事件发生的种类、等级及可能性作为问题输入，进行案例推理得到园区整体应急物资需求的种类、数量及概率；

(3) 立足化工园区的全局需求，汇总整理企业、园区以及园区外的所有可利用物资资源，对物资储备状况进行全面评估，对照应急物资需求预测结果，制定应急物资储备规划方案。

5.5.3 应急物资选址布局

应急物资的选址布局问题属于战略性决策，关系到后期的战术性决策，对事故灾害发生后应急救援的及时性和有效性产生重大的影响。合理的应急物资储备基站选址将有助于保证应急物资的快速供应，避免因为物资供应不足而引起应急活动停止的情况。

应急物资本身组成的多样性以及使用的低频性，决定了其不能像一般化工园区的公用设施那样通过频繁布点实现全面的园区覆盖，而必须在区域范围内合理选址、分布，使其既能满足应急需求，又不违背经济性的原则。

化工园区应急物资储备基站的选址，需要综合考虑可调配资源总量、调配距离、调配时间、调配成本以及调配的可行性等各种因素，现实中选址问题往往难以获得理想化最优解，而是遵循一定的目标准则，在多个可行方案中求取满意解。

1）单目标优化选址模型

运用运筹学的理论和方法，建立组合优化模型，例如以“时间最小”、“费用最小”、“覆盖范围最大”等作为优化目标。几个经典的模型包括：

（1）P-中心问题（P-center），确定的模型目标是最小化需求点与其最近物资点之间距离的最大值，保证应急基站对区域最远边界的全面覆盖。

（2）P-中值问题（P-median），主要思想是使确定的设施建造地点满足需求点与资源供给点之间平均距离或时间之和最小的要求，体现区域性公共服务的整体效率。

（3）集覆盖选址问题（SCLP），在一个有限的候选站点集中找到一个总的建站成本最小的服务站集，使得所有的需求点至少被一个服务站覆盖一次。

（4）最大覆盖选址问题（MCLP），在服务站点的数目和覆盖半径已知的条件下，通过对站点进行合理布局，使得可满足基本需求的服务供给量达到最大的问题。

2）混合型多属性决策

影响应急物资基站选址的因素极其复杂，特别是对于前期缺乏科学论证与建设规划的中小型化工园区，受制于土地利用发展现状，可供调整及选址布局的空间十分有限，只能对有限的备选方案进行评估与比较，属于混合型多属性决策问题。

应急物资基站选址的衡量指标包括技术因素、经济因素、环境因素和社会因素 4 类，建立多层次的应急系统选址指标体系，如图 5-9 所示。

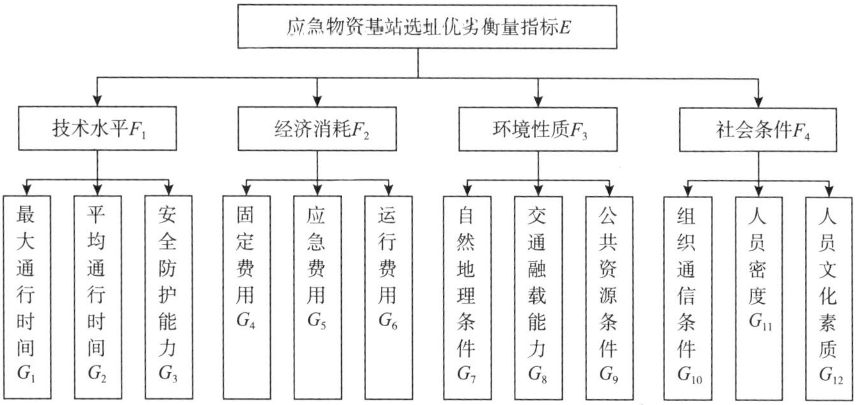

图 5-9　化工园区应急物资基站选址指标体系

综合评价是根据不同的评价目的，利用评价对象的各种属性信息，建立合理的指标体系，采用科学的评价方法和集结方式，对被评价对象进行排序的过程。应急物资基站选址综合决策流程，如图 5-10 所示。

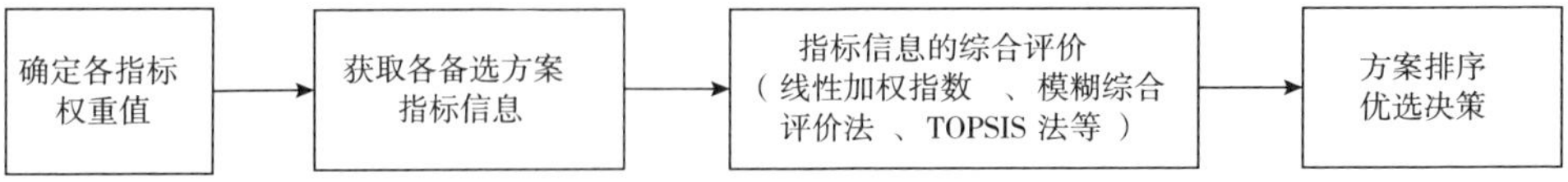

图 5-10　应急物资基站选址综合决策流程

5.5.4　应急物资动态调配

应急物资的配置，在国外文献中多将其表述为“Emergency Logistics”，即“应急物流”，由此可见，应急资源配置是一种特殊的物流过程，是以物流学的理论和方法为基础的，是应急管理工作中极为重要的一个环节。

1）应急物资调度

当灾情发生时，静态情境上升为动态情境，现场对应急物资的需求由潜在、预测变成了现实和评估，并随着灾情的不断变化产生对资源的变化需求，形成了动态的“供给一需求”关系，其中调运方案和过程受供给和需求的影响又主动影响两端的节点，形成了一个较为复杂的为满足应急目标的资源配置与调运系统。动态应急资源的调度流程如图 5-11 所示。

应急物资的调度应遵循以下原则：

（1）就近原则　应急救援过程中，应首先调用事故发生地附近的应急物资；当发生重大灾害事件时，应急物资需求量往往会超过距离其最近的储备点的储备量，这是需要从距离应急点稍远的储备点继续向应急点提供物资。

（2）优先原则　所有应急物资应该遵循优先等级进行调度分配，即：紧急类，涉及生命安全和死亡的紧急情况；优先类，要求在特定的时间限度内提供，对支持应急行动非常重要；一般类，支持一般性运作。

2）应急物资的协调管理

充足的救援物资是实施紧急救援活动的基础，化工园区事故灾害往往具有衍生特性，可能波及一定的区域范围，灾害事故如果处理不及时或处理不当，引起的次生危害可能具有更大、更强、更严重的危害程度。

一旦救援活动开始，必然伴随着大量的救援物资消耗。而所需物资若仅依靠企业储备或园区内的储备基站的库存供给往往是难以维持的。化工园区储备网络

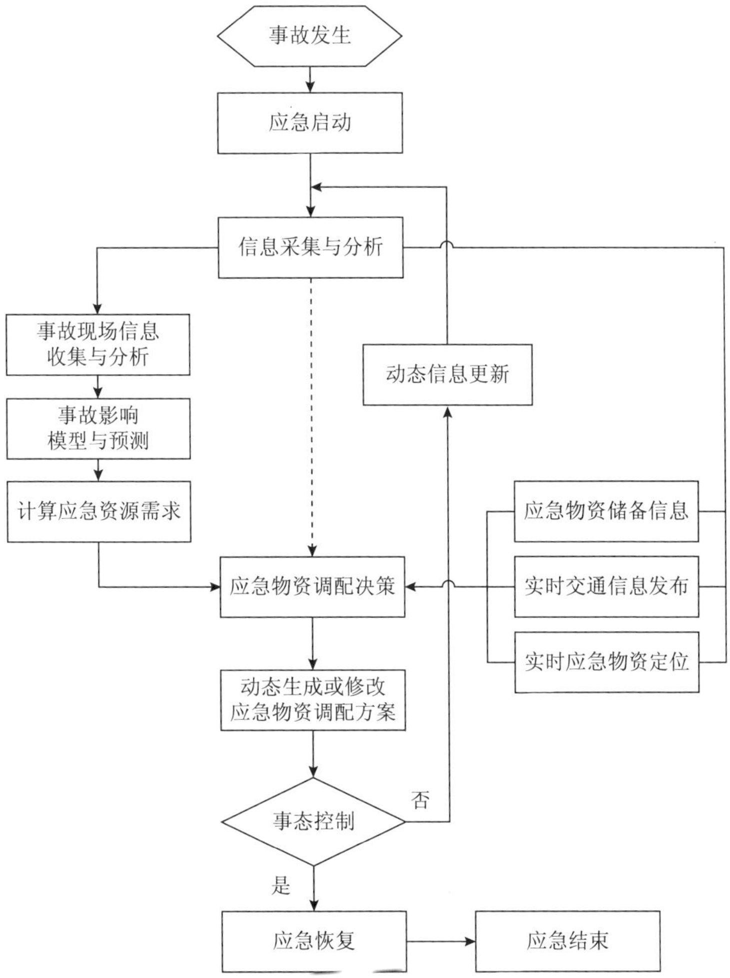

图 5-11　动态应急物资调配流程图

的库存资源毕竟有限，若库存物资耗尽，则救援活动将无法继续，势必大大影响应急救援的效果。

因此在应急资源调配过程中，需要建立区域应急资源联动机制，如图 5-12 所示，综合协调、科学调度园区内外的各类应急物资，发挥其应急价值，达到有效处置事故灾难的目标。同时，必须建立园区应急物资补给系统，根据灾情发展状况及储备网络中救援物资储备情况及时安排应急物资的生产和运输，对救援活动进行支持和保障。

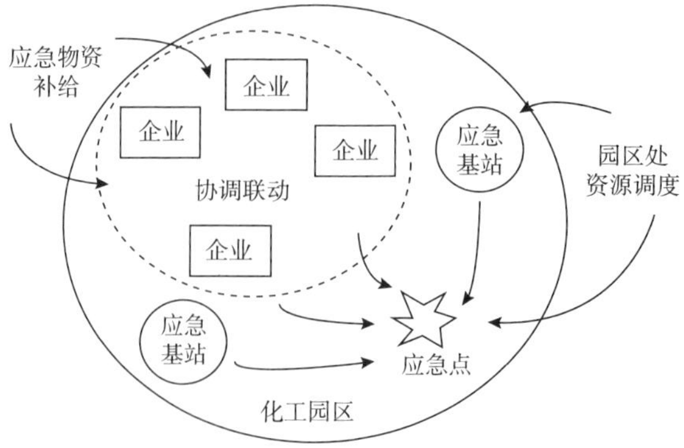

图 5-12　化工园区应急物资的协调联动

5.6　应急信息保障

应急信息资源整合是将分散在各个企业、有关部门、各级政府的多种形式、不同来源的应急信息资源，根据实际应用的需要进行整体集成与组合，构成一个高效用的应急信息资源体系，从而为应急管理提供大量有效的信息支撑。信息资源的整合是应急信息化建设中遇到的最大瓶颈。

5.6.1　应急信息资源的构成

化工园区事故应急救援中的信息资源不仅包括事故本身的信息，也包括事故救援过程中相关联的动态信息及其传播途径、媒介和载体等，如人员信息、设施、设备、机构、信息系统等，具体包括以下几个方面：

(1) 信息内容本身，包括危险化学品基本信息、区域危险工艺与装置、应急救援资源信息、救援队伍与组织机构信息等；

(2) 加工信息，包括经过加工处理而成的各种关于危险品及危险品事故信息的文件和资料（文件、图纸、档案等）；

(3) 信息设备、信息系统与网络等信息媒介和载体，包括信息资源数据库、决策支持系统、专家系统等，以及其他特殊的信息资源，如频率资源、号码资源、IP 地址等。

5.6.2　应急信息共享机制

信息搜集、分析、管理过程是应急管理工作中极为关键的部分，信息不能有效共享是应急管理的常见问题之一。以化工园区为代表的区域性应急管理过程中，由于涉及到不同的参与主体，鉴于商业利益等方面因素的考虑，信息屏蔽问题就更为严重。企业在信息的管理过程中就无形地对信息实施了封闭式管理，使得部分重要信息无法在园区层面实现有效流通，例如一些危险化学品生产工艺、装置可能涉及企业的商业机密等，从而就大大地影响了应急救援的效率，甚至会导致应急救援的失败。

应急信息网络是应急资源保障系统的基础，是对物资、资金及人力进行调运的依据，覆盖应急管理全过程的始终，包括事故前的风险沟通、事故中的通信指挥、事故后的结果通报等。针对化工园区的信息共享问题，需要从园区层面建立健全应急信息共享机制，畅通信息传输和发布的高效通道，保证应急信息在企业与企业间、企业与园区间的共享流通。

1）风险信息沟通

企业在生产运作过程中都会根据一定的信息做出适当的行为反应决策，这些信息来自企业内部与外部的沟通。风险信息的有效沟通对有效的预防各类事故的发生起到非常重要的作用，尤其是针对化工园区危险物质、装置聚集的特点，易诱发企业外部区域性的多米诺效应事故。化工园区内的各方主体应加强沟通与合作，建立由园区主管部门牵头，各有关职能部门、园区企业为成员单位的联席会议制度，实现“全覆盖沟通”。将隐患排查治理、重大危险源监控、风险分析结合起来，在园区层面进行统一组织部署，定期分析形势，及时交流情况，把化工园区的风险信息传达到每个利益相关者。特别是企业在进行重大变更操作前，须将变更管理信息及时上报园区主管部门并主动告知毗邻企业。

2）应急通信指挥

应急通信是有效开展应急响应的基本保证，其保障功能主要包括：指挥现场应急组织的应急响应行动，及时地把现场的应急状况向园区外部通报，接受外部的应急指示以及向外部应急组织求援等。对于化工园区内企业，建立一个单独的、只存储某单位的系统或网络是远远不够的，关键是建立一个分布式的网络数据库，进而在园区层面形成一个相互嵌入式的综合信息平台。为了保证通信系统畅通，化工园区可以考虑敷设光纤，建立化工园区应急响应系统以太网，支持远距离的实时信息交流、开展协同工作。

3）联合信息发布

随着众多大型化工项目的加速建设，社会舆论对于化工危险性与事故灾害的关注度日益提高，例如厦门、大连、宁波等地的 PX 项目就因为地方民众的强烈反对而停工搬迁，因此有必要建立统一的联合信息发布机制，及时发布事故灾害信息与应急处置进度，消除不必要的舆论恐慌。联合信息发布应遵循的主要原则，包括信息发布时效性、信息内容的针对性、与舆情监测的互动性等。以往的政府信息公开方式主要包括新闻通稿、新闻发布会、专题采访、政府官方网站等。但随着新媒体的不断发展，公众获取信息的渠道不断变化，要想保障突发事件信息发布的效果就要在原先信息发布方式的基础上加以创新，例如政府门户网站的管理和完善、园区和政府相关部门信息发布微博的设立、手机信息发布等。

5.6.3 应急管理信息化平台

一体化应急平台是以计算机网络系统为基础，以有线和无线通信系统为纽带，以接处警系统为核心，集成地理信息系统、移动目标定位监控系统、计算机辅助指挥 CAD、图像监控系统和综合信息管理系统等为“一体化”系统。能快速、及时、准确地收集、处理和存储实时突发事件信息及其他相关信息，以多媒体（文字、声光、影像等）方式显示各类信息，通过各种基础数据有机集成，能够更加快捷灵敏、科学高效的实现信息上传、采集、录入、管理、分析、决策、指挥和应急处置。应急信息化平台是解决当前化工园区管理部门人员编制紧缺，提高化工园区应急管理工作效率的重要技术手段。

目前，建立应急信息系统采用的技术主要包括：

1）数据库技术

建立包括化工园区内各类企业的危险化学品应急处置管理数据库，重大危险源事故应急处理数据库、应急救援设施和物质的信息库、各类专家的信息库、相关的事故案例和经验库、各类危险化学品和物资的辅助知识数据库等。为当地政府、安监系统及企业提供相应的应急救援技术支持。

2）地理信息系统技术

在各类应急数据库、信息库的基础上利用地理信息系统的空间分析技术，来协助应急救援指挥，确定应急救援路线，撤离和疏散路线，事故发生周边环境情况，周边的人员分布、交通状况等。

3）事故模拟分析技术

建立或改进现有燃烧、爆炸、毒物泄漏事故模型，为风险评估提供定量分析依据。

化工园区应急信息化平台系统架构如图 5-13 所示。应急管理信息系统融日常安全监管、异常应急指挥于一体，构筑一个包涵监测预警、信息管理、辅助决策、调度指挥、总结评估、资源管理等功能的信息共享与管理平台，实现化工园区在发生事故时接警—警情判别—处警—指挥与调度—监控与记录—事件总结等应急响应流程的自动、快速处理和决策支持。

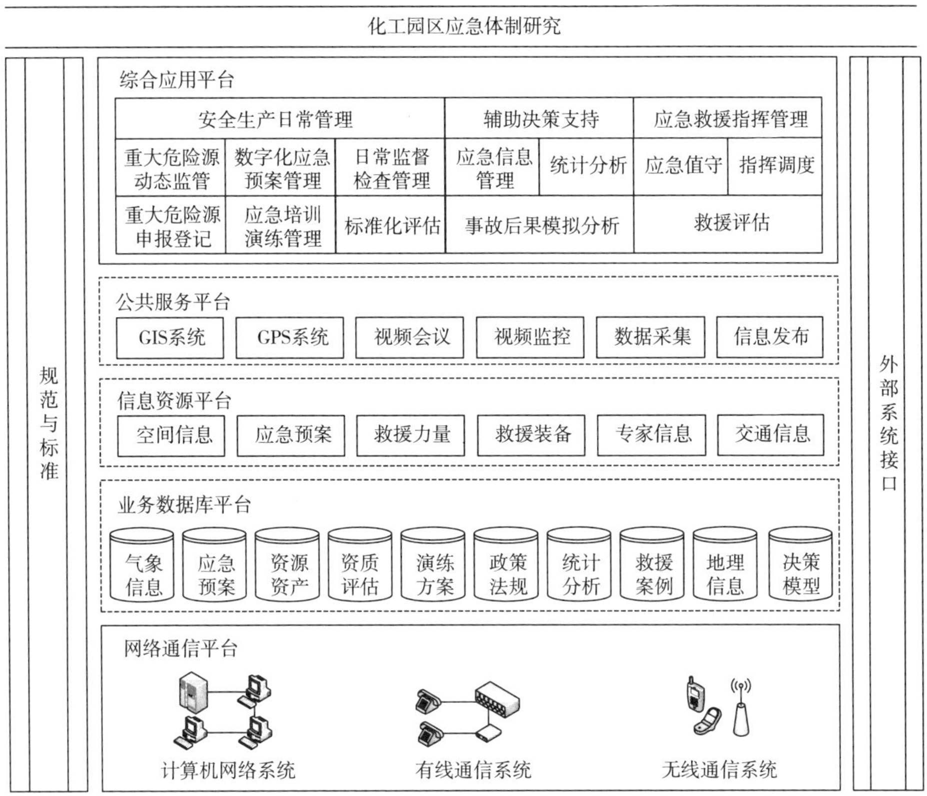

图5-13 化工园区应急信息化平台系统架构

化工园区应急救援信息系统将园区内各个企业的安全生产信息系统进行联网，并连接到所在行政区域的地方安全生产应急救援指挥中心，以一体化应急信息平台为依托，形成统一指挥、功能齐全、反应灵敏、运转高效的应急救援机制。一旦园区内企业发生事故时，应急平台即刻向园区应急中心报警；园区应急中心首先应判断事故是否可以靠自救和互救及时控制，否则立即启动《化工园区生产安全事故应急预案》并上报所在行政区域的应急指挥中心。

第 6 章　化工园区突发事件应急响应

根据美国 2008 年 1 月发布的《国家应急反应框架》，应急响应就是指“立即采取行动以挽救生命、保护财产与环境、满足人的基本需要，包括应急预案的实施以及短期恢复活动”。

应急响应行动是在突发事件的事态趋于稳定前所采取的一系列紧急处置措施，其具体有三个：保护公众；减轻原生灾害损失；最大限度减轻二次灾害损失。应急响应不仅要解决迫在眉睫的问题，如开展急救、搜索与救援、提供应急避难场所，而且还包括为解决这些问题而进行的协调与支持行动。此外，关键基础设施的快速恢复也属于应急响应范畴，如恢复供电通信等。由于应急响应行动处在时间和信息有限、高度紧张的情景之中，因此在全流程应急管理中，其复杂程度最高。

由于突发事件类型及应急响应的主体不同，应急响应所包含的行动或任务的数量和类型会有所不同，但其核心要素一般包括：接警处警、应急警报、指挥控制、人员疏散与安置、事态检测与评估、警戒与治安、应急抢险、应急人员安全、应急通信、急救以及公共关系。这 11 个要素几乎涵盖了各类应急响应行动所涉及的各个方面。应急响应行动指挥人员根据不同的应急救援情况需要做出合理的增添或删减。本章将依据化工园区突发安全生产事件应急响应特点，对以上 11 个应急响应核心要素进行具体阐述和说明。

6.1　接警与处警

接警处警作为应急响应的第一步，是化工园区安全生产应急管理的重要工作。准确了解事故的性质和规模等初始信息是决定启动应急救援的关键。必须对接警与处警要求做出明确规定，保证迅速、准确地向报警人员询问事故现场的重要信息，并对警报进行快速反应、实施处理单位与资源的通知与调度。化工园区接警处警采用“统一接警、统一处警”模式，由化工园区应急管理中心或园区所在地消防部门负责受理园区内突发事件。

6.1.1 接警

6.1.1.1 信息收集

接警工作要求 24 小时不能间断，随时接收报警电话、短信或网络信息，记录相关的报警信息，以便处警人员根据事故具体情况进行快速反应。当接到事故报警后，接警人员要立即留下报警人员的单位、姓名和联系方式，并收集事故现场的相关信息：

（1）人员伤亡情况；

（2）事故类别：泄漏事故、火灾事故、爆炸事故、中毒事故等；

（3）事故现状：火情大小、人员分布及疏散情况、泄漏扩散程度等；

（4）事故大致原因；

（5）事故现场周边环境：周边危险源种类及级别、事故对周围环境可能造成的影响等；

（6）事故现场气象条件：风向、风力、温度等；

（7）事故初期处置情况：处置方法、处置效果等；

（8）其他相关信息。

6.1.1.2 接警员素质要求

作为化工园区接警中心的接警员，其工作不仅是简单的接听电话、记录报警信息，而是相对独立、由一系列程序组成的复杂活动。这就要求接警员具备较高的综合素质。

1）良好的心理素质

接警工作单调、紧张、枯燥，接警人员面对纷繁复杂、情况各异的警情，容易产生麻木、厌烦的情绪。但接警工作的特殊性又要求接警员必须时刻保持最佳状态，不能有一丝一毫的放松。一旦出现问题，将对整个园区应急管理工作带来严重后果。这就要求接警员具有崇高的敬业精神，守得住清平，耐得住寂寞，始终保持沉稳、乐观的精神状态。

2）对信息和警情的反应能力

接警员在工作中要时刻保持高度的警惕，做到耳聪目明，反应灵敏，不放过任何蛛丝马迹。报警人所说的每一句话，每一个字，每一种语气，甚至话筒中的每一种声响，都是接警员及时、准确地洞察信息的重要依据。所以园区接警员要具有敏捷的洞察力，快速反应能力，并善于运用多路思维连贯思索方式对报警信息进行处理。

3）熟练的业务素质

园区突发生产安全事故种类繁多，接警人员可能会面临泄漏、火灾、爆炸、中毒、交通事故等各类报警业务。这就要求接警人员要熟悉各类突发事件的特征特点，才能科学灵活地针对不同类型突发事件获取有效报警信息。

6.1.2 处警

6.1.2.1 处警工作主要内容

处警工作包含以下三个方面内容：

(1) 对突发警情严重程度和发展趋势进行预判。处警工作人员根据接警人员记录的如装置类型、工艺类型、储存介质、周围环境等一系列的“碎片化”的报警信息，进行整合分析，对突发事件的严重程度和可能的发展趋势进行预判，从而实现对事故进行分类、分级。

(2) 分析应急救援行动所需动用的组织机构类型、人员和救援物资数量。根据预判得到的事故类型和级别，参照应急预案，分析可能需要动用的应急组织和机构类型，救援人员和物资的数量，使得各类应急资源的启用和调度更具有针对性。

(3) 快速准确地为各相关组织、机构、人员传递应急信息。

6.1.2.2 处警员业务素质要求

1）要具备组织、调度、指挥能力

警情一旦出现，救援的最佳时机稍纵即逝。这就要求处警员必须具备较强的组织、调度、指挥能力，确保在最短时间内组织、协调相关应急救援组织机构快速出动，争取应急响应工作的主动性。

2）具备创新能力

园区突发事件警情瞬息万变，新情况、新问题层出不穷。这就要求处警员必须充分发挥主观能动性，超常规、破惯例，思考问题不局限于固有框架，处理问题不拘泥于套路，做到具体问题具体分析，审时度势，随机应变。特别是在关键时刻和紧要关头，要依据丰富的经验和敏锐的洞察力，创造性的开展处警工作。

3）要具备分析能力

处警员在日常工作中，要及时收集、总结和掌握各类型突发安全生产事件的特征特点，围绕应急响应工作中需要调度的机构类型，应急资源种类和数量等重点问题进行分析研究，为各业务部门制定应急处置措施提供决策依据。因此园区处警人员应该具备较强的分析能力，能够通过分析问题，提供具有实用价值的深层次信息。

6.2　应急警报

6.2.1　应急警报等级

根据《国家突发公共事件总体应急预案》有关规定，按照灾害事故的危害程度和影响范围，结合化工园区的实际情况，灾害事故可分为一般、较大、重大、特大四类。所以，根据事故即将造成的危害程度、发展态势和紧急情况等因素，依次划分为一般（Ⅳ级别）、较重（Ⅲ级）、严重（Ⅱ级）和特别严重（Ⅰ级）四个预警和警报级别，可以分别用蓝色、黄色、橙色和红色表示。预警级别与事故的分级一一对应。

1）一般（Ⅳ级）警报

出现在化工园区某企业内某套装置或产品车间范围，对生产安全和人员造成较小危害或威胁，由企业自主进行处置的灾害事故。

2）较重（Ⅲ级）警报

出现在化工园区某个企业内，对生产安全和人员安全造成较大危害或威胁，造成或者可能造成人员伤亡、财产损失、需要调度化工园区相关力量协助企业进行应急处置的灾害事故。

3）严重（Ⅱ级）警报

出现在化工园区内，对企业的生产安全和人员安全造成重大危害或威胁，严重影响邻近企业生产安全和人员安全，造成或可能造成人员伤亡、财产损失，需要调度区内和周边地区的力量和资源进行应急处置的灾害事故。

4）特别严重（Ⅰ级）警报

对化工园区内企业的生产安全和人员安全造成重大危害或威胁，影响区域波及化工园区区域内外，造成或者可能造成人员伤亡、财产损失，需要统一组织、调度园区所在地相关公共资源和力量进行应急联动处置的灾害事故。

6.2.2　应急警报权限管理

根据事故发生的情况以及警报的级别，警报的管理权限可以确定如下：

（1）一般灾害事故发生后，相应发布Ⅳ级警报，由企业自主决定；

（2）较大灾害事故发生后，相应发布Ⅲ级警报，由企业自主决定，并报应急管理中心备案。

（3）重大灾害事故发生后，相应发布Ⅱ级警报，由应急管理中心报请园区管委会领导决定。

（4）特大灾害事故发生后，相应发布Ⅰ级警报，由应急管理中心报请园区管委会领导决定，并报市应急管理委员会备案。

6.3 应急指挥

应急指挥是应急响应过程的一个核心环节，是应急决策与处置的中枢神经，其做出的决策是各应急处置力量参与应急救援行动的指南，是决定应急处置高效与快捷的核心因素。化工园区突发安全生产事件应急指挥是指挥机构对应急响应行动进行的组织领导活动，其核心是指挥决策，即指挥和控制活动是围绕着制定决策和实现决策而展开的。由于指挥活动是在与迅速发展的险情及其危害的对抗中进行的，因而具有风险性大、时效性强和机动性高的特点。园区灾害的突发性和紧急性，客观上要求应急指挥决策者必须在有限的时间、资源、人力等约束条件下迅速制定和实施应对灾情的具体处置方案，在最短时间内遏制灾情的蔓延，将其危害控制在一定范围内。

6.3.1 应急指挥组织特点及结构

化工园区突发事件应急响应需要不同级别、不同类型，乃至不同行政区域等政府机构、消防部队及公共职能部门的相互配合，构建高效的应急指挥组织整体协同应对。

6.3.1.1 应急指挥组织特点

化工园区应急指挥组织呈现以下四个方面特点：

1）复合型

突发事件的应急指挥存在 2 个相互冲突的需求，一方面需要关注命令和控制结构，另一方面需要协调各方面的响应者。依据《国家突发公共事件总体预案》中 3.2.3 规定，面对重大突发公共事件，遵循后方指挥与现场指挥相结合的原则。因此化工园区应急指挥组织是后方的各级政府部门或园区应急响应中心与前方现场指挥部的复合。

2）临时性

化工园区突发事件应急指挥组织的临时性体现在以下 2 个方面：首先，临时的现场指挥部。化工园区突发事件现场汇集了来自不同单位的应急力量和大量的应急资源。依据《国家突发公共事件总体应急预案》中3.2.3和3.2.4规定，应急指挥机构需视情况设立临时的现场指挥部，对事件现场的所有应急救援工作实施统一指挥和管理。应急处置工作结束后，现场指挥部予以撤销。第二，临时的会商小组。园区突发事件的应急决策涵盖多学科、多专业领域，需要有效应用所有应急响应者进行会商和分布式决策。

3）权威性

园区突发安全生产事件具有突然发生和蔓延的特点，需要来自集中结构中单一的权威决策者快速决策。各层级间下级严格执行上级的应急指令，绝对服从上级统一领导、指挥和协调。上级应急指挥机构在全面掌握应急态势信息和下级应急处置执行情况的条件下，可基于法定权威下达指令。

4）权变性

园区应急指挥组织依赖于应急态势环境，需要从应急态势环境中获取态势信息，分析识别应急目标，制定应急决策方案。应急态势的演化和发展将不断地对应急指挥组织产生正反馈作用，需要通过组织结构的变化以适应环境演化。

6.3.1.2 应急指挥组织结构

化工园区应急指挥组织结构由各级政府应急协调指挥中心、园区应急响应中心、现场指挥部及会商小组构成，如图6-1所示。

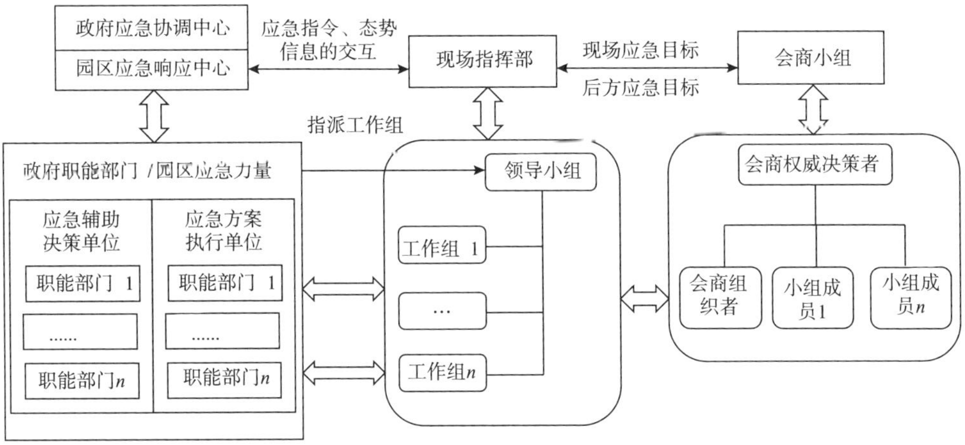

图6-1 化工园区应急指挥组织结构图

1）政府应急协调指挥中心/园区应急响应中心

各级政府应急协调指挥中心或园区应急响应中心自身一般不具有应急所需资

源，主要负责识别全局应急目标，制定各级应急决策方案，统一调度各层级、各类型职能机构的人力、物力、财力等资源，为现场指挥部处置应急态势提供支持。园区应急指挥行动中的协调工作由政府部门承担还是园区应急管理中心承担主要取决于以下 2 个方面因素：

（1）园区规模大小　国家级、省级大型化工园区人力、物力、财力资源充足，有能力构建起高水平的园区应急管理中心，则突发事件发生时应急响应过程中的统筹协调工作一般由园区自身承担；大部分省级以下化工园区，各方面资源有限，难以支持高水平的应急管理中心建设，因此其突发事件的应急协调工作一般由园区所在地人民政府承担。

（2）突发事件严重程度　一般来说，当园区突发事件的影响范围局限于园区内部或危害程度较小时，由园区自身承担应急协调工作；当突发事件的影响范围扩散到园区外部空间或危害程度特别严重时，由园区所在地人民政府或其上级各级政府承担。

2）现场指挥部

根据应急态势的评估成立现场指挥部，体现临时性特点。现场指挥部由领导小组和现场职能工作组上下两层组成，采用项目小组结构。后方的园区应急管理中心或政府应急协调中心派出工作组，担任现场指挥部的领导小组。领导小组面对现场快速变化和不确定的应急态势环境，在短时间内识别、分析应急目标，形成职能工作组，并制定复杂的现场应急决策方案，向职能工作组下达应急指令，执行现场应急处置任务。

3）会商小组

后方应急协调机构和现场指挥部均可视应急态势的变化成立会商小组进行应急决策，体现临时性特点。会商小组由会商组织者、会商权威决策者和会商小组成员组成，采用任务小组结构。会商组织者提出会商目标，确定权威决策者，选择会商小组成员，控制管理会商流程。会商小组成员间了解彼此职能，相互信任、共享目标，协商制定应急决策方案。当会商小组成员协商不能达成一致时，由上级的权威决策者基于法定权威协调下级小组成员的群体决策，使其达成一致。一致的决策方案形成后，会商小组成员承诺、约定实现各自目标，会商完成后会商小组即解散。

6.3.2　应急指挥体系的观念及原则

事故应急指挥系统（ICS，Incident Command System）中至少应具备通用的语言、模块化的组织、整合的通信、一致的指挥架构、具体的突发事件行动方案、适当的管控幅度、救灾所需特定的设施及综合式的资源管理等观念和原则。

1）共通的语言

在任何突发事件管理体系中，共通的用语是必须的，尤其是当许多不同的救灾单位第一次合作参与救灾时。当不同救灾单位语言不同时，将导致救灾混乱及无效率。在化工园区突发事件应急指挥体系中，基本的组织架构、功能、设施及单位都应当事先设计和命名，从而保障全部参与应急响应的部门所使用的应急语言都是标准且一致。

2）模块化的组织

模块化的组织指的是由上而下发展的组织模式，由上而下意味着：当事故开始之初，指挥功能是由第一位到达事故现场的带队官或资深救灾人员所担任。随着事件的发展，指挥官开始成立各个部门，并随着事故的复杂程度不断进行层级扩展。

3）整合的通信

整合的通信是指使用共通的通信计划、标准作业程序、清楚的内文、共同的频率和用语。

4）一元化指挥体系

一元化指挥体系是指在组织中的每一个成员仅向一位指定的人员上报情况。

5）一致的指挥架构

统合指挥架构与事故相关单位，不管是地理上或是功能上有什么不同，都要以完成共同目标而行动。每一个救灾单位不能背离自身的权责，而应使共同目标、联合规划的作业行动以及使资源发挥最大的效用的总体原则指挥应急处置行动。

6）扁平化管理、管控幅度适当

采用扁平化的管理结构，决策速度快，响应能力强，运行效率高，有助于克服树状管理结构中存在的问题。应急指挥模式网状结构以应急管理功能为节点，促进各功能之间的互联、互通和互助，淡化各级政府应急管理机构的行政级别，从而使整个应急指挥体系重心下移，形成扁平化网络，提高应急救援工作的时效性。

7）适当的管控幅度

适当的管控幅度是指一位部门主要领导可有效管理的人数。在应急指挥系统中，任何部门的主要领导的管控幅度应该在 3～7 个救灾资源之间，而以 5 个为最佳，若是数目有增加或减少，则指挥官应重新考虑整个组织架构。

8）优化资源配置

突发事件应急救援所需的资源通常包括突发事件现场指挥所、资源集结区以及其他一些应急需要的大量资源。在任何的突发事件中，有效率地管理各项应急资源是非常重要的。通过建立突发事件应急指挥模式，提供应急资源优化措施，对顺利完成应急工作、确保救灾资源的安全性以及应急的成本效益至关重要。

6.3.3 现场应急指挥系统构建

6.3.3.1 现场应急指挥通用模式

化工园区突发安全生产事件现场应急指挥通用模式如图6-2所示。

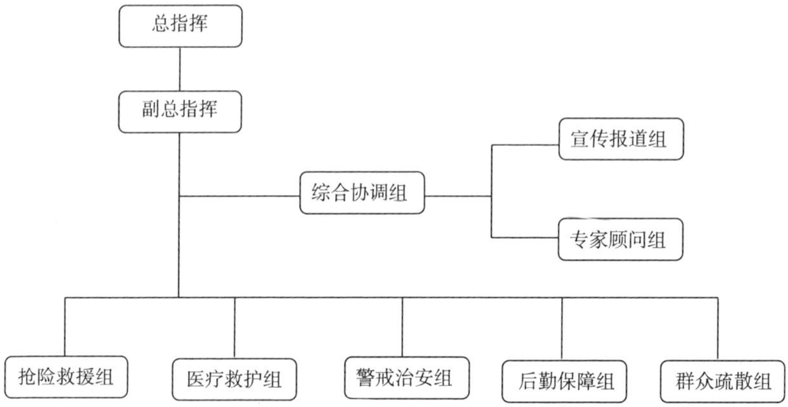

图6-2 园区突发事件现场应急指挥通用模式组织框架图

1）总指挥

（1）职责：总指挥的主要职责为指挥下令各种救援活动，统筹、协调、指挥、调度及整合各类救援资源。

（2）工作重点：

①根据事故或灾情需要及其复杂程度启动突发事件现场指挥体系并上报上级政府应急协调中心或园区应急管理中心；

②按照现场灾情状况需要及复杂程度指派并分派工作任务；

③要求副总指挥随时报告灾情变化情况和预计发展情况，且各组组长定时上报所属工作运作状况，以便能根据实际情况进行现况评估和更新应对方案。

2）副总指挥

（1）职责：协助现场总指挥开展工作并协调综合协调组的运作，负责提供现场信息给媒体。

（2）工作重点：

①根据情况需要，协调综合协调组（或宣传报道组）建立一个灾情信息发布的媒体区域，并根据具体情况，决定发布的信息内容；

②确认所有信息的发布均经过总指挥的同意，并发布一份初期的灾情评估及救灾状况报告给媒体；

③与综合协调组长配合，联络现场需要的各类专家到达事故现场。

3）综合协调组组长

（1）职责：协调及主导综合协调组中所有的运作，确保与各执行组及时沟通。

（2）工作重点：

①听取副总指挥的任务指示，并根据灾情情况及复杂程度指派所属各组的小组长；

②负责现场会议准备协调工作。在总指挥、副总指挥及各执行组长开会后制作会议记录，确定行动方案，并由总指挥向各小组作任务指示；

③根据灾情状况调整行动方案，并定时向副总指挥报告。向副总指挥报请求总指挥召集相关人员商讨突发事件行动方案的内容；

④随时了解所属小组的运作情况，必要时建议让一些小组重建或新增一些小组；

4）宣传报道组组长

（1）职责：负责事故现场媒体记者接待、服务、灾情的提供，负责拟订上报信息。

（2）工作重点：

①接受综合协调组的指派，并于警戒治安组配合在管制区外安排媒体开展工作，适时的向媒体提供事故发展情况、灾情救援进展情况，并关注媒体对于发布的新闻内容是否属实；

②根据媒体需求，与副总指挥协调后，安排媒体采访并由副总指挥对外发布新闻。

5）专家顾问组组长

（1）职责：负责统筹专家建议方案，并向总指挥（副总指挥）及时汇报；现场指导抢险救援工作的开展。

（2）工作重点：

①根据现场灾情状况，及时组织专家召开商讨会议，并确定技术方案；

②现场指导需要技术支持的执行部门开展救援工作；

③协助专业部门在抢险过程及事故后期开展事故原因调查工作。

6）抢险救援组组长

（1）职责：负责主导抢险救援组各单位的运作，以执行救灾任务。

（2）工作重点：

①听取副总指挥（总指挥）的任务指示，根据灾情的需要指派所属各单位小组长任务；

②和副总指挥保持密切联系，并在综合协调组长的协助下，从后勤保障组获得物资供应；

③若有发现救援现场发生人员伤亡，应立即通报医疗救护组；

④根据抢险需要，与警戒治安组协调扩大或缩小警戒区。

7）医疗救护组组长

（1）职责：负责主导医疗救护任务。

（2）工作重点：

①和副总指挥保持密切联系，并在综合协调组组长的协助下，从后勤保障组获得所需的物资供应；

②若有人员死亡发生应立即成立罹难者处理小组。

8）警戒治安组组长

（1）职责：配合总指挥、抢险救援组及医疗救护组负责管制影响区域相关人车秩序，避免影响救灾及治安事件的发生。

（2）工作重点：

①与总指挥协调灾害现场救护车及所需运输工具的进出路线；

②设立安全管制站，管制人员和车辆进出管制区域人员及识别人员身份，未获得授权的人和车辆不得进入；

③负责所有现场救灾中心、医疗救护区和其他敏感区域的安全，确保没有闲杂人员进入；

④与综合协调组保持密切联系，在不安全的区域中设立禁止进入标示。

9）后勤保障组组长

（1）职责：负责配合现场救灾需要，提供相关民生供应及救援资源补给等事宜。

（2）工作重点：

①负责确保现场救援所需的应急救援物资、生活必需品及应急救援装备的及时到位。

②一旦突发事件波及范围扩大到园区的周边区域，应迅速协调组织社会面控制力量做好稳定保障工作。

10）群众疏散组组长

（1）职责：负责牵头制定人员疏散预案，做好事发过程中周围群众的紧急疏散工作。

（2）工作重点：

①在可能发生需要组织群众疏散的情况下，预先制定疏散方案，确保疏散工作快速有效。

②指示工作人员在疏导群众过程中做好解释工作，并为转移疏散的群众提供适当的安置区域。

6.3.3.2　现场指挥部编组及建立

突发安全生产事件发生后，第一个到达现场的应急部门必须进行初期突发事件应急指挥模式编组，成立园区突发事件现场指挥部，并向所有成员宣布现场指挥部的地点。现场指挥部要根据突发事件的性质、种类、危害程度或实际需要合理选址，原则上应设在灾害事故现场周边适当的位置，也可以在具有视频、音频、数据信息传输功能的指挥通信车或相应场所开设。要保证及时掌握现场情况、信息通信畅通、指挥迅速不间断。一般而言，现场指挥部的场所选择应该符合以下原则：

（1）安全。现场指挥部设立的地点应该是安全的，要保证突发公共事件的次生或衍生灾害不会连及到现场指挥部。

（2）就近。现场指挥部应该接近突发事件发生地，以便能够及时了解事件的动态和及时决策与处置，不能舍近求远，应该以有效指挥和处理事故为导向。

6.3.3.3　应急指挥组织扩展

如果突发事件扩大或恶化，此时应急指挥即将超过管控幅度或已超过管控幅度时，就需要扩展突发事件应急指挥模式编组，最重要就是迅速构建应急指挥组织架构，以方便应急救援进行。就组织扩编而言，宁可过高估计突发事件可能发展需求，因为随时可以将组织缩编。为避免让组织过于庞大，如果某个编组已完成执行任务时，可视现场情况将其解散，同时将其成员分派或解散，任何编组解散后，其工作由高一层级编组执行。

当突发事件现场应急指挥系统不断扩大时，由现场秩序维护人员及时发放人员与车辆标识，维持现场秩序，确保突发事件现场救援工作有序运转。一般而言，现场指挥的标识应满足以下要求：

（1）人员标识要根据应急决策与处置的需要，对于不同类型的人员发放不同标识，以区别他们与现场指挥部关系的紧密程度，同时也决定不同标识人员进入现场指挥部的层次。如可以明确标识总指挥、副总指挥、各组组长、一般工作人员、记者等。

（2）车辆标识要根据应急决策与处置的实际情况，对于不同类型车辆进行分类标识，以区别车辆在现场的位置。原则上，救援车辆、救护车辆应该放在现场的紧密层，一般车辆放在松散层。

6.3.3.4　现场指挥权转移

指挥权的转移和变更可能是因为某位较高级别的指挥人员到达事故现场，或是因为该现场指挥由更高管辖单位指派的指挥人员接替。进行指挥权转移，一般来说通常是因为突发事件规模有扩大的趋势。

指挥权也可由上往下转移，例如在突发事件被有效控制或即将结束时，指挥权有可能由高阶指挥员转移到低阶指挥员。通常根据突发事件的复杂性、现场总指挥的资历以及经验决定指挥权转移交接方式。进行指挥权转移的步骤包括：

（1）接任现场总指挥应尽可能亲自与现场总指挥共同评估现况；

（2）接任的现场总指挥必须听取事故简报。由现任现场总指挥提出事故简报，并且当面报告，内容包含：突发事件的发生历程、处理优先级及目标、资源调度与部署、组织架构、资源请求与需求、已设置的设施、通信联系状况、采取的管制范围或限制措施、突发事件的潜在危险以及授权状况等；

（3）在事故简报后，接任现场总指挥官应决定指挥权转移的适当时机；

（4）在适时地指挥权转后，应告知园区应急管理中心及所有现场应急参与成员；

（5）接任现场总指挥可指派现任现场总指挥相关任务。

6.4　人员疏散与安置

重大突发安全事故发生后，危险区域内人员恰当地避难或应急疏散，是防止和减少事故造成人员伤亡的重要措施。2006 年上海金山化工园区巴斯夫化工厂发生泄漏，紧急疏散上万人；2012 年江苏常州江边化工园区发生火灾，下风向多家企业的员工以及附近幼儿园和小学两千多人紧急疏散；2013年江苏如东化工园区发生氯气槽罐车泄漏，园区内近千名工人被紧急疏散；2015年扬州市宝应县一化工厂发生爆燃，导致附近中学数百人疏散；2015年8·12天津滨海新区爆炸事故，对事故附近的3个居民实施小区疏散安置；2016年云南通海县五金产业园区西南石油通海液化气爆燃，紧急疏散居民373人。在事故发生后很短时间内，能够准确地确定危险区域人员的避难方式并将需要进行疏散的群众或化工园区的工作人员从危险区域疏散到安全区域，是一项十分复杂的工作，应该事先做好应急疏散及安置计划。

6.4.1　应急疏散特点及分类

应急疏散具有以下5个方面的特点：

(1) 突发性。应急疏散的突发性要求应急管理人员首先在事故发生前做好充足的应急预案准备，应急物资部署；在事故发生后，要求在最短的时间内及时响应。

(2) 不确定性。首先，突然事件的发生就具有很强的随机性，目前的技术手段尚不能准确预知；其次，突发事件发生后，在进行应急疏散的过程中，由于通信、交通、水电等基础设施的破坏，疏散现场的人员伤亡数、事件的影响范围、持续时间都是不确定的；最后，突发事件发生后，在进行疏散的过程中，有可能发生新的情况，由此给应急疏散带来了更大的不确定性。

(3) 弱经济性。应急疏散的目标是在最短的时间内将受影响区域的人员疏散到安全区域，在疏散过程中，受影响区域人员生命安全是应急疏散首先要考虑的问题。所以在大多数情况下，对经济效益的要求就不再是应急疏散应考虑的问题。在极端情况下，应该不顾一切代价进行人员疏散。

(4) 动态性。应急疏散过程是一个持续、连续的决策过程。从流程的角度来讲，首先是确定应急疏散方案，然后规划响应的疏散手段，最后进行现场的疏散；从信息的角度来讲，在疏散的每个时段，疏散资源、疏散人员、疏散环境等影响应急疏散的各个因素都是不断动态变化的。

(5) 依赖性。突发事件发生后，应急响应需要消防部门、公安部门、水电部门、交通部门、通信部门等基础设施要素进行紧密配合。在应急疏散过程中，应急人员的部署、应急物资供应、应急车辆调配、应急网络的疏通等都需要互相的信息沟通和交流。只有各个环节紧密联系、紧密配合，应急疏散才能顺利地实施。

6.4.2 应急避难方式选择

6.4.2.1 基本思路

应急避难方式一般可以分为“就地”避难和疏散两种方式。在欧洲的大部分国家，受灾区域内的公众采取“就地”避难的方式已经成为重大事故应急的必经步骤。例如：在瑞典，当重复的短笛警报声响起之后，该区域内的公众就会自觉迅速地进入建筑物内，关闭所有的门窗和通风系统，并将收音机调至一个固定的频道来接受进一步的指示。美国的大部分州则采取截然相反的避难方式，通常是指挥公众从危险区域撤离。确定应急避难方式是“就地”避难还是疏散时，往往需要对一系列的因素进行考量，然后做出综合判断。有关就地避难和应急疏散之间的选择，通常围绕如下两个问题展开讨论：

(1) 提供避难的建筑物能否起到足够的保护作用？

(2) 是否有足够的时间安全地疏散受灾人员？

以上两个问题的结果直接影响避难方式的决策。如果其中一个问题的答案是肯定的，那通常采取相应的避难方式；如果两个问题都是肯定的，那么两种避难方式都是可以的；如果两个问题的答案都是否定的，此时就需要应急决策者做出详细分析，权衡得出损失最小的避难方案。

并非所有的化工园区突发生产安全事故发生后都需要采取避难手段，只有发生重特大事故灾害（如有易燃易爆有毒气体泄漏扩散）时，才需要采取紧急的避难措施。由于不同突发事件的紧急避难方案考虑因素相差巨大，考虑到化工园区的特色，本节选择有毒化学品泄漏扩散，这个大规模避难行动最常见的诱因作为对象进行分析探讨。

泄漏事故发生后，应急决策者需要在“就地”避难与应急疏散之间做出选择，为此需要预测计算出相应的数据才能做出有效的判断。对于就地避难而言，需要预测计算的有：①危险区域的室外气体浓度；②人员避难场所的室内浓度；③避难场所的避难效果。对于应急疏散而言，需要预测计算的有：①危险区域的室外气体浓度；②何时人员需要疏散以及何时能够到达安全区域；③人员在疏散过程中的累积毒负荷。

6.4.2.2 避难效果判断方法

1) 室外气体浓度计算

在有毒气体泄漏扩散计算中，高斯模型的应用最为广泛。高斯模型适用于轻气体和中性气体，计算简单、计算量少，能够快速得到事故的后果。针对瞬时泄漏和连续泄漏，高斯模型又分为高斯烟团模型和高斯烟羽模型。

2）室内气体浓度计算

利用高斯模型获得的室外气体浓度结合如下箱模型可以预测室内气体浓度。

$$\frac{dc_{in}(t)}{dt}=\lambda\left[c_{out}(t)-c_{in}(t)\right]' \tag{6-1}$$

式中，$c_{in}(t)$ 为室内气体的时间变化浓度；$c_{out}(t)$ 为室外气体的时间变化浓度；λ 为建筑物换气速率。采取就地避难，关闭门窗以及换气设备时，换气速率可以近似地认为是建筑物渗透率。

3）人员中毒模型

人员暴露在有毒气体中时，面临着中毒伤害的可能。基于毒负荷的思想，可以反映具体某种毒性物质在一定时间、浓度下对公众的伤害作用大小。

$$D(t)=\int_0^t [c(t')]^m dt' \tag{6-2}$$

式中，$D(t)$ 为毒负荷随时间变化的累积值；$c(t')$ 为人员呼吸区域随时间变化的毒气浓度；m 为毒负荷系数，是根据实验得出的经验系数，通常情况下取 1、2、3，不同毒性物质取不同毒负荷系数。

4）应急疏散相关时间计算

考虑到中毒事故发展和人员疏散步骤的过程，对毒性气体泄漏事故中人员疏散时间的各时间段之间的关系描述见图 6-3。假设人员得到撤离指令时距离泄漏发生的时间为 t_b，避难时间为 t_c，疏散至毒性气体影响范围外安全地带的时间为 t_c，毒性气体由泄漏地点扩散到指定区域所需时间为 t_s。将某一区域人员从泄漏事故发生起开始疏散并且成功撤离危险区域的时间定义为 t_{RSET}（Required Safe Egress Time）。t_{RSET} 主要包括 3 个部分：t_b、t_c、t_s。将从泄漏开始到人员的累积负荷超过毒负荷临界值的时间定义为 t_{RSET}（Available Safe Egress Time）。t_{RSET} 主要包括大气扩散时间 t_k 和毒物接触时间 t。

由图 6-3 可知，保证人员能够安全疏散出危险区域的判别标准是：

$$t_{ASET}>t_{RSET}$$

反之则认为疏散能力不能保证安全疏散的需要，此时应考虑如何能够延长 t_{ASET} 或者缩短 t_{RSET}。

6.4.2.3　影响避难方式选择的因素

某种避难方式能否在实施过程中给予人员充分的保护取决于化学泄漏特征、气象条件、受影响地区的建筑密封性能、避难准备时间等。

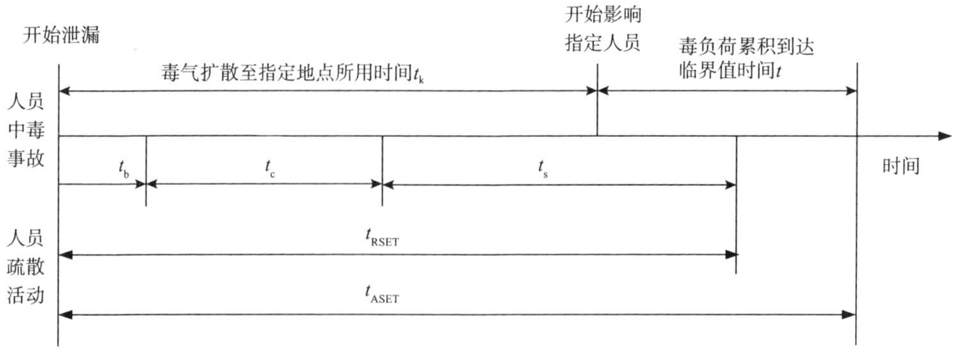

图 6-3　毒气扩散与人员疏散时间线

1）化学泄漏特征

化学物质泄漏的形式（液态、气溶胶或蒸气）、密度、压力对泄漏和扩散的速度产生影响，都是确定泄漏伤害范围及浓度分布的重要因素。化学物质的毒性决定了就地避难效果。不同毒负荷系数 m 对应不同的物质毒性，通常情况下 m 为 1 的物质泄漏后采取就地避难的效果很差，相反 m 为 2 或 3 的物质泄漏后采取就地避难能起到较好的效果。当泄漏的物质具有燃烧爆炸危险性的时候一般不推荐就地避难，但是如果应急疏散不能及时的实行，仍可采用就地避难的方式。

2）气象条件

气象条件一般包括风速、风向、温度、大气稳定度。风速和风向决定了毒物的影响范围以及毒物到达指定地点的时间。此外，风速、温度决定了就地避难的效果，风速越大，室内外温差越大，室外气体渗透进室内的速率越快。一般大气稳定度分为 A～F 六类，大气越稳定，毒物越不容易在大气中扩散和稀释，反之越容易扩散和稀释。

3）房屋渗透率

人员就地避难的效果很大程度上取决于房屋渗透率，渗透率越大，人员遭受危害的风险就越大。影响渗透率的因素有风速、室内外温差、房屋类型和房龄等。

4）其他影响因素

泄漏的持续时间也是重要因素，如果小于 30min 推荐就地避难，大于 2h 应采取疏散。此外如泄漏发生时间、人口密度、人员活动性、道路状况、人员对就地避难的信心也是影响避难方式选择的因素。

6.4.2.4 避难方式决策

决策避难方式的方法主要有：列表法、决策矩阵、决策树等。列表法通过提出一系列影响决策问题的属性，对其中每一个属性进行系统考虑得出结果，其应用简便实操性强。表 6-1 列举了众多避难方式决策因素，根据这些因素可以初步对避难方式进行综合选择。表 6-1 中泄漏持续时间是定量表示的，如果持续时间在 30min 和 2h 之间，需要应急决策者综合各因素进行详细分析。

表 6-1 避难动作决策因素

避难动作	影响因素				
	泄漏持续时间	泄漏发生时间	风速	房屋渗透率	物质毒负荷系数
就地避难	<30min	夜晚	快	低	2 或 3
疏散	>2h	白天	慢	高	1
避难动作	影响因素				
	人口密度	道路状况	人员活动状况	人员对就地避难信心	是否爆炸性气体
就地避难	高	差	快	低	2 或 3
疏散	低	好	慢	高	1

在大多数情况下，确定某种避难方式是否比另外一种更为合理，需要进行详细分析。详细分析是一个复杂的过程，需要分析太多的层面，因此计算机模拟模型是必须的，模型同时可以与决策支持工具相结合，例如专家系统、GIS 软件等。

6.4.3 疏散范围的确定

疏散范围的划定存在一个"度"的问题，疏散范围过大容易造成不必要的社会恐慌和财产资源浪费；疏散范围过小又可能危及受影响区域内人员的生命安全和健康。目前可用于有毒化学品泄漏扩散的疏散范围划定的方法和模型有很多，包括经验法、估算法、仪器检测法等，其中应用最为广泛的是由美国、加拿大和墨西哥三国联合编制的《应急救援救援指南》（Emergency Response Guide）中推荐的"紧急隔离带＋下风向疏散距离"模型。

该模型采用最新的释放速率和扩展模型，利用美国交通运输部有害物质事故报告系统数据库的统计数据，依据三国 120 多个地方 5 年的每小时气象学观察资料以及各种化学物质毒理学接触数据等四方面的资料，定义了紧急隔离带和下风向疏散距离两种疏散距离，得出数千种化学品的安全疏散距离，见图 6-4 及表

6-2。其中紧急隔离带是以紧急隔离距离为半径的圆，非事故处理人员不得入内；下风向疏散距离是指必须采取保护措施的范围，即该范围内的人员处于有害接触的危险之中，可以采取撤离、密闭住所窗户等有效措施，并保持通信畅通以听从指挥。

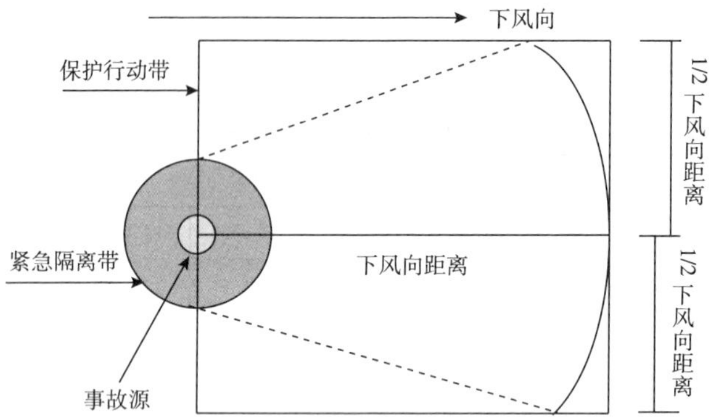

图 6-4　应急疏散带示意图

表 6-2　常见有毒化学品泄漏紧急隔离带及下风向疏散距离　　m

物质	小规模泄漏			大规模泄漏		
	紧急隔离带全向	保护行动带下风向		紧急隔离带全向	保护行动带下风向	
		白天	夜晚		白天	夜晚
液氨	30	100	200	150	800	2000
液氯	60	400	1500	500	3000	7900
石油气	60	200	200	100	400	500
光气	100	600	2700	500	3100	10800
硫化氢	30	100	400	300	1100	2700

目前我国尚无这方面的详细资料，应急管理机构在疏散过程中可以参考这些数据，同时结合所在地气象情况、地形、事故现场实际情况进行调整。该法简单实用，但对事故现场信息利用不够，适用于事故初期人员疏散。

当事故处于持续期或稳定期时，还需利用仪器检测或有毒气体扩散模型等方法，充分考虑事故现场的实际情况，对应急疏散范围进行不断地的修正和调整。值得注意的是，近年来国内外开发了许多应急决策辅助系统，可以为应急疏散范围的确定提供智能的、动态的、可视化的支持，可以极大地提高应急疏散范围的精确性。

6.4.4 人员安置

重大事故发生后，采取的疏散行动必须考虑疏散的目的地设置与疏散人员的安置问题。尤其当突发事件发生后，疏散人员不能立即返回，且疏散涉及的人员数量多时，必须选择适当的疏散目的地且将疏散人员进行有效地安置。

一般来说，安置地区的设置应注意以下三点：

(1) 安置地区的设置应围绕危险区呈离散分布，以使危险区域内的疏散人员就近快速地抵达接收站，但危险源的下风向不适宜。

(2) 安置地区的设置应距离危险区域具有一定的距离，如果事故的持续时间较长时，要考虑风向有可能会有所改变而波及到安置区域。

(3) 应考虑行政区界的具体划分，尽可能将安置地设在同一区、市内。

安置地区的选择应能使其为疏散人员提供最基本的条件，如园区内或周边宽阔、容纳人员数量多的公共绿地、公园、学校、工厂、企事业单位等。在安置时间较长（多于1天）的情况下，应建立专门的后勤支援与保障系统。

在安置地区应设置接收机构，负责疏散人员的接收与安置工作。每个安置地接收的疏散人员数量及他们所在的危险区范围，均由预先的计划确定。疏散人员到达安置区域后，安置接收机构的工作人员要对疏散人员进行登记，并对受伤人员进行救治。疏散地点的选择必须根据不同事故做出具体的规定，总的原则是疏散安全点处于当时的上风向，在灾害影响（毒气扩散）范围外，能容纳所疏散的人口。

6.5 化工园区应急响应事态监测与评估

6.5.1 场内事态监测与评估

包括传感器（传感网）、视频设备在内的园区监测系统感知终端，极有可能处于易燃、易爆、高腐蚀等极端环境中。以化工园区火灾爆炸事故应急响应为例，事故现场可能面临热辐射、冲击波、爆炸碎片等剧烈破坏因素的影响，事故现场预先部署的诸如气体探测仪、气象仪、视频监控设备等设备将有可能瞬间遭到彻底破坏。这将导致监测系统无法通过感知终端采集到任何与应急现场有关的信息，造成信息链断裂，从而无法对事故现场进行科学有效评估。

由于当前还没有可大批量应用于实际生产的兼具耐冲击、耐高温、耐腐蚀的高性能感知终端面世，因此在可预计的未来，化工园区应急响应过程的场内事态监测与评估工作主要还是依赖应急救援队伍配备的移动式（含无人机）、便携式监测装备来提供及时准确地现场信息。表 6-3 为场内事态监测与评估工作常需要的侦检装备。利用这些装备，应急人员可以对事故现场的实际情况进行综合而全面的把握和估测，从而为下一步的抢险方案的制定和执行奠定良好的基础。

表 6-3 场内应急事态监测与评估常用侦检装备

序号	名称	作用
1	热成像仪	主要用于在黑暗、浓烟条件下观测火源及火势蔓延方向，寻找被困人员，监测异常高温及余火，观测应急救援人员进入现场情况
2	有毒气体探测仪	主要用于有毒气体探测，可以同时监测四类气体，即可燃气、毒气、氧气和有机挥发性气体
3	水质分析仪	主要用于对地表水、地下水、各种废水、饮用水及处理过的小颗粒化学物质，进行定量分析
4	生命探测仪	用于建筑物倒塌现场的生命搜寻救援
5	综合电子气象仪	用于检测风向、温度、湿度、气压、风速等参数
6	漏电探测仪	用于确定漏电电源的具体位置

6.5.2 场外事态监测与评估

当园区发生重特大生产安全事故，特别是由于泄漏、爆炸等引起有毒有害气体扩散时，突发事件的影响范围将会扩散到事故现场以外，引发包括紧急疏散在内的一系列场外应急响应程序。然而想要制定出科学合理的场外应急响应方案，应急指挥人员必须对场外的实际情况进行充分的了解，对事故在场外的影响态势做出准确的判断。以化工园区某企业发生有毒气体泄漏为例，应急疏散范围、应急疏散路线的确定，应急物资运输通道、警戒区域的划定等一系列相关的应急决策都离不开对场外事态的监测和预判。

然而，场外应急响应区域较大，在实际应急救援过程中不可能分散有限的人力物力，来采用 6.5.1 节中所提到的监测方法对场外应急区域进行大范围连续性监测。因此，化工园区的场外事态信息的获取一般可以通过已有的监测预警平台来实现。构建监测预警平台时，在园区广泛布置了各种固定式或移动式（环境监测车）感知终端。在突发事件发生时，分布在事故现场以外的感知终端将不会遭到毁灭性破坏，可以继续实时地为事态监测与评估提供有效的信息。此外，3.3.4 介绍的化工园区危险源监测预警平台中内置的数据校核、数据分析等算法，后果预测及风险计算模型可以为场外事故发展的态势的判断提供支持。

6.6　事故现场警戒

6.6.1　现场警戒区域

突发事件发生后，为减少人员伤亡、财产损失和环境破坏，防止事态扩大，保护事故现场，有利于后期调查取证，需要针对事故危险区域，在事故现场周边划设一定的区域范围，迅速疏散撤离区域内人员和贵重物资，阻止无关人员和车辆进入，此区域称之为现场警戒区。

警戒区是个相对变化的区域。根据事态的发展变化，需要相应调整警戒区的大小和位置。事态扩大时，需要扩大警戒区域的范围；当事态减小或事故危害消除后，要减小或者取消警戒区；如果发生次生灾害，则需要考虑次生灾害的类型和危害程度，重新划设警戒区。警戒区内的划分是可细分、分级的。根据警戒区内各位置的危险程度不同，可将警戒区划分不同的警戒级别。在接近事故现场，危险程度较高的区域，警戒级别越高；远离事故现场的区域，警戒级别较低。

6.6.2　现场警戒区域设置的目的和原则

6.6.2.1　现场警戒区域设置的目的

突然发生的重特大、复杂事故的应对处置是个复杂的过程。事件发生后，在很短的时间内，在事故现场周边要集结大量的人员、装备和物资。如 2008 年兰州市“2·28”液氨槽车泄漏事故救援过程中，现场成立了由当地政府、安监、环保、交通，以及危险化学品企业救援人员组成的指挥机构，调集了 27 辆大型消防车、200 多名抢险人员进行抢险，以及 150 多名民警和交警维持秩序、组织人员疏散。

为加强现场管理，提高应对效率，基于以下目的，在事故发生地点周边建立警戒线。

（1）保护事故发生现场；

（2）保护事故发生现场及周边的公众；

（3）掌控事故发生现场周边的公众；

（4）防止未被授权行动干扰影响调查取证和财产保护；

（5）使应急救援行动不受不良因素干扰。

6.6.2.2　现场警戒区域设置的原则

突发事件发生后，根据如下原则划定警戒区：

(1) 根据事故发生现场的地形（山地、平原、丘陵、盆地等），周边环境（城市、农村、森林、水域），事故种类（火灾、爆炸、毒气泄漏），事故预警级别（特别重大、重大、较大、一般），以及其他影响因素，对灾害警戒区域进行划定；

(2) 采用事故后果计算模型或者根据类似事故的经验，对事态发展的趋势进行预测分析，且应根据对灾害发展趋势的预测结果，扩大或减小警戒区的范围；

(3) 应急救援行动结束或者灾害消除后，解除对事故现场警戒区的划定。

6.6.3 现场警戒区域的设置

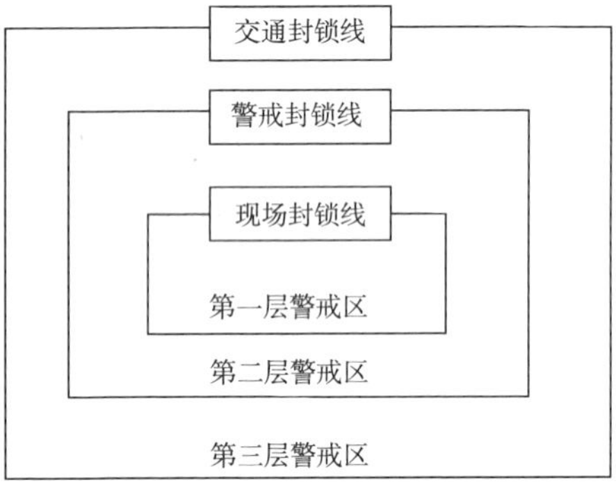

图 6-5 封锁线和警戒区的关系

事故发生后，围绕事故发生点，由内及外设封锁线，设置警戒区，通常设三条封锁线。由内及外分别为现场封锁线、警戒封锁线和交通封锁线，对应设置三层警戒区。封锁线与警戒区的关系如图 6-5 所示。

警戒区划定后，在封锁线上设立警戒标志，布置警戒人员，禁止未被授权人员、车辆进入警戒区，进入警戒区人员、车辆要遵从警戒人员的指挥安排，遵守警戒区内的管理规定。如易燃易爆气体泄漏后，警戒区内要严禁烟火，严禁使用非防爆的照明、摄录和通信设备，严禁穿化纤服装和带铁钉的鞋进入警戒区，不准携带铁制工具参加抢险救援活动，以防止产生撞击火花。

警戒区域的设置要针对具体事故类型而定，有毒物质泄漏、燃气泄漏和建筑物火灾的警戒区域划设依据如表 6-4 所示。

表 6-4 常见事故警戒区域划分依据

事故类型	现场封锁线/第一警戒区	警戒封锁线/第二警戒区	交通封锁线/第三警戒区
有毒物质泄漏扩散	ERPG一热区	ERPG一暖区	ERPG一冷区
爆炸性气体泄漏扩散	燃气浓度超过爆炸下限 30%的区域	泄漏点周围半径≥150m 范围的区域	由现场指挥长根据现场实际情况确定
建筑物火灾	浓烟火势波及的区域或者建筑物倒塌的区域	由第一层警戒区边界外推 15～20m	由第二层警戒区边界外推 20～30m

6.7 应急抢险

抢险是应急响应工作的核心内容之一，目的是为尽快地控制事故的发展，防止事故的蔓延和进一步扩大，从而最终控制事故，并积极营救事故现场的受害人员。化工园区重大事故应急抢险工作难度和危险性十分巨大，对抢险的器材和物资、人员及临场指挥等都提出了极高的要求。抢险工作在事故应急救援中对控制事态的发展起着决定性作用，承担着救人、围堵、除污、重要物资转移等重要职责。

由于化工园区可能面临的突发安全生产事件种类很多，如地震、洪水、台风等地质气象灾害，突发群体性事件，突发公共卫生事件等。由于各类型突发事件的应急抢险工作差异性巨大，本节重点就化工园区中最为常见、最具特点的危险化学品事故的抢险工作进行具体阐述和分析。

6.7.1 危险化学品事故特点

危险化学品事故主要有以下4个特点：

(1) 突发性特别明显。危险化学品事故发生的时候一般没有什么预兆，几乎是瞬间发生，在极短时间内就出现危害，而且发生的时间、地点随机性都非常强。

(2) 影响范围广。危险化学品事故发生之后，如果发生有毒气体泄漏，将会根据当时风向，迅速地向下风区域扩散，能够在极短的时间内，将范围扩大到近百平方公里的区域；如果发生有毒液体泄漏，将通过地下排水管网污染地区上农业用水，甚至通过河流污染下游大片地区。

(3) 危害巨大。危险化学品通常都是易燃易爆有毒有害物质，一旦发生事故将可能造成事故区域内人员烧伤、灼伤、冲击波或碎片引起的物理机械损伤、中毒等伤害。此外，危险化学品对事发地点的影响无法在短期内消除，化学品对当地的空气、水体、土壤会造成持久的污染。

(4) 救援工作难度大。危险化学品事故中心的局部区域由于燃烧爆炸，可能形成高温、高压、缺氧、有毒的环境，给救援带来了很大难度，对救援人员自身安全防护以及装备配备提出了极高的要求。此外一系列的处置工作都需要在极短的时间里完成，这对领导人员的组织能力，处置人员的专业素质提出了很高的要求。在整个救援过程中，要求任何一个环节都不允许出现纰漏，一旦出现失误，将有可能造成灾难性后果。

6.7.2 危险化学品泄漏处置

危险化学品泄漏后，不仅污染环境、对人体造成伤害，遇到火源还有引发火灾爆炸的可能。因此，对泄漏事故应及时、正确处理，防止事故扩大。

6.7.2.1 堵漏

危险化学品一旦发生泄漏，无论是否发生爆炸或燃烧，都必须设法消除泄漏，堵漏是处置危险化学品泄漏事故的根本方法，常用的堵漏方法有以下几种：

(1) 工艺方法。采取工艺堵漏是最为简单也是最有效的方法，因此工艺堵漏是首选的方法。工艺堵漏要在事故单位工程技术人员的配合下进行，最好由事故单位人员操作，消防人员配合掩护。工艺堵漏的方法有：关闭上游阀门；关闭进料阀门；工艺倒罐等。

(2) 带压堵漏。带压堵漏的方法有楔塞法、捆扎法、注胶法及上罩法等。设备焊缝气孔、砂眼等较小孔洞引起的泄漏可用楔塞堵漏。用于堵漏的楔塞有木楔、充气胶楔等。小型低压容器、管线破裂可用捆扎法堵漏。捆扎堵漏的关键部件是密封气垫，气垫充气压力应大于泄漏介质压力。管道破裂、阀门材料老化、法兰面泄漏等用注胶堵漏方法最理想，不同泄漏部位应选用不同的卡具，不同的泄漏介质选用不同的密封胶。对大型容器大孔洞破裂、阀门根部开裂、人孔根部开裂，选用上罩法比较有效。

6.7.2.2 液态危险化学品泄漏控制

(1) 围堵。液态危险化学品泄漏到地面上时会四处蔓延扩散，难以收集处理。为此，需要筑堤堵截或者引流到安全地点。储罐区发生液体泄漏时，要及时关闭雨水阀，防止物料沿明沟外流。

(2) 覆盖。对于液体泄漏，为降低物料向大气中的蒸发速度，可用泡沫或其他覆盖物品覆盖外泄的物料，在其表面形成覆盖层，抑制其蒸发。

(3) 收容。对于大型泄漏，可选择用隔膜泵将泄漏出的物料抽入容器或槽车内。当泄漏量小时，可用沙子、吸附材料、中和材料等吸收中和。

(4) 引流燃烧。通过临时管线将液态危险化学品引流到安全地点点燃。

6.7.2.3 气态危险化学品泄漏控制

(1) 喷雾稀释。为减少大气污染，通常是采用水枪或消防水带向有害物质蒸气云喷射雾状水，加速气体向高空扩散，使其在安全地带扩散。在使用这一技术时，将产生大量被污染的水，因此应疏通污水排放系统。对于溶于水或稀碱液等的气体，可利用水或 Na_2CO_3 等溶液喷雾稀释。常见危险气体溶解情况如表6-5所示。对于不溶于水的气体可采用喷雾水驱散、稀释，如果有蒸汽管线，用蒸汽驱散效果更佳。对于罐体上方气体，可将水枪托起驱散。

表6-5 常见气体的溶解情况

气体种类	水	碱性溶液	酸性溶液	产物毒性
液化石油气、天然气、煤气、氢气	不溶	不溶	不溶	—
氯气、硫化氢	溶解	溶解	不溶	无毒或低毒
氨	溶解	不溶	溶解	无毒或低毒

（2）引流燃烧。有火炬点燃系统的可通过火炬点燃，没有火炬系统的可以通过临时管线引流到安全地点点燃。

6.7.3 危险化学品火灾控制

危险化学品发生泄漏后，容易发生火灾、爆炸事故，但不同的化学品以及在不同情况下发生火灾时，其扑救方法差异很大，若处置不当，不仅不能有效扑灭火灾，反而会使灾情进一步扩大。此外，由于化学品本身及其燃烧产物大多具有较强的毒害性和腐蚀性，极易造成人员中毒，灼伤。因此，扑救化学危险品火灾是一项极其重要而又非常危险的工作。从事化学品生产、使用、储存、运输的人员和消防救护人员平时应熟悉和掌握化学品的主要危险特性及其相应的灭火措施，加强紧急事态时的应变能力。

6.7.3.1 危险化学品灭火对策

（1）扑救初期火灾。在火灾尚未扩大到不可控制之前，迅速关闭火灾部位的上下游阀门，切断进入火灾事故地点的一切物料，然后立即启用现有各种消防设备、器材扑灭初期火灾和控制火源。

（2）对周围设施采取保护措施。为防止火灾危及相邻设施，必须及时采取冷却保护措施，并迅速疏散受火势威胁的物资。有的火灾可能造成易燃液体外流，这时可用沙袋或其他材料筑堤拦截流淌的液体或挖沟导流，将物体导向安全地点。必要时用毛毡堵住下水井、阴井口等处，防止火灾蔓延。

（3）灭火人员不应单兵作战，一般以2～3人为一组集体行动。出口应始终保持清洁和畅通，随时准备根据现场灾情做出撤离准备，确保救援人员人身安全。

（4）火灾扑救。扑救危险化学品火灾决不可盲目行动，应针对每一类化学品，选择正确的灭火剂和灭火方法。化学品火灾的扑救应由特勤消防队或防化部队进行，其他人员不可盲动，应等待专业消防队到达后，配合扑救。

6.7.3.2 典型危险化学品火灾事故的扑救注意事项

（1）扑灭易燃液体火灾，需要考虑易燃液体水溶性的问题，这将涉及到能否用水和普通泡沫扑救。对于比水轻又不溶于水的液体（如汽油、苯等），用直流水、雾状水灭火往往无效，用普通蛋白泡沫或轻水泡沫灭火效果更好；对于比水重又不溶于水的液体起火时可用水扑救，水能覆盖在液面上灭火；具有水溶性的液体（如醇类、酮类等），虽然从理论上讲能用水稀释扑救，但用此法要使液体闪点消失，水必须在溶液中占很大的比例。这不仅需要大量的水，也容易使液体溢出流淌，而用普通泡沫又会受水溶性液体的破坏，因此最好采用抗溶性泡沫扑救。

（2）扑救压缩或液化气体火灾，切忌盲目扑灭火势。在没有采取堵漏措施的情况下，务必保持稳定燃烧。否则大量可燃气体泄漏出来与空气混合，遇着火源就会发生爆炸，后果将不堪设想。

（3）对于爆炸物品火灾，切忌用沙土盖压，以免增强爆炸物品爆炸时的威力；扑救爆炸物品堆垛时，水流应采用吊射，避免强力水流直接冲击堆垛，以免堆垛倒塌引起再次爆炸。

（4）对于遇湿易燃物品火灾，当此类物品有一定数量时，绝对禁止用水、泡沫、酸碱灭火器等湿性灭火剂扑救。如果只有极少量（一般50g以内）该类物品，仍可使用大量的水或泡沫扑救。水或泡沫刚接触着火点时，短时间内可能会使火势增大，但少量遇湿易燃物品燃尽后，火势很快就会熄灭或减少。遇湿易燃物品应用干粉、水泥、干砂、硅藻土等覆盖。此外，对于遇湿易燃物品中的粉尘如镁粉、铝粉等，切忌喷射有压力的灭火剂，以防止将粉尘吹扬起来，与空气形成爆炸性混合物而导致爆炸。

（5）扑救毒害品和腐蚀品火灾时，灭火人员必须身穿防护服，佩戴防护面具，应尽量使用低压水流或雾状水，避免腐蚀品、毒害品溅出。遇酸类或碱类腐蚀品，最好调制相应的中和剂稀释中和。

（6）易燃固体、易燃物品一般都可用水或泡沫扑救。相对其他种类的化学危险物品而言，此类化学品火灾比较容易扑救。只要控制住燃烧范围即可。但也有少数易燃固体、自燃物品的扑救方法比较特殊。如2，4－二硝基苯甲醚、二硝基萘、萘、黄磷等是易升华的易燃固体，受热放出易燃蒸气，能与空气形成爆炸性混合物，尤其是在室内，易发生爆燃。在扑救过程中应不时向燃烧区域上空及周围喷射雾状水，并消除周围一切火源。

6.7.4 危险化学品洗消

对危险化学品造成污染的消除是处置危险化学品事故的一个重要环节。而洗消就是对染毒体和污染区毒性危害的消除，是消除化学品灾害的有效手段，可以从根本上消除或降低毒源造成的污染。为减少污染扩大，杜绝二次污染，在处置过程中，要对撤出毒区的人员、装备、器材进行彻底的洗消，洗消后仍要通过一次检测，不合格者要返回重新洗消。因此，做好事故中洗消是参与危险化学品处置工作中不可回避的重要组成部分。

6.7.4.1 洗消原理和洗消剂的选择

洗消应遵循“既要消毒及时、彻底、有效，又要尽可能不损坏染毒物品，尽快恢复其使用价值”的原则。根据毒物的理化特性、受污染物的具体情况和器材装备，选择相应的洗消剂和洗消方法。

1）物理洗消法

主要利用通风、日晒、雨淋等自然条件使毒物自行蒸发、散失及被水解，使毒物降低毒性或被逐渐破坏而失去毒性；用水浸泡、蒸、煮，或直接用大量的水冲洗染毒体；利用棉纱、纱布等浸以汽油、煤油、酒精等溶剂，将染毒体表面的毒物溶解擦洗掉；对液体及固体污染源采取封闭掩埋或将毒物移走的方法，但掩埋必须加大量的漂白粉。物理洗消法的优点是处置便利，容易实施。

2）化学洗消法

化学洗消法是利用洗消剂与毒源或染毒体发生过化学反应，生成无毒或很小毒性的产物。它具有消毒彻底，对环境保护较好的特点。然而，需要注意洗消剂与毒物的化学反应是否产生新的有毒物质，防止发生次生反应染毒事故。化学洗消法实施中需借助器材装备，消耗大量的洗消药剂，成本较高，在实际洗消中化学与物理的方法一般是同时采用。

为了使洗消剂在化学突发事件中能有效地发挥作用，洗消剂的选择必须符合“洗消速度快，洗消效果彻底，洗消剂用量少，价格便宜，洗消剂本身不会对人员、设备起腐蚀伤害作用”的洗消原则。化学洗消法主要有中和法、氧化法、催化剂法等。

（1）中和法是利用酸碱中和反应的原理消除毒物。强酸（H_2SO_4、HCl、HNO_3）大量泄漏时，可以用5%～10%NaOH、Na_2CO_3、Ca（OH）$_2$ 等作为中和洗消剂。也可用氨水，但氨水本身具有刺激性，使用时要注意浓度的控制；反之，若是大量碱性物质泄漏（如氨的泄漏），用酸性物质进行中和。但同样必须控制洗消剂溶液的浓度，否则会引起危害。中和洗消完成后，对残留物仍然需要用大量的水冲洗。常见毒物和中和剂见表 6-6。

表 6-6 常见毒物和中和剂

毒气名称	中和剂	毒气名称	中和剂
氨气	水、弱酸性溶液	氰化氢	苏打等碱性溶液
氯气	消石灰及其水溶液、苏打等碱性溶液	硫化氢	苏打等碱性溶液
氯化氢	水、苏打等碱性溶液	液化石油气	大量的水
光气	苏打、氨水等碱性溶液	氯甲烷	氨水

（2）氧化法指利用洗消剂与毒物发生氧化还原反应。主要针对毒性大且持久的油状液体毒物。这类洗消剂有漂白粉、三合二等。如氯气钢瓶泄漏，可将泄漏钢瓶置于石灰水槽中，氯气经反应生成氯化钙，可消除氯对人员的伤害和环境污染。也可以利用燃烧来破坏毒物的毒性，对价值不大或火烧后仍能使用的设施、物品可采用此法。

（3）催化法指利用催化剂把毒物加速转化成无毒或低毒物。一些有毒的农药，其水解产物是无毒的，但反应速度很慢，加入某些催化剂可促其水解。

6.7.4.2 洗消的对象

洗消范围包括：对所有从污染区出来的被救人员进行全面的洗消；对所有从污染区出来的参战人员进行全面的洗消；对所有从污染区出来的车辆和器材进行全面的洗消；对参战人员的防化服、战斗服、作训服和使用的防毒设施、检测仪器进行洗消；对整个事故区域进行全面的洗消。

1）对染毒人员的洗消

对人员的洗消一般可用大量清洁的热水，常用的洗消设备包括公众洗消帐篷、战斗员个人洗消帐篷、高压清洗机等。如果发生的是严重事故，实施洗消时可加入消毒剂进行洗消，或用肥皂擦身。对人员实施洗消的场所必须是密封的，有专人负责检测；另外，对人员实施洗消时应依照伤员→妇幼→老年→青壮年的顺序安排洗消。

2）对染毒器材的洗消

对器材（包括车辆、水带、参战人员的衣服、检测仪器等）的洗消，尤其是车辆的洗消，可用高压清洗机、高压水枪等设施自上而下、由里到外、从前到后的顺序清洗，没有专业设备也可用水或消毒液擦洗、浸泡、冲刷、日光照射等方法实施。洗消完毕的器材设备，经检测合格后方可离开，否则需要重新洗消，直到检测合格。

3）毒源和污染区的洗消

危险化学品灾害事故发生后，要做到及时排除危险物质，不仅需及时组织救援力量对泄漏部位实施堵漏或倒罐转移，而且必须对危险源和污染区实施洗消。洗消方法的选择根据毒物性质和现场情况来确定，对事故现场的洗消有时需反复多次进行，通过检测达到消毒标准，方可停止洗消作业。

6.7.4.3 洗消站的选址

根据灾情评估结果和警戒区划分情况，划定洗消区域，建立洗消站。洗消站在选址建立过程中要注意以下两点：

（1）洗消站一般设立在危险区与安全区的分隔线上，所有离开危险区的人员、物品必须在该处进行洗消处理；

（2）洗消帐篷或防化洗消车的展开，一般设立在上风向，要充分考虑人员疏散方向及地形条件的影响，一般选择交通便利、场地开阔、水源充足的区域，便于开展有效的洗消作业。

6.7.4.4 洗消人员作业注意事项

（1）消洗人员要进行自我保护。进入危害区域作业，必须穿着隔绝式防护服，佩戴空气呼吸器以保证有足够的氧气（空气）供应，戴绝缘手套。防化服内手套、面罩等部位，着装前要先涂上滑石粉，以保持皮肤干燥；

（2）对不明危险化学品必须取样进行化验，以便选取合适的洗消剂，

（3）洗消过程中会产生大量的污水，要采取措施防止泄漏流入下水道及江河之中，最大程度减小污染范围。

6.8 应急人员安全

当化工园区突发生产安全事故发生后，应急人员担负着事故应急救援的任务，需要第一时间进入危险区域，控制事故、抢救遇险人员。如果应急人员选用的个体防护装备不合适，其生命安全与健康便将受到伤害。如何统筹分配个体防护装备资源，为担任不同任务的应急人员配备适当的、能提供有效保护的个体防护装备，是有效控制事故、保障应急人员健康和安全的关键。

6.8.1 常用个体防护装备

在事故应急救援过程中，危险化学品主要通过呼吸道和皮肤进入人体造成伤害。预防化学品通过呼吸道进入人体的个体防护装备是呼吸防护用品，预防化学品通过皮肤进入人体的个体防护装备主要是化学防护服。

6.8.1.1 呼吸防护用品

呼吸防护用品分为过滤式和隔绝式两种类型，见表 6-7。过滤式呼吸防护用品借助过滤材料去除空气中的有害物，只能在不缺氧的工作环境（即环境空气中氧的体积分数不低于 18%）和低浓度污染环境中使用。隔绝式呼吸防护用品能使佩戴者的呼吸器官与污染环境隔离，由携带的气源自身供气，或从清洁环境中引入空气维持人体的正常呼吸，可在缺氧、尘毒严重污染、情况不明的有生命危险的作业场所使用，一般不受环境条件限制。

表 6-7 呼吸防护用品的类别及各类 APF

<table>
<tr><th colspan="3" rowspan="2">呼吸防护用品的类型</th><th colspan="2">APF</th></tr>
<tr><th>正压式</th><th>负压式</th></tr>
<tr><td rowspan="6">过滤式</td><td rowspan="2">自吸过滤式</td><td>半面罩</td><td rowspan="2">不适用</td><td>10</td></tr>
<tr><td>全面罩</td><td>100</td></tr>
<tr><td rowspan="4">送风过滤式</td><td>半面罩</td><td>50</td><td rowspan="4">不适用</td></tr>
<tr><td>全面罩</td><td>200～1000</td></tr>
<tr><td>开放型面罩</td><td>25</td></tr>
<tr><td>送气头罩</td><td>200～1000</td></tr>
<tr><td rowspan="6">隔绝式</td><td rowspan="4">供气式</td><td>半面罩</td><td>50</td><td>10</td></tr>
<tr><td>全面罩</td><td>1000</td><td>100</td></tr>
<tr><td>开放型面罩</td><td>25</td><td rowspan="2">100</td></tr>
<tr><td>送气头罩</td><td>1000</td></tr>
<tr><td rowspan="2">携气式</td><td>半面罩</td><td rowspan="2">1000</td><td>10</td></tr>
<tr><td>全面罩</td><td>100</td></tr>
</table>

过滤式分为自吸过滤式和送风过滤式。隔绝式分为供气式和携气式。应急人员常用的是自吸过滤式和携气式。自吸过滤式分为半面罩和全面罩，按照过滤材料及防护的化学品种类通常分为防尘、防毒和尘毒组合。携气式携带的气源有空气瓶、氧气瓶或生氧器等，只有受过专业培训的人员才能使用。

影响呼吸防护用品选择的主要因素是指定防护因数（APF，Assigned Protection Factor）和有害环境的危害因数。APF表示呼吸防护用品降低污染物浓度的能力，APF越高，表明呼吸用品的防护等级、安全性和可靠性越高。不同类型的呼吸防护用品的APF见表6-7。危害因数是空气污染物浓度与国家职业卫生标准规定的浓度限值的比值，表示有害环境的危害程度。危害因数越高，表示有害环境越危险，选择的呼吸防护用品的APF应越高。如果现场同时存在一种以上的有害化学品，应分别计算危害因数，取最大值作为该处的危害因数。

6.8.1.2 化学防护服

化学防护服可以避免化学品通过直接损害皮肤或经皮肤吸收对人体造成伤害，分为气体致密型、液体致密型和粉尘致密型3类。

气体致密型化学防护服将人体与外界完全隔绝，对可经皮肤吸收的毒性气体或高蒸汽压的化学雾滴有很好的隔绝作用，可提供最高等级的皮肤防护。常用的款式有呼吸器内置式和外置式。气体致密型化学防护服适用于下列环境：

（1）可能接触化学品的种类、浓度等未知；

（2）气体发生泄漏；

（3）高压气体、液化气体发生泄漏；

（4）高蒸气压的液体发生泄漏；

（5）有升华特性的固体发生泄漏；

（6）可能接触经皮肤快速吸收并引起中毒的化学品。

液体致密型化学防护服主要防止液态化学品对人体的伤害，适合处置液体泄漏的应急人员穿着。液体致密型化学防护服有连身服和非连身服两种款式，包括防液态化学品渗透和防液态化学品穿透两种类型。防液态化学品渗透型用于防护高浓度、非挥发性的剧毒液体，防液态化学品穿透型用于防护无压状态下非挥发性的雾状化学品。

粉尘致密型化学防护服用来防止化学粉尘和矿物纤维的穿透，适合在可能有漂浮粉尘的环境中工作的应急人员穿着。

化学防护服的防护性能与制作材料密切相关。用来制造化学防护服的材料有许多种，每种材料只对某类特定的化学品或混合物起防护作用，对于其他化学品可能起不到防护作用。也就是说，没有一种材料能够防护所有化学品。选择化学防护服既要考虑化学防护服的类型，也要考虑制作材料。对于存在易燃易爆化学品或静电危害的抢险环境，选择的化学防护服还应具有防静电功能。对于存在爆炸危险的抢险环境，选择的化学防护服必须附加阻燃和耐高温功能。对于存在冻伤危害的抢险环境，还应考虑保暖功能。若事故现场同时存在一种以上化学品，应分别评估每种化学品的危害程度，并把防护重点放在危害性大的化学品上。

6.8.2 应急人员防护装备选择原则

应急人员指参与化工园区应急救援的所有人员，包括担任侦察、检测、抢救受害人员、工程抢险、消防、洗消、应急指挥、医务和警戒等任务的人员，这些人员承担的任务不同，所受到的威胁也不同，需要穿戴的个体防护装备自然也不同。在为应急人员选择个体防护装备时，总体上应遵循以人为本、安全第一、就高不就低的原则。

6.8.2.1 根据有害环境的危害程度选择个体防护装备

辨识环境危害，确定有害环境的危害程度是应急人员选择合适个体防护装备的前提。当无法确定应急人员即将面临环境的危害时，呼吸道和皮肤皆应采取最高级别的防护，推荐佩戴全面罩正压携气式呼吸防护用品，穿内置式气体致密型化学防护服。当事故涉及的危险化学品及其在环境中可能达到的最高浓度已确定时，可以按照呼吸防护用品和化学防护服的选择原则分别进行选择，此时主要考虑化学品可能达到的最高浓度是否超过 IDLH、作业环境的氧含量、化学品的预期状态、化学品的毒性、腐蚀性、刺激性以及是否通过皮肤吸收等因素。

6.8.2.2 根据应急人员职责选择个体防护装备

担任侦察、检测和抢救受害人员任务的应急人员通常面临的是未知危害环境，应采取最高级别的防护，推荐佩戴全面罩正压便携式呼吸防护用品、穿着内置式气体致密型化学防护服。担任工程抢险、消防任务的应急人员离危险源最近，面临的有害环境可能随时发生变化，建议采取与侦检人员相同的防护。担任洗消任务的应急人员一般处于污染区，对收到污染的人员和设备进行洗消，防护级别上可以比工程抢险人员低，推荐佩戴正压携气式或全面罩自吸过滤式呼吸防护用品，穿着外置式气体致密型或液体致密型或粉尘致密型化学防护服。担任应急指挥、医务和警戒任务的应急人员一般处于相对安全的区域，为了防止事故突然变化带来的危险，这些人员可以佩戴半面罩自吸过滤式呼吸防护用品，穿着一般作业工作服。

6.9 应急通信

化工园区突发事件应急通信是化工园区应急响应环节重要的组成部分。完善的应急通信保障体系能够极大地提高园区突发事件现场应急通信保障能力和应急通信响应速度，从而提高应急事件的处置效率。完善的应急通信保障体系包括应急预案体系、应急通信装备、应急通信队伍等方方面面。本节将着重从应急通信装备和应急通信队伍两个方面对化工园区应急通信保障体系进行介绍。

6.9.1 应急通信装备

各类应急通信装备是园区应急通信保障队伍执行通信恢复和通信保障任务的最重要手段，主要指当园区公网遭到破坏或者不能满足要求时采用的临时应急装备，包括通信装备及保障应急人员安全和设备正常工作的特殊装备和物资。通常可从功能性和机动性两个角度对应急装备进行类别划分。

6.9.1.1 从功能性角度划分应急通信装备

从装备的功能性角度，可以将化工园区应急通信装备划分为通信装备、电源装备、辅助装备、后勤保障装备。

1）通信装备

通信装备在园区突发事件发生时为指挥通信、救援通信和公众通信提供保障。根据应急指挥通信和公众通信需求的不同，通信装备进一步分为指挥通信设备和一般通信设备。

（1）指挥通信设备　为园区应急指挥机构提供话音通信、数据传送、现场图像采集和传送、视频会议等服务，还为应急工作人员提供以群组话音调度为主的通信保障。指挥通信设备包括应急指挥通信设备、集群/对讲通信设备、宽带无线数据通信设备、图像采集传送设备、VSAT卫星通信设备等。

（2）一般通信设备　提供基本话音通信和互联网接入服务，服务于公众通信。一般通信设备包括公众移动通信网设备和传输设备，其中公众移动通信网设备包括移动网核心设备、各类移动网无线设备。

2）电源设备

通信电源设备用于保障各类设备的供电，主要分为发电设备、变流设备和蓄电池设备。发电设备实现其他能源转化为电能，包括柴油发电机、汽油发电机、燃气发电设备等；变流设备包括整流设备、逆变器、不间断电源UPS和交/直配电设备等；蓄电池设备是电能储存设备，包括阀控式铅酸蓄电池、锂离子电池和太阳能蓄电池等。

3）辅助装备

辅助装备用于辅助应急通信保障人员进行通信保障和通信恢复工作，主要包括测试仪表和其他物资。测试仪表为通信网络的恢复和应急现场通信设备的开通调测提供辅助手段，包括移动通信测试仪表、卫星通信测试仪表、电源设备测试仪表等；其他物资主要是为应急现场网络的临时架设和通信网络的检修提供安装工具及消耗性物资，主要包括光纤、电缆、铁塔角钢等。

4）后勤保障装备

后勤保障装备用于为应急准备提供运输和油料保障，为应急队伍提供休息、饮食、医疗和安全保障等服务。后勤保障装备具体可分为运载工具、设备保障装备、服务保障装备及生活保障装备。

6.9.1.2 从机动性角度划分应急通信装备

从机动性角度来看，化工园区应急通信装备可以采用车载或人工携带的方式到达应急通信现场。据此，设备形式上可以分为空载装备、车载装备和便携装备。

1）车载装备

根据装备是否固定安全，园区车载装备分为应急车和可装载设备，适用于园区发生火灾爆炸等重、特大事故，且具备地面道路条件的应急保障通信。

(1) 应急车　装备固定安装在应急车上，可以独立完成特定的功能。常用的应急车包括应急指挥车、应急通信车、通信电源车等。应急指挥车用于现场与指挥中心之间的通信，主要实现语音、数据、图像的传送，并能提供视频会议功能，是可移动的现场指挥中心；应急通信车是公众移动通信网的延伸，实现移动用户的接入。其又分为核心网应急车、无线通信应急车和基站应急车；通信电源侧滑采用柴油发电机形式提供备份点源。

(2) 可装载设备　装备可通过车辆、船艇运输至事件现场。通过车辆运输的装备，其尺寸、重量和包装应根据运载车辆的不同满足相关要求。可装载的设备包括对讲机中继台、宽带无线设备、微波设备和便携基站等通信设备。

2）便携设备

便携设备是指可人工搬运或手持、可独立远程工作的设备。适用于园区发生重特大突发事件，且道路条件不好或者通信需求较少时的通信保障。

6.9.1.3　应急通信装备体系

应急通信装备从功能上涵盖了通信装备、电源装备、辅助装备、后勤保障装备和个体防护装备；从机动性上可以通过车载、便携等形式达到保障现场。将两个维度联合考虑，可以得到应急通信装备体系，如表 6-8 所示。

表 6-8　应急通信装备体系

功能性 \ 机动性		车载装备		便携设备	
		应急车	可装载设备	可搬运	手持
通信装备	指挥通信装备	应急指挥车	对讲机中继台 宽带无线设备	BGAN 终端 短波电台	卫星电话 对讲终端
	一般通信装备	核心网应急车 无线通信应急车 基站应急车 卫星主站应急车	PDH 微波设备 SHD 微波设备 非视距微波	便携基站 便携直放站 VSTA 便携站	移动测试终端
电源装备		通信电源车 拖车式油机	移动开关点源 蓄电池 UPS 设备	便携油机 终端充电设备 人力发电设备	锂电池
辅助装备			测试仪表 定位设备	测试仪表 安装工具和材料	测试仪表 定位设备
后勤保障装备		运输工具车 生活保障车 流动服务车	活动板房 油料等	无线公话座机等	照明设备等

6.9.2　应急通信队伍

组建专业的应急通信队伍所需的人力、资金、技术成本都非常高。一般来说即使是大型化工园区也不会组建专属应急通信队伍。目前我国应急通信队伍以全国 12 个大区级机动通信局为骨干，以各省机动通信分队为属地基本力量，基本构建起了国家、省、市三级应急通信专业队伍构架体系。目前这些应急通信队伍一般隶属于各大电信运营商。

化工园区应急通信主要依托省、市两级队伍来完成，其应急通信保障流程如图 6-6 所示。从图 6-6 可以看出，园区应急通信主要依靠所在地（市）各大电信运营公司的应急通信队伍。当出现特别重大的突发事件，导致通信设备、线路遭遇严重破坏时，可向各大电信运营公司省级机动队寻求支持，增援抢险现场通信保障工作。

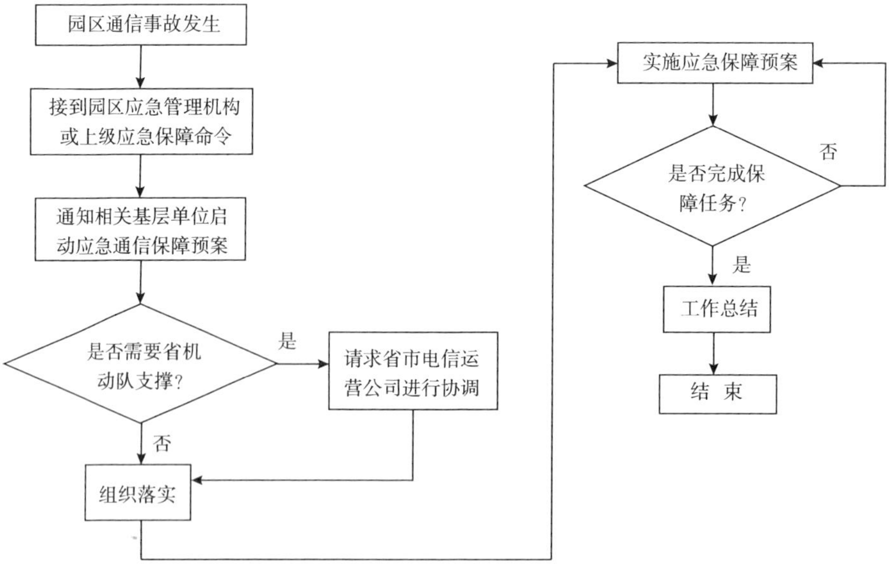

图 6-6　化工园区应急通信保障流程图

6.10　事故现场人员急救

化工园区突发事故现场急救关键把握好“急”和“救”两个字。“急”，在救援行动上要充分体现快速集结，快速反应，真正体现出“时间就是生命”；“救”，指对伤病员的救援措施和手段要正确有效，处置有方，表现出精良的技术水准和良好的精神风貌，以及随机应变的工作能力。实践证明，化工园区突发事件应急救援成功的关键往往在现场急救，而现场急救是否成功很大程度上取决于急救工作的组织与实施。

6.10.1　伤员分流原则

化工园区生产安全事故，尤其是火灾、爆炸、中毒等重特大事故发生后，往往会引起大规模的人员伤亡，而受资源短缺、交通不畅、运载能力等诸多客观条件所限，医疗人员和医疗物资不可能大规模地驻扎和囤聚在应急救援现场，不可能彻底地满足救治伤员的需求。所以化工园区突发事件现场急救的伤员分流原则非常重要。现场处理原则要本着先救命后治伤，先治重伤，后治轻伤的原则。在现场医疗救护中，对伤病员进行初步医学检查，根据受害者的病情按轻、中、重分类，便于急救和转送，并对初检后的伤病员按轻、中、重分别标上醒目标志，置于明显的部位，便于医疗救护人员辨识，并采取相应的急救措施。伤病员经现场初检分类及处理后要根据病情向附近医院、中心医院、市级医院或专科医院转送分流。分流原则如下：

(1) 有生命危险或严重并发症危险者，例如已窒息或运送途中可能发生窒息者；有呼吸、心跳停止或危险者，有休克者等重危病员，宜立即抢救，待病情改善后马上送市级医院或专科医院；

(2) 暂无生命危险，但若不及时处理会出现病情转化或严重并发者，则应尽快在现场处理后转送到市级医院或专科医院；

(3) 推迟几小时救治可无重大危险者或经现场处理后很快能恢复者，可送附近医院或中心医院处理；

(4) 暂无明显损伤，但预期有迟发症状的病人，需要就地观察或送附近医院、中心医院观察处；

(5) 无明显损伤或能自行离开现场者可不作现场处理。

6.10.2　现场急救的注意事项

6.10.2.1　染毒区人员撤离现场的注意事项

(1) 做好防护再撤离。染毒人员撤离前应自行或相互帮助戴好防毒面罩或者用湿毛巾捂住口鼻，同时穿好防毒衣或雨衣（风衣）把暴露的皮肤保护起来免受损害。

(2) 迅速判明上风向方向。撤离现场的人员应迅速判明风向，可利用旗帜、树枝、手帕来辨明风向。

(3) 防止继发伤害。染毒区人员应尽可能利用交通工具向上风向作快速转移。撤离时，应选择安全的撤离路线，避免横穿毒源中心区域或危险地带，防止发生继发伤害。

(4) 在安全区域实行急救。遇呼吸心跳骤停的病伤员，应立即将其运离染毒区，就地实施人工心肺复苏，并通知其他医务人员前来抢救，或者边做人工心肺复苏边就近转送医院。

(5) 发扬互帮互助精神。染毒区人员应在自救的基础上，帮助同伴一起撤离染毒区域，对于已受伤或中毒的人员更是需要他人的救助。

6.10.2.2 救援人员进入染毒区域的注意事项

(1) 救援人员进入染毒区域必须事先了解染毒区域的地形，建筑分布，有无爆炸及燃烧的危险，毒物种类及大致浓度，选择合适的防毒用品，必要时穿好防护衣。

(2) 应至少2～3人为一组集体行动，以便互相监护照应。所用的救援装备需具备防爆功能。

(3) 进入毒染区的人员必须明确一位负责人，指挥协调在染毒区域的救援行动，最好配备一部对讲机随时与现场指挥部及其他救援队伍联系。

6.10.2.3 开展现场急救工作时的注意事项

(1) 做好自身防护。要备好防毒面罩和防护服，在现场急救过程中要注意风向的变化，一旦发现急救医疗点处于下风向遭受污染时，立即做好自身及伤病员的防护，并迅速向安全区域转移，重新设置现场急救医疗点。

(2) 实行分工合作。在事故现场特别是有大批伤病员的情况下，现场救援人员应实行分工合作，做到任务到人，职责明确，团结协作。

(3) 急救处理程序化。为了避免现场救治工作杂乱无章，可事先设计好不同类型的化学事故所应该采取的现场急救程序。如群体化学中毒事故，可采取如下步骤：除去伤病员污染的衣物—冲洗—共性处理—个性处理—转送医院。

(4) 处理污染物。要注意对伤员污染衣物的处理，防止发生继发性损害。特别是对某些毒物中毒的病人做人工呼吸时，要谨防救援人员再次引起中毒，因此不宜进行口对口人工呼吸。

(5) 交接手续要完备。对现场急救处理后的伤病员，应该做到一人一卡，将其基本情况，初步诊断，处理措施记录在卡上，别在病人胸前或挂在手腕上便于识别，也便于下一步的诊治。

(6) 做好登记统计工作。应做好现场急救工作的统计工作，做到资料完整、数据准确，为日后总结经验教训积累第一手资料，一般应包括如下内容：事故单位、事件、地点、毒物名称、中毒及受伤人员、死亡人数、事故原因、处理经过等。

6.10.2.4 转送伤病员的注意事项

(1) 合理安排车辆。在救护车辆不够的情况下，重病员应在医疗监护的情况下安排急救型救护车转送，中度伤病员安排在普通型救护车转送，对轻度伤病员可安排客车或货车集体转送。

(2) 合理选送医院。转送伤病员时，应根据伤病员的情况以及附近医疗机构的技术力量和特点有针对性地转送，避免再度转院。如一氧化碳中毒病人宜就近转到有高压氧舱的医院，烧伤严重的伤员尽可能转送有诊治烧伤力量的医院。但必须注意避免一味追求医院条件而延误抢救时机。

6.11　公共关系

6.11.1　公共关系三要素及相互关系

公共关系（Public Relations，P. R.）一般指一个社会组织用传播手段使自己与相关公众之间形成双向交流，使双方达到相互了解和相互适应的管理活动。公共关系的结构是由组织、公众、传播三要素构成的。公共关系的主体是社会组织，客体是社会公众，联结主体与客体的中介环节是信息传播，这三个要素构成了公共关系的基本范畴。同样，对于化工园区突发事件应急响应过程中的公共关系而言也存在着这三个要素，如图 6-7 所示。

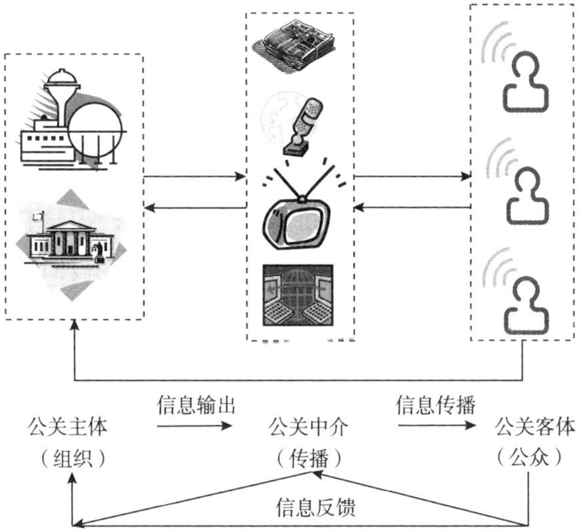

图 6-7　化工园区突发事件应急响应公共关系三要素

应急响应公关主体为化工园区应急管理中心或园区所在地人民政府，当然根据突发事件严重程度的不同，公关主体级别也会做出相应地调整；应急响应公关客体为社会公众。这里的公众与“大众”、“群众”是有区别的，不是泛指社会生活中的所有人或大多数人，而是指与应急响应公关主体存在相互影响和相互作用的群体。根据园区突发事件类型及严重程度，这个公关客体有可能是园区内部各企业员工，也有可能是园区所在地社区居民，甚至也有可能是跨市、跨省、跨国的政府机构和居民；应急响应公关中介环节由包括平面媒体、广播电视媒体、网络媒体在内的各类媒体组成。

化工园区突发事件应急响应公共关系三要素在实质上是应急信息输出、传播和反馈的关系，如图6-7所示。三个要素两两之间都存在着紧密的关系，无论哪一个环节出现问题，都会影响到整个公关行动。

1）公关主体与公关中介

化工园区应急管理中心或所在地人民政府作为公关主体（以下二者合称园区应急公关主体），是应急信息的初始拥有者和输出者。但由于自身的传播能力有限，不足以将相关信息覆盖到广大公众，因此必须借助各类公关中介，扩大信息传播的渠道。此环节的关键点在于，园区应急公关主体以怎样的原则、怎样的程序、怎样的态度、怎样的节奏将应急管理中拥有或获取的信息主动向公众进行发布。

2）公关中介与公关客体

媒体机构将掌握的园区应急相关信息，通过各自拥有的信息传播平台传递给广大受众。在媒体产业高度发达的今天，尤其是以QQ、微信、微博为代表的网络媒体的兴起，使得媒体与大众之间的双向沟通渠道变得更为畅通。

3）公关客体与公关主体

在应急管理实践中，公众不仅享有知情权和参与权，而且具有表达权和监督权，园区应急公关主体有责任对他们的意见和建议给予积极回应。从图6-7可以看出，公众与园区应急公关主体的沟通主要由两种渠道，其一是通过媒体机构间接向公关主体呈递关心的问题；其二是直接与公关主体进行沟通。对于化工园区而言，其突发事件往往有可能与大气污染、水土污染等民众最为关心的话题相关联，因此园区应急公关主体必须对民众的反馈、民情的波动保持时刻关注。

在园区突发事件应急响应公共关系各环节中，媒体与大众之间的信息传播和沟通反馈渠道和方式已经非常成熟。因此在园区突发事件应急响应与处置过程中，应将重点放在主体与中介的信息输出，以及客体与主体之间的表达和反馈环节。

6.11.2 应急信息公开

化工园区突发事件背景下的应急信息公开，是园区应急管理主体依照法定程序将其在应急管理中拥有或获取的各类应急信息主动向公众发布的一系列活动过程。园区应急信息公开不仅仅是基于公民知情权的满足和政府自身职责的履行，更在于特殊时期的公众舆论引导和应急氛围营造，是抢占话语先机、避免谣言肆虐、赢得民众支持的根本保障。在化工园区突发事件应急信息公开中应重点把握以下 5 点原则。

1）应急信息公开的准确性原则

客观准确地通报应急信息，是阻断流言蔓延、正确引导舆论的最好方式，是应急信息公开制度的基石。

2）应急信息公开的及时性原则

信息的时间价值是显而易见的，突发事件的信息价值更会随着时间的流逝而迅速递减。如果园区应急主体不能及时发布应急信息，不但会使采集到的应急信息逐渐失去其应有的效用，而且必然会丧失作为权威信源的话语先机，从而使得其公信力大打折扣。因为在媒介高度发达的今天，民众对突发事件信息的诉求是强烈的，同时其满足方式也是多样的。一旦权威信息发布缺失，媒体的实时报道就会迅速补位。媒体稍有差失，小道消息就会迅速流行，混杂的应急信息传播必然对舆论产生误导，使应急管理陷入被动境地。

3）应急信息公开的动态性原则

突发事件发生后，化工园区内各类应急信息呈现动态发展的特点。在应急信息公开过程中，要将每一个不确定性的消除或新的不确定性的产生及时以滚动发布的形式传播给受众。这样不仅可以有效压缩不实信息的传播空间，尽量为媒体报道提供可靠数据，而且可通过源源不断的最新信息发布来确保应急信息传播的话语权，占据媒体传播的先机，从而形成正确的舆论导向，达到良好的传播效果。

4）应急信息公开的公众性原则

化工园区突发生产安全事故有可能造成大规模的人员伤亡和财产损失。因此，事故突发后既不能以“维护园区形象”为托词而迟报、漏报，更不能以“稳定压倒一切”为借口瞒报、谎报。应始终以人为本，将人的安危放在第一位考虑。

5）应急信息公开的一致性原则

不管是借助报刊、广播、电视，还是通过园区或政府网站，也不管是事件处理者、新闻发布者还是园区或政府管理人员，应急信息发布的对外口径应该统一。既不能使用模糊或有歧义的语言，报喜不报忧，也不能出现同部门提供的应急信息相互矛盾。应急信息发布的差异，将极大地破坏园区应急主体的公信力，使应急管理工作陷入被动的局面。

6.11.3 应急信息反馈

在化工园区各突发事件发生后，媒体的调查、报道与追踪，网民的评论、留言与跟帖，必然会形成强大的舆论场。面对社会公众意见和舆论反响，园区应急主体应在准确传播相关内容的基础上，主动表明态度或公布将要采取的措施，并用工作事实的存在或正在实施的行动作为反馈公众的逻辑支撑和话语力量。应急信息反馈不仅在于让公众了解园区应急主体在应急行动中的态度和作为，而且更在于园区应急主体如何用工作成果来体现顺应民意、以民为本的理念，展现工作公开、责任透明的形象。为此，园区应急主体要主动通过相关渠道，明确反馈对各方意见和建议的采纳结果、未接受理由以及下一步打算等信息，在满足公众知情权的同时，有效压缩谣言、流言的传播空间。

第 7 章　化工园区应急恢复与重建

7.1　化工园区应急恢复重建概述

7.1.1　恢复重建的概念

恢复重建的概念在各国的表述虽然有所不同，但含义基本一致。

在我国，恢复重建是指消除突发事件短期、中期、长期影响的过程。主要包括两类活动：一是恢复，即对可修复的工程设施的恢复，同时使社会生产活动恢复正常状态；二是重建，即对于因为灾害或灾难影响而不能恢复的设施等进行重新建设。

澳大利亚将灾后恢复重建既看作是一个过程，又当作是一系列措施。他们认为恢复重建是支持受紧急事态影响的社区重建有形基础设施，恢复在心理上、社会上、经济上和物质上安康的协调过程。

美国在《全国突发事件管理系统》中，对灾后恢复重建的释义是："制定、协调和实施服务和现场原预案，重建政府运转和服务功能，实施对个人、私人部门、非政府和公共的援助项目以提供住房和促进复原，对受影响的人们提供长期的关爱和治疗，以及实施社会、政治、环境和经济恢复的其他措施，评估突发事件以吸取教训，完成事件报告，主动采取措施减轻未来突发事件的后果。"

总结各国恢复重建的概念，就是对遭到突发事件破坏的服务设施、设备和现场按照预案复原，没办法复原的则进行重建，对受到影响的个人和组织实施援助项目。恢复重建的内容不仅包括各种设施、设备，也包括经济、环境、社会以及人的心理状态。

7.1.2　应急恢复重建的内容与目标

化工园区安全生产应急恢复重建从应急管理宣布结束开始，即事故现场已经完全得到了控制，事故的危害已不再进一步扩散，此时进行的恢复管理工作主要是事故后期处理，以开始事故现场清洗、数据收集工作作为标志。应急恢复管理的结束应以园区及企业是否恢复了正常的生产、运营等状态作为参照，只有当园区的生产、生活都恢复到了一个平稳、有序的状态，并且园区经过恢复之后得到了一定的发展，这样才能认为应急恢复管理工作暂告一段落。

1）化工园区应急恢复重建的内容

化工园区应急恢复重建是针对园区发生事故并经历应急救援后所采取的一系列恢复程序与重建措施的管理工作。总的来说，包含以下5个方面：

（1）物质方面

物质方面的恢复重建主要是指对园区内人们生产和生活方面的各种设施的恢复和重建。事后的恢复和重建不是过去的简单复原，应该用发展的眼光来看待，使其能够站在一个更高的起点之上，取得比过去更好的成绩和效果。

园区事后物质方面的重建涉及四个方面的内容：一是紧急安置和救助，包括园区内居民临时住宅的修建和提供，受伤人群的搜寻与救助；二是恢复公共服务设施及其供给，水、电、气、通信等事关民众和园区发展的生活必需品与服务供给；三是住房、厂房、关键设施等的恢复和重建，主要是对受到破坏的建筑物、道路桥梁、通信设施等进行恢复建设，以保障园区内人们正常的工作和生活，其中也包括各种社会经济关系的恢复；四是通过重建改善园区环境，促进园区发展与经济成长，其中也包括增加预防突发事件的各项措施与设备。

（2）社会方面

社会方面的恢复重建主要指园区内生产、生活秩序的恢复重建。突发事件经常给园区造成巨大的冲击，园区内正常的生产、生活秩序也会在应急管理阶段受到影响，在应对突发事件时，为避免更大损失，会宣布园区进入紧急状态。有时一些社会原因造成的对立和冲突性危机，往往与一定程度的社会秩序混乱联系在一起，因此，如果不能尽快恢复到正常状态，同样会给园区和社会带来极大的损害。园区内社会秩序的正常化是维持园区内生产、生活正常运转的前提和保证。因此，当应急状态结束时，首要任务就是尽快恢复园区的社会秩序，加强社会治安，只有这样，其他方面的恢复重建工作才能够正常开展，人们也才能安心从事恢复重建工作。

（3）精神方面

园区发生重特大化学事故后不仅影响园区内大多数民众的生活和生产，同时这种影响也是心理层面的。很多研究和实例证明，在发生灾难性突发事件时，心理干预可起到缓解痛苦、塑造社会认知、调节情绪、调整社会关系、整合人际系统、引导正确态度、矫正社会行为等作用。修复大众心理应该把握社会心理客观状况，实时监测社会心理反应，并能够预测将来的心理状况；组织相关专业人员，通过适当的渠道和方式了解公众心理的具体状况，针对化学事故中受影响人群的行为变化，掌握民众心理的行为趋势，从而为有关部门采取相应的措施，保护广大园区民众免受或减少在心理上的伤害；对于大众的心理修复应该以大众媒体为修复介质，通过大众传播合理引导舆论，消除大众由于信息不对称而产生的恐惧心理。例如2011年7月11号广东惠州大亚湾石化区中海石油炼化有限责任公司惠州炼油分公司发生爆炸事故，由于周边居民获取事故信息的不对称而产生恐慌性的逃离，致使石化区大道一度堵塞，影响救援车辆的出入，对救援带来一定的影响。因此，事故发生后园区采用积极的心理救援措施，有效地缓解受影响区域民众的心理压力。园区民众对应急恢复支持，对应急恢复中的各项工作的开展具有很大的帮助。

（4）生态环境恢复

化工园区发生突发生产安全事故最具代表性的是化学事故，这些有毒有害物质一旦扩散、泄漏，不仅对周边的生态环境造成直接的破坏和影响，还会随着积累和迁移转化，引起多种衍生的环境效应，给生态系统和人类社会造成间接的危害。有时这种间接的环境效应的危害比当时造成的直接危害更大，也更难消除。例如，2005年吉林石化发生爆炸泄漏后造成了松花江的严重污染，不仅造成了哈尔滨市停水，引起民众极度恐慌的情绪，同时还引起了国际社会的极大关注。生态环境的恢复是一个艰巨的过程，同时生态环境的恢复在短期内不能完全恢复到事故前的水平，生态恢复属于园区应急恢复中的长期恢复。

园区生态恢复的主要任务是恢复被污染的水体、土壤等。目前，采取的恢复措施一般分为4类：物理修复法、化学修复法、微生物修复法、植被修复法。在方法的采用上根据污染物的理化性质、污染的程度确定采用具体的修复方法，有时可能同时采用几种方法共同修复受污染的区域，以达到快速修复的目的，实现园区生态环境的和谐发展。

（5）园区形象重塑

园区形象是社会公众对于园区的总印象和总评价，是主客观的统一。园区的形象管理是包括园区内部文化的沟通和认同，以及外部传播管理对园区安全形势与投资环境的协调与处理。根据《2006年中国危机管理报告》显示，形象的恢复与重建任务在政府人士中的首要认同率达到30.3%，在企业人士中的首要认同率达到58.6%，形象恢复是一项特殊的形象管理活动。

园区在事故后应该主动承担责任，向有关公众道歉，并表明已经或者将要采取的补救措施，争取快速平息风波，使其形象受损的程度和范围控制在最小限度；并充分把握各种场合和机会，有意识地用各种方式进行宣传沟通，向公众展示诚意以及机构修正错误后崭新的形象，营造安全的投资环境，消除周边居民对园区安全的担忧。

2）化工园区应急恢复重建的目标

首先，通过采取相应具体的措施限制事故危害的升级，弥合或弥补经济、社会、环境、公众心理和物理的创伤与损失。园区的应急恢复工作是一项特殊的活动，其目标是要尽量减轻事故的影响，尽快使园区生产生活复原。不管是化工园区生产安全事故应急恢复管理，还是自然灾害后进行的恢复重建或生态系统的恢复重建，园区及相关事故企业、灾区或者生态系统都需要从现有混乱的状态中恢复过来，降低损失，减少影响，逐渐实现自身的正常状态运转。园区应急恢复重建活动的时间节点应是以园区是否实现了正常生产作为参考的。

其次，通过对事故进行认真总结，抓住事故带来的机遇、契机，在应急恢复重建的过程中进行调整与改进，满足人们对园区的安全的需要，减少园区未来所面临的风险。改进是防患于未然的保证，如果发生事故后没有改进，恢复重建管理也就失去了其自身的意义。

总之，化工园区应急恢复与重建工作就是立足于园区及相关企业的实际，利用一切可以利用的资源，充分发挥主观能动性，尽快弥补事故造成的损失与伤害，使园区及企业恢复到有序的状态，巩固应急救援的成果，杜绝类似事故的再次发生。

7.1.3 化工园区应急恢复重建的基本原则

在园区发生事故后，要争取第一时间内开展应急恢复工作，迅速成立恢复协调小组；应尽快制定恢复规划，并指导和帮助相关的组织机构开展针对恢复工作的培训；要注意加强风险管理工作，充分考虑应急恢复阶段各种可能遭遇的风险。应急恢复的过程不仅需要考虑化工园区的特性，还需要重视事故发生后可能带来的一系列多米诺反应，是处于特定时间、环境与地点的恢复过程，同时也是多门管理科学的交叉与综合。综上，应急恢复重建应遵循以下原则。

1）与化工园区的实际情况相结合

化工园区应急恢复重建工作首先要考虑园区的实际情况，化工园区经济属性的特点决定了其在进行应急恢复时，其恢复成本将会以一个非常重要的因素来考虑。园区恢复工作的主体是企业。企业还要继续生存，就必然会把恢复的成本控制在合理的范围内；事故发生后，必须根据相关的法律法规追究相关人员的责任。对于责任人的追究不应对应急恢复工作产生重大影响，以免严重阻碍恢复的进程；化工园区发生事故后一般会造成较大人员伤亡，对善后处理中抚恤金的发放与赔偿都可能引起社会舆论的极大关注。

2）以人为本

以人为本是园区应急恢复中最重要的原则。以人为本，就是在园区应急恢复中以保障人的生命安全为本，以最大限度的拯救人的生命、救助事故中的个体和保障其应有的社会福利作为应急恢复工作的出发点和落脚点。

3）全面恢复，突出重点

园区事故应急恢复重建不仅仅要整体、科学地规划，全面消除事故对经济、环境、园区公众心理的影响，也要分步实施，突出对能够快速复原园区安全生产状况至关重要的构筑物系统的重建。

4）时效性和成本效益相结合

时效性和成本效益相结合是园区应急危机恢复工作的特点，也是其具有盈利属性的内在要求。时效性和成本效益相结合，要求在以人为本的基础上，充分考虑事故应急恢复工作的特点，加快恢复的效度，同时科学规划和有效利用现有资源，加强对包括恢复工作绩效评估在内的应急恢复研究，最终促进园区的快速恢复和可持续发展。

5）恢复与规划、系统防范相结合

将恢复与规划、系统防范相结合，是以园区事故应急恢复工作为契机，加强全过程应急恢复管理能力的客观需要。这要求在恢复工作阶段充分汲取事故教训，总结应急经验，切实着眼于事故预测预防、应急响应和应急恢复的整体需要，系统性地加强应急恢复管理工作。

7.1.4　化工园区应急恢复重建的基本流程

根据我国化工园区安全生产管理现状、园区生产安全事故发生规律以及应急恢复管理理论的基础，可将园区生产安全事故应急恢复管理流程按照应急恢复的时间顺序总结为事故后期处理、恢复重建工作、反馈调节 3 个部分，如图 7-1 所示：

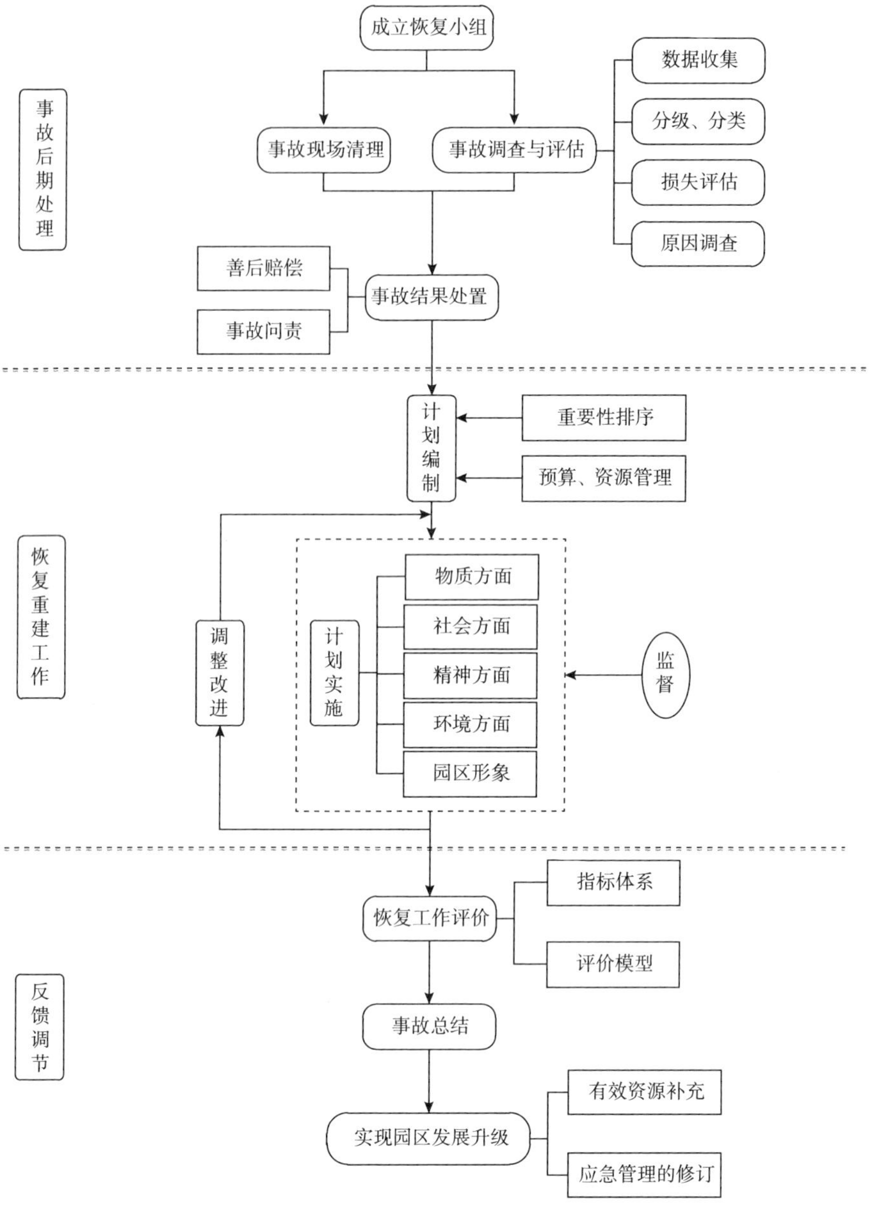

图 7-1 化工园区应急恢复基本流程

7.2 化工园区事故后期处理

当事故现场已经得到全面有效地控制，可以全部或部分停止应急救援之后，园区就应立刻按照相关程序进入到应急恢复管理阶段，而在应急恢复阶段首要从事的工作就是事故后期处理。这部分的工作主要包括建立恢复小组、事故现场清理、数据收集、事故的分级分类、事故损失评估、事故原因调查、善后处理与事故问责。

7.2.1 成立恢复小组

建立应急恢复小组是为了确保园区恢复管理工作持续有效地开展，负责对园区受损区域以及该区域中资产、设备以及人员受损程度做出初步的评价。应急恢复小组的主要职能是负责恢复管理的决策、监控和协调，其成员包括组织决策层、各部门主管、必要的技术人员、公关专业人员以及相关领域的专家。园区应急恢复小组成立后，应宣布恢复行动采取的规模和类型，任命应急恢复管理部门的人员，并召开应急恢复管理策略会议，初步评价园区受到的影响，并决定行动的优先次序，向园区领导提供恢复策略及行动规划的信息。

7.2.2 事故现场清理

化工园区典型的生产安全事故是化学事故，事故中出现的泄漏物如果不能及时采取有效的防控措施，可能会对空气、土壤、建筑物表面造成严重的污染，如若流入江河、湖泊等水体还会造成水域的严重污染。因此，为从根本上消除事故中泄漏出的有毒有害物质所造成的污染，事故现场清理在应急恢复中是必不可少的一个环节。事故现场清理应遵循“既要及时、彻底、有效，又要尽可能保护现场、不影响事故调查人员的数据采集与勘查取证”的原则。

7.2.3 事故调查与评估

1）事故数据收集

事故恢复小组要进行事故后恢复决策，必须获得尽量详细的事故信息，了解事故的破坏性质和严重程度。在应急响应阶段事故现场的情况是非常复杂的，此时获取的各种数据都是非常珍贵的第一手资料，而恢复阶段的数据采集工作就显得尤为重要。数据信息收集与统计可以来自事故的受影响者、事故应急人员、应急救援人员、协助园区进行反应的其他组织（或企业）成员以及受事故影响的利益攸关者。他们可以为事故恢复小组提供一些详细的、容易评估的信息，而那些难以做出评估的信息，则需要专业人员进行评估。如公共设施、机械设备、关键工艺设施受损程度等都不是可以直接获取到的，只有依靠技术人员、资产评估人员等专业人员才能对损失情况做出较为客观的评估，为事故恢复小组提供专业的决策依据。

信息搜集的过程中，事故恢复小组一方面通过对受事故影响者的调查了解事故的第一手信息，另一方面通过专门的人员进入事故现场对事故的损失进行评估和现场调查。综合两方面的结果，事故恢复小组对事故损失进行分门别类的归纳和整理，形成对事故损失、事故原因的全面认识。

2）事故的分级、分类

按照我国现行的生产安全事故归口管理，应将化工园区生产安全事故归入企业职工伤亡事故，园区生产安全事故后的分级、分类是一项非常基础的工作，对事故的分类统计具有非常重要的意义。准确地对生产安全事故进行分级、分类可以比较全面地了解事故情况，通过事故的统计分析有利于研究事故发生的规律，对事故的预测预防也具有一定的指导意义，同时也有助于对应急恢复中关键设施、工艺等的确定，为应急恢复管理提供科学的决策依据。

考虑到目前我国事故处理与管理的情况，事故分级一般按照造成人员伤亡人数或直接经济损失的程度、数额情况进行划分，可根据 2007 年 4 月国务院颁布的《生产安全事故报告和调查处理条例》（国务院令第 493 号）将生产安全事故分为 4 级，即特别重大事故、重大事故、较大事故、一般事故。

我国现行的标准中对事故类别进行划分时，考虑到事故多由多因素导致，因此，在划分的过程中须参考标准中的起因物和致害物。当多因素共存时，应该以先发的、诱导性的原因作为分类依据，并在分类时突出事故的专业特征，以保证事故分类的统一性与正确性，具体可参照《企业职工伤亡事故分类标准》（GB 6441—1986）。

3）事故损失评估

事故损失评估是事故后短期处理中一项很重要的工作，不仅关系到重建计划的编制与实施，同样也关系到监管部门的监管程度与社会舆论的关注度，这又会直接影响园区的危机公关与化解以及对重建过程中工程质量的控制。

根据《企业职工伤亡事故经济损失统计标准》（GB 6721—1986）将事故的经济损失分为直接经济损失和间接经济损失，如表 7-1 所示。直接经济损失就是事故造成人身伤亡和毁坏财产而损失的全部费用；除直接经济损失以外因事故造成的其他经济损失为间接经济损失。

表7-1　事故经济损失统计

直接经济损失	人身伤亡后所支出的费用	医疗费用（含护理费用）
		丧葬及抚恤费用
		补助及救济费用
		歇工工资
	善后处理费用	处理事故的事务性费用
		现场抢救费用
		清理现场费用
		事故罚款和赔偿费用
	财产损失价值	固定资产损失价值
		流动资产损失价值
间接经济损失	停产、减产损失价值 工作损失价值 资源损失价值 处理环境污染的费用 补充新员工的培训费用 其他损失费用	

如表7-1所示，直接经济损失以在事故结束后对人身伤亡所支出的费用、善后处理费用、财产损失价值三方面的费用进行统计累加。间接经济损失的评估就相对要复杂。为此可参考以下较为实用、科学的事故间接经济损失评估公式。

停产、减产损失评估公式：

$$C_1 = BD\omega \tag{7-1}$$

式中，C_1 为停产、减产损失；B 为正常生产的单位产量净收益；D 为损失工作日数；ω 为劳动生产率。

工作损失评估公式：

$$C_2 = DN/AD_a \tag{7-2}$$

式中，C_2 为工作损失；D 为损失工作日数；N 为企业上年净资产；A 为企业上年平均职工人数；D_a 为企业法定工作日。

资源损失评估公式：

$$C_3 = \sum_i^n W_i \times Q_i \tag{7-3}$$

式中，C_3 为资源总损失；W_i 为某种资源单位成本；Q_i 为某种资源的破坏量。

处理环境污染的费用公式：

$$C_4 = \sum_{i}^{n} V_i \times Q_i \tag{7-4}$$

式中，C_4 为处理环境污染的费用；V_i 为防护或恢复原生态环境的单位平均成本；Q_i 为事故造成的污染总量。

补充新员工的培训费用：

$$C_5 = \sum_{i}^{n} K_i \times M_i \tag{7-5}$$

式中，C_5 为补充新员工的培训费用；K_i 为补充某种工种人员的培训费；M_i 为补充某种工种人员的人数。

事故间接经济总损失：

$$C_Z = C_1 + C_2 + C_3 + C_4 + C_5 + C_6 \tag{7-6}$$

式中，C_Z 为事故间接经济总损失；C_6 为其他损失费用。

4）事故原因调查

化工园区生产安全事故原因调查不仅是为了更好地掌握事故的情况，查明事故原因，还为了分清事故责任，提出切实有效的整改措施，防止类似事故的再次发生。《生产安全事故报告和调查处理条例》中规定：特别重大事故由国务院或者国务院授权有关部门组织事故调查组进行调查。重大事故、较大事故、一般事故分别由事故发生地省级人民政府、设区的市级人民政府、县级人民政府负责调查。

根据事故致因理论，造成事故的原因是多方面的，一般有人的原因、机器与设备的原因、环的原因与管理方面的原因。其中，人、机、环三方面的原因是引发事故的直接原因，而管理缺陷则是间接原因，它是直接原因得以产生和存在的前提。可以说管理缺陷是导致事故的根本原因，如图 7-2 所示。分析事故时，应从直接原因入手，逐步深入到间接原因，从而掌握事故的全部原因。根据事故致因理论，发现事故发生、发展的规律性，能够对应急恢复工作中各层面存在的隐患进行有效的消除，做到未雨绸缪，有助于监控应急恢复过程中存在的隐患，避免事故的再次发生。

7.2.4 事故结果处置

1）善后处理

生产安全事故对事故中受伤员工本身及遇难者的家庭带来了巨大的伤害，必

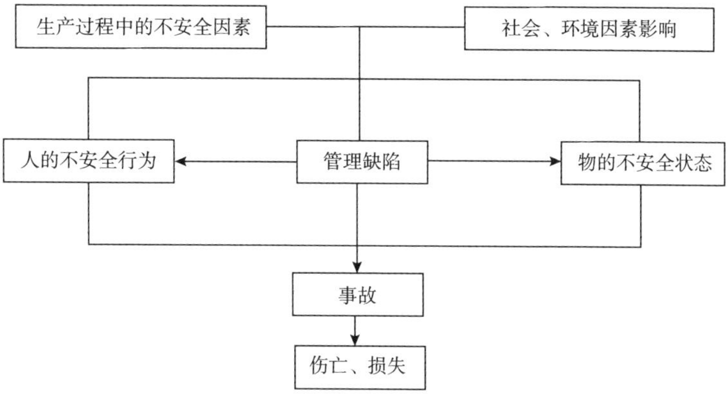

图7-2 生产安全事故原因分析图

须依法进行相应的事故赔偿。《国务院关于进一步加强企业安全生产工作的通知》（国发〔2010〕23号）明确规定："从2011年1月1日起，依照《工伤保险条例》的规定，对因生产安全事故造成的职工死亡，其一次性工亡补助金标准调整为按全国上一年度城镇居民人均可支配收入的20倍计算，发放给工伤死亡职工的近亲属。同时，依法确保工亡职工一次性丧葬补助金、供养亲属抚恤金的发放。"我国提高工伤事故死亡职工一次性赔偿标准，增加事故成本，有利于迫使组织（或企业）增加安全保障投入、生命价值的提升，利于从源头上防止生产安全事故的发生。同时，对受害者及家属的赔偿也是企业对社会的一种责任体现，一个负责任的组织（或企业）能够勇于承担自己应有的社会责任，对于其形象的重塑、声誉的恢复以及淡化事故造成的负面影响具有非常大的作用。

保险理赔是指企业在发生生产安全事故后向保险公司进行申请赔偿，保险公司会根据投保的范围及事故的具体情况进行理赔。园区在进行事故原因调查时应该要求相关保险公司参与其中，并协助企业进行相关的赔偿工作，这部分赔偿金额不仅为企业挽回一定的损失，还是应急恢复中资金预算的重要来源，可以有效地缓解资金不足的压力。

2）事故问责

《安全生产法》中有明文规定："国家实行生产安全事故责任追究制度，依照安全生产法和有关法律、法规的规定，追究生产安全事故责任人员的法律责任。"随着我国经济社会的持续发展，政府越来越重视安全生产，生产安全事故的根本原因在于管理的缺陷，对于监管部门监管不到位及分管生产安全的领导对安全生产工作不重视，导致了事故发生，应对相关的责任人依法追究其法律责任。企业的管理者也是一样，由于安全管理工作不到位，致使有关人员违反安全生产法律、法规、标准以及相关技术规范等，由于这些人为因素而引起的责任事故，必须依法追究责任者的法律责任，以示警戒和教育。《生产安全事故报告和调查处理条例》中对相关的事故直接责任、主要责任、领导责任以及需要承担相关的法律责任都做出了相应的界定。

随着我国法律体系的不断完善，事故问责制度也日趋成熟。事故发生后对各级监管官员及企业安全管理人员实行问责制，有助于从法律上明确生产安全管理工作的重要性；有利于各级安监管理部门及企业落实安全生产责任制；也有利于监管部门对企业隐患管理的监督与检查，消除隐患，可以有效地消除由于管理缺陷而导致事故的发生；同时可以确保对应急恢复中重建工作的过程控制与监督管理。

7.3 化工园区应急恢复重建工作

应急恢复重建工作是化工园区生产安全事故应急恢复管理工作中最为重要的部分，也是实现恢复生产经营的关键环节。应急恢复重建工作是在较为详细熟知事故基本情况的基础上，对即将开展的恢复重建工作进行科学、合理、有效的规划与设计，主要包括：重建选址的规划、应急恢复对象重要性排序、应急恢复计划编制、应急恢复资金预算、应急恢复计划实施、恢复工作的调整与改进。园区内发生的生产安全事故通常都是局部生产工艺的损害，重建选址一般都是原址上进行，如若原址不再适合进行重建的，需要根据整个生产工艺的需求重新合理的规划，同时还应该考虑应急恢复工作不能影响其他部门正常的安全生产工作。

7.3.1 应急恢复对象的重要性排序

事故应急恢复小组经过对事故数据收集、全面评估等，对需要进行应急恢复的所有潜在对象有了一定的认识。虽然潜在需要恢复的对象是非常广泛的，但实际能够进行恢复的对象是有限的，因为用于事故应急恢复的时间与资源都非常有限；同时事故应急恢复的目的也限制了需要进行恢复的对象，有时候会出于各种原因对于一些损害的构筑不予恢复。事故应急恢复对象重要性排序的确定应基于对资源和事故应急恢复目标的最优选择。需要指出的是，重要性排序不是事故应急恢复的先后排序，因为事故应急恢复中，许多对象都是同时进行恢复的，只是重要的事故应急恢复对象需要给予更多的时间、资源和人力资源的保证。应急恢复小组的决策形式应采取民主决策与个人决策相结合的办法，一方面能够充分综合专家们的意见，使决策更加科学、合理化；另一方面决策带有一定的风险，要由最高管理者来承担相应的责任，最终决策权归属最高管理者，体现权责对等的原则。应急恢复对象重要性的确定可以更好地指导应急恢复计划的编制，更加充分地利用现有的资源进行重建，提高应急恢复的效率。

7.3.2　应急恢复计划编制

在充分收集事故信息、应急恢复对象的重要性确定以及借鉴其他组织在同类事故中的成功经验与先进的管理理念的基础上，应着手研究和制定以恢复关键构筑物为核心的应急恢复管理计划。应首先着眼于物质层面的恢复，然后再进行精神层面的恢复，以便更高效地指导应急恢复阶段的管理行为。应急恢复管理计划必须以书面的形式递交有关部门审核，并在实施之前做好相关部门的沟通工作。事故应急恢复计划的具体内容主要是指导事故应急恢复具体工作的开展，规定如何对各个应急恢复对象采取行动。事故应急恢复重建计划一般包括以下几个方面：

（1）应急恢复管理的目标、任务以及基本原则；

（2）应急恢复管理资源的分配；

（3）应急恢复管理机构的人员名单及相应的权责；

（4）应急恢复管理中所涉及的相关部门应该采取的行动和权限以及团队间的协调与沟通政策；

（5）补偿和激励制度：事故应急恢复人员的激励政策以及应急恢复人员因额外付出和努力可以得到补偿等；

（6）应急恢复管理工作的具体步骤及相关策略，包括正常运营秩序的恢复策略，利益相关者的补偿和抚慰策略，形象恢复和改善策略，恢复重建管理期间的内部沟通和外部传播策略等。

7.3.3　应急恢复资金预算

在很多情况下，应急恢复所需的资金需要获得金融部门的支持，融资以实施应急恢复计划。尽管这会加重其财政负担，但是不能因此而放弃或削弱应急恢复计划的效用。应急恢复的预算必须与园区的财务机构进行沟通，建立在对事故信息的全面掌握之后。

合理的预算必须强调园区的承受力和事故对园区的破坏程度之间的协调，要确保应急恢复的效果，不能为园区今后的工作留下隐患。事实上，在应急管理伊始，园区制定应急管理预案之际即应该考虑应急恢复的预算问题，以提前规划应急恢复在资源使用上的可支配空间。然而实践证明，真正进入应急恢复阶段后，应急恢复的预算往往要视事故的损害程度、园区的管理成效和具体应急恢复任务做出调整。如果事故损害超出预期，管理成效不是特别显著或需要相当一段时间才能显现出来，那么应急恢复的预算可能比原先想象的要多。如果事故损害低于预期，管理成效又比较显著，那么应急恢复计划可支配的预算额度就会相对充裕。

7.3.4 应急恢复计划实施与监管

实施应急恢复计划是决定应急恢复能否取得成效的重要步骤。它是应急恢复小组按照既定计划的目标、原则和策略，推进相关计划的实施。应急恢复计划在执行中也要充分考虑各方面影响因素：企业、利益相关者、媒体、社区等对计划的反应。

应急恢复工作所处的环境要比新建工程复杂得多，在实施的过程中可能存在技术、工程或管理等方面的变更，都应该本着认真负责任的态度进行。对于每一次变更方案的提出，都需经过科学的论证，确保应急恢复工作处于一种持续调整与改进的状态，不断地完善应急恢复管理工作。

在实施计划的过程中，园区管理者对应急恢复小组的工作应该采取一定的监控措施，比如对工程进度、成本、质量的监督，以确保计划的顺利实施。各相关成员必须定期向园区有关领导汇报应急恢复工作的进展，并接受指定负责人的检验，并且必须根据工作的进展动态修正计划中不合理的因素，并提出一些积极的措施以利于应急恢复工作的有效进行。

7.4 化工园区恢复重建工作的反馈调节

园区恢复重建工作的反馈调节是在对园区应急恢复重建工作进行全面、客观地评价以及提交事故总结报告的基础上，反馈到相关专家并进行合理的分析，对园区的整个安全管理机制进行完善与调节的一种机制。反馈调节主要是总结园区与企业安全生产管理中预警工作的内容和机制、应急救援工作的预案和措施、应急恢复工作的安排和实施，然后根据总结分析报告反映出园区安全生产管理工作存在的各种问题并且进行内部整改，并对园区隐患管理体系、应急管理体系进行修改并完善，对应急管理、应急恢复管理过程中做出突出贡献的予以嘉奖。由此，构成园区安全生产管理中隐患管理、应急管理、应急恢复管理体系三部分的循环往复，形成相互反馈的机制，如图7-3所示。

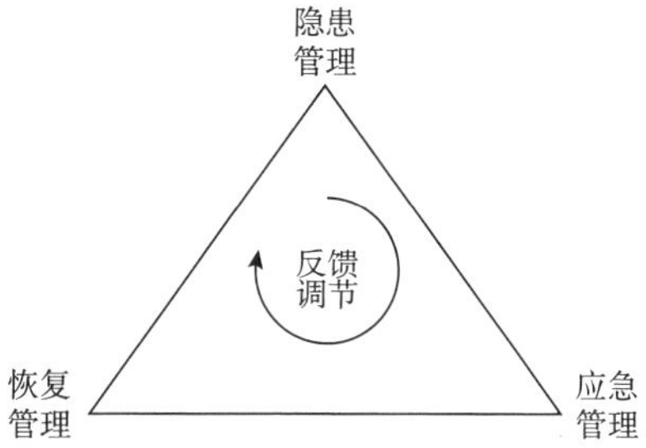

图7-3　园区安全管理的反馈调节示意图

7.4.1　应急恢复重建工作的评估

应急恢复工作的评估主要是通过广泛收集应急恢复工作的资料，总结在应急恢复过程中的经验和不足，对应急恢复中各项工作指标的量化处理。应急恢复评估注重应急恢复效果及恢复过程所产生的各种影响的客观、整体的评估，提高恢复的效益，从而为今后的应急恢复工作提供丰富的经验与方法、方式上的借鉴，更好地为园区长期安全生产工作服务。一般情况下，园区恢复重建工作评估的程序可分为以下步骤：

1）成立评估小组、制定评估计划

首先要做的，就是成立评估小组，制定评估计划。为了保证评估工作的客观、公正，评估人员的选择要符合独立性原则。为了方便评估所需相关资料的尽早搜集，应尽快制定评估计划。评估计划必须说明评估的对象、内容、方法、实施时间、工作进度、质量要求、专家名单、经费预算、报告的格式等。

2）设计评估方案

评估方案是整个评估工作的行动纲领，它能够有效地指导园区恢复重建评估工作的顺利进行。评估方案既要包括评估目标、内容、方法、前期调查计划、调查方式、调查对象等内容，还应包括科学的评估指标体系。其中评估指标体系的选择应当根据恢复重建项目自身特点，参考已有的类似案例，根据国家或行业有关规定，以及委托人（或单位）的要求进行设计。

3）收集相关资料、开展调查

在评估方案确定后，评估小组应开始收集与未来评估有关的资料，如重建项目的立项审批文件、竣工验收报告、项目质量鉴定文件以及国家的有关规定和政策性文件等。在收集阅读重建项目相关资料的基础上，为了核实与进一步了解重建项目的真实状况，必须到园区现场进行调查，调查内容包括重建项目的宏观和微观两方面的情况。宏观情况是恢复重建项目对园区经济发展的作用和影响；微观情况是项目自身的建设、运营和效益情况，项目的可持续发展以及对园区经济发展和生态环境产生的作用和影响等。

恢复重建项目评估报告是评估工作最终成果的体现，既涵盖了项目实施阶段性或全过程的经验教训，同时又是反馈评估信息的主要文件形式。不同类型的项目其评估报告的形式略有不同，但是在格式和一些主要内容上仍具有一致性。

4）反馈和利用项目评估信息

园区恢复重建项目评估结果的反馈利用过程有两个环节：一是评估信息的反馈和扩散。通过这个环节，评估的结果及时反馈到决策、立项管理、工程实施和监测评估等机构和部门，使他们对重建项目建设的整体情况以及存在的问题有真实的了解；二是对评估结果的利用。在这个环节，需要对评估中拟定的对策和建议进行采纳并实施，将评估结果完全公开，便于其他同类项目学习和借鉴，提高项目决策水平，改进管理模式和管理方法，促进园区恢复重建工作快速有效地完成。在反馈利用过程中，建立评估主体与信息使用者之间明确的联系机制非常重要，这是园区重建项目评估结果得以充分利用的重要保障。

5）分析资料，得出结论并形成评估报告

评估人员要在大量阅读资料和进行项目现场调查的基础上，对所获得的数据资料进行全面、系统的分析，总结园区恢复重建项目的实际状况，提出存在的问题和偏差及其产生的原因，并提出建议，最终形成文字形式的报告。

7.4.2 事故总结

“亡羊补牢，犹未晚矣”。园区发生事故并不可怕，可怕的是同样的或相似的事故再次发生第二次、第三次……。因此，园区发生事故后对其进行认真而系统的总结工作不能被忽视，同时事故总结工作应制度化、总结内容应规范化。

事故总结工作在应急恢复中也占据了相当重要的地位，通过对事故的预警、发展、应急、恢复的全面掌握，对事故的隐患、应急、恢复的管理过程及时总结与分析，分析全流程应急管理工作的不足，进一步提升园区的安全生产水平，提高园区整体抵御事故的免疫力。例如，分析预警中园区整体监控与企业实时监控数据的传输与异常信息的交换，警情信息的上报与传输通道是否顺畅及时；应急救援指挥程序是否合理，应急预案科学性与否，应急设备、资源是否充足合适；应急恢复中重建规划、重建计划是否科学合理等。实践表明，事故总结不仅是对隐患、预警、应急、恢复的机理机制的不断完善，也是杜绝事故最直接、有效的做法。

7.4.3　实现园区的升级发展

通过对整个园区的预警、应急、恢复过程的评估与总结，能够发现园区安全生产管理体系中存在的一系列问题，其中有些是可以通过有效的策略进行改善的。例如应急管理体制和机制的完善、应急预案的修订、有效资源的补充以及园区制度与安全文化的重建等。

对园区制度重建，一是要对原先不是非常合理的制度加以改进完善；二是对于园区原先缺失的安全管理制度，应根据园区特点，借鉴国内外先进化工园区的成功经验进行补充。园区良好的安全文化不仅能够有效地遏制事故的发生，还对应急恢复工作起到很好的反馈效果。良好的园区安全文化恢复与重建可以有效地凝聚企业管理者的信心、落实企业主体责任制。同时园区也应建立应急恢复预案，建立应急恢复组织构架，培养具有良好恢复力的管理人员，有效保证各种人员、资源能够第一时间投入应急恢复工作中，提高应急恢复的效能。

园区能否化“危”为“机”是安全生产应急管理工作能否升华的一个重要标志，也是对应急管理艺术最深刻的体现。因此，在应急恢复管理中，园区要做到修补和建设两手抓，弥补事故带来的损害和伤痕，并利用事故带来的转型和机会，淘汰落后的相关生产工艺与项目，引进先进、环保的工艺、工程，对园区生产安全管理的运作机制、形象系统等进行优化和改善，以达到实现园区升级、发展的局面，甚至于向建设成智慧园区迈进。

第8章　化工园区应急管理绩效评估

绩效管理的核心思想是绩效改进，即通过绩效计划、绩效监控、绩效评估、绩效反馈构成的全封闭良性循环，持续性地提升个人、部门和组织的绩效。正是基于这样的核心思想，持续改进的绩效观，关注的不仅仅是最终结果，更关注基于全局考量和流程优化的系统管理方法与技术，并强调其应用性与反馈性。

提高应急管理绩效是化工园区应急组织管理的核心问题。绩效评估具有计划辅助、预测判断、监控支持、激励约束和资源优化等功能，通过评估绩效可以改进激励机制、竞争机制、监督机制和责任机制。要提高绩效，就必须首先了解和评估现有绩效水平，在此基础上对园区整体应急绩效进行改善和提高。

8.1　化工园区应急管理绩效评估概述

应急管理绩效以应急管理能力为基础，是随着化工园区应急体制的建立和应急事业的发展而提出的。化工园区事故应急能力是指化工园区应对、消除突发安全事件，使突发安全事件造成的损失程度降低到最小的能力，它是映射化工园区应急管理现状的综合表现，评估化工园区应急能力建设的重要标准。

8.1.1　应急管理绩效评估的内涵

尽管化工园区事故的发生往往具有突发性和偶然性，但其应急能力应该贯穿于其事故发生前、中、后的各个过程，不只限于事故发生后的应急救援行动。化工园区应急管理是一个动态过程，包括事故预防、应急准备、应急响应和应急恢复四个阶段，因此其应急能力作用的发挥总体上取决于事故发生前、中、后人员、组织机构等的应急能力水平，具体与化工园区本身的自然要素与社会要素、硬件设施与软件设施、人力资源与体制资源、工程能力与组织能力等多方面因素所表现出来的能力有很大的关系。

应急管理绩效的综合评价是一项涉及面非常广的系统工程。评价指标体系应从系统的角度，通过对化工园区区域环境、经济特征及应急管理措施的综合分析，系统地反映其应急管理中存在的优势和不足，其评价结果可以作为反馈信息，提高园区应对事故的能力水平。

绩效评价是在对反映事故应急管理水平的相关评价指标集进行基础数据的定量分析基础上，根据一定的评价模型，对事故应急能力进行全面、综合的反映和描述。化工园区事故应急管理绩效评价实施路径可用图 8-1 表示。

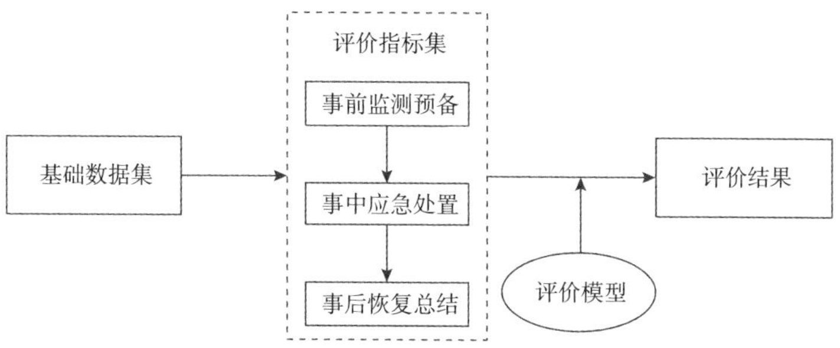

图 8-1　化工园区应急管理绩效评价实施路径图

1）给出评价指标集

评价指标集是综合评价体系的主要组成部分，它是由一系列有内在联系、有代表性的，能够概括化工园区事故应急水平的要素组成的。

2）搜集基础数据集

基础数据集是定量分析评价指标的基础，它包括分析评价指标所需的原始统计数据。

3）选择合适的评价模型

评价模型是一种定量化分析模型，它利用数学模式去描述系统诸要素间的关系，通过一定的计算方法，给出定量的结果。评价模型的分析对象是评价指标集，根据指标集中不同子集的特点，可采用不同的评价模型。

8.1.2　应急管理绩效评估的意义

由于人为、技术或自然的原因，当化工园区内突发化学事故不可避免的时候，提高应对事故能力，完善应急救援体系，采取高效的应急救援行动，就成为化工园区抵御事故风险、控制事故蔓延、降低事故后果的关键甚至是唯一手段。随着化工园区建设的不断发展和化工园区事故后果的日益严重，加强化工园区事故应急能力建设，开展化工园区事故应急管理绩效评价具有实际意义。

1）开展化工园区事故应急管理绩效评估，可以使园区应急管理工作步入规范化和科学化的轨道，用科学的标准提升化工园区应急管理水平，从而为更实际地推进化工园区发展打造安全屏障。

2）开展化工园区事故应急管理绩效评估，明确在应对事故时具备的优势和劣势，了解在发展中面临的危机和挑战，从而明确事故应急管理的侧重点。

3）开展化工园区事故应急管理绩效评估，有利于找出现有应急能力与期望水平之间的差距，并从实际情况出发，制定切实可行的改进措施，以提高园区应急能力。

8.1.3　应急管理绩效评估应坚持的原则

1）注重绩效评估的过程性

突发事故的绩效管理属于一种过程，它不仅涉及一套既定方法程序，更涉及管理系统内从个体到组织再到园区层面绩效改善的行动，遍及整个应急管理的始终。与目标管理相比，绩效管理更重视应急管理体系整体价值的绩效指标，而且绩效管理下的绩效评估与绩效衡量、绩效追踪之间有相当密切的关系，因此，应急管理体系绩效评估包含了从“试图达成某项目标”、“如何达成”与“是否达到目标”的系统化过程，绩效评估的对象并不是园区内的企业、组织或个人绩效，而是以化工园区的全局组织绩效为主。

2）注重绩效评估的科学性、有效性

应急管理绩效评估要获得科学、有效的信息必须采用背靠背的信息收集方式。背靠背的信息收集方式是指信息收集者不知道谁是信息的提供者，信息提供者提供的信息只有提供者自己知道。这种信息收集方式的好处是：信息提供者可以提供翔实的个人信息，并且说出内心真实的想法。因为突发事件应急管理过程中由于时间的紧迫性，不可能所有的决策都是最优的，总会存在许多的问题，在背靠背的情况下，信息提供者知道他所提出的问题不会被问题所涉及的人员看到，就会客观地提出存在的问题。信息收集的范围越广，信息就越全面，评价的效果就越好。

3）注重绩效评估的客观性、公正性

要保证绩效评估的客观性，管理评价中应使用一些与化工园区应急救援没有直接利害关系的专家，如聘请突发事件管理专家、应急管理咨询机构的人员或有关技术的专家，如化学专家、财务专家等，他们作为局外人既不会受既定观念的影响，往往还会发现一些新的问题。目前在突发事件应急管理的解决过程中对专家的依赖程度比较高，但是事后的总结与评估多在组织或地方政府内部完成，这种作法或多或少会影响绩效评估结果的公正性。此外，还可以组织普通公众参与评估工作，他们的意见虽然不是非常专业，但是它能够较为全面地反映问题。

8.2　化工园区应急管理绩效指标体系

指标体系是描述和评价某种事物的可量度参数的集合，选择有效的评价指标，构建一套比较合理、完整、可行的化工园区应急管理的绩效评价指标体系，是正确评价化工园区应急管理水平建设情况的前提和基础。指标体系的设计是否科学、合理，既直接关系到化工园区应急管理评价的准确度和可信度，也直接影响到化工园区的应急管理水平的提升。

8.2.1　指标体系的构建原则

化工园区事故应急管理绩效评估是对一个复杂系统的评价，其涉及的内容较多，考虑的指标因素也较广泛。因此，要构建化工园区应急管理绩效指标体系必须在一定的设计原则指导下，按照科学的方法对评价指标体系的各级指标进行筛选和确定，为下一步对化工园区应急管理的综合评价打下基础。

化工园区应急管理绩效评价体系的构建应当遵循以下原则：

1）系统性原则

在化工园区事故应急管理评价单个指标选取上，要以系统论为出发点，根据各指标对实现评价目标的重要程度，同时考虑各类指标在评价指标体系中的合理构成，以及指标间的逻辑关联度，通过指标的合理取舍，使评价指标既能突出重点，又能保持相对的均衡统一，实现系统的最优化。

2）科学性原则

应急管理评价指标体系的设计，应符合客观实际。评价指标必须通过客观规律、科学理论知识分析获得，任何人为的仅凭主观性确定的指标都是不可取的，指标的理论意义必须明确，测算方法标准，信息获取及统计方法规范，具体指标能够反映应急管理目标的实现程度。

3）全面性原则

对化工园区应急管理的评价是一种全面性的多因素综合评价，选取时应从评价对象的各方面着眼，尽管最后确定的评价层次、维度乃至指标不一定很多，但选择初始时，被选因素一定要多一些，全面一些，以保证有选取余地。

4）可操作性原则

拟定的评价指标体系要能为实际工作所接受，并能反映化工园区应急管理的特点和实际情况。评价指标应当简单明确、便于统计和量化计算。评价指标的测定必须有良好的可操作性，能保证每项指标的基本数据有现实可达的获取渠道，以确保评价工作的正常进行。

5）通用可比性原则

应急管理绩效评估指标体系中的各项指标、各种参数的内涵和外延要保持稳定，用以计算各指标相对值的各个参照值或标准值应当是确定的，既适用于同一对象在纵向时间轴上进行动态评估，也适用于不同对象在横向区域之间的比较。

6）动态性原则

应急管理绩效是一个动态累积的过程，它受到整个区域社会、经济等多方因素的影响，表现出一定的系统发展惯性以及绩效显现的滞后性，因此不宜仅依靠在较短时间内的几次评估确定其真实价值。评价指标体系不仅要能反映化工园区应急管理的现状，还要具备一定的动态适应性，即必须具备一定的预见未来发展趋势的功能。

8.2.2 指标体系的构建流程

评价指标体系的构造是一个从“具体-抽象-具体”的辩证逻辑思维过程，是人们对对象特征认识的逐步深化、逐步求精、逐步完善、逐步系统化的过程。一般来说，这个过程可大致分为四个环节：理论准备、指标体系初选、指标体系完善、指标体系检验，具体流程如图 8-2 所示。

1）理论准备

在设计评价指标及指标体系前，应对化工行业的有关基础理论有一定深度和广度的了解，全面掌握该领域描述指标体系的基础情况；同时还应具备一定的统计理论与方法素养；最后，详细了解国内外相应领域评价指标体系设计中的经验，也是必不可少的一项准备性工作。

2）评价指标体系初选

在具备了一定的理论与方法素养之后，可以采用一定的方法——主要是系统分析法来构造综合评价体系的框架。这是认知逐步深入的过程，是先粗后细、逐步求精的过程。

3）评价指标体系完善

作为综合评价指标体系，显然有许多要求。初选的结果并不一定是合理的或

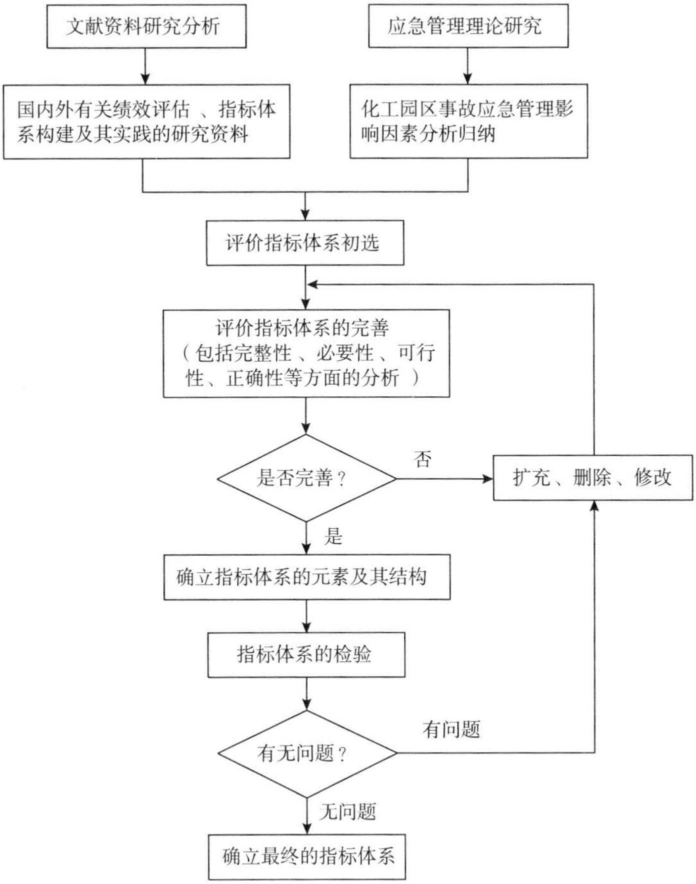

图 8-2　化工园区应急管理绩效指标体系的构律流程

必要的，可能部分指标间有所重叠，也可能有所遗漏甚至错误。这就要对初选指标进行精选（筛选）、测验，从而使之趋于完善，对于初选指标体系的结构进行优化。

4）评价指标体系检验

这是综合评价指标体系的实践过程。实践是检验真理的唯一标准，也是评价指标体系设计的最终目标。综合评价指标体系需要在实践中逐步完善。通过实例的计算，分析输出结果的合理性，寻找导致评价结论不合理的原因，虽然有很多因素影响着评价结论，但指标体系也是一个十分重要的因素。指标体系选择不仅受方法的影响，而且也影响方法的选择。这些情况只有在综合评价实践中才能发现。

8.2.3 指标体系的建立

综合考虑化工园区应急能力的各影响因素，依据指标体系构建的原则、基本步骤，借鉴国内外应急能力评价体系以及应急管理等相关领域的研究成果，在咨询专家意见和筛选比较分析的基础上，以时间为脉络，从事前监测预备、事中应急处置、事后恢复总结三方面建立化工园区应急管理绩效评价指标体系，包括3个一级指标，9个二级指标和31个三级指标，详见表8-1。

表8-1 化工园区应急管理绩效指标体系

化工园区应急管理绩效（A）	事前监测预备（B1）	监测预警（C1）	危险源辨识（D1）
			脆弱性分析（D2）
			检测控制（D3）
			预测预警（D4）
		日常管理（C2）	规章制度（D5）
			应急机构（D6）
			应急预案（D7）
		人员培训（C3）	应急培训（D8）
			应急演练（D9）
			公众宣传教育（D10）
		资源准备（C4）	应急物资（D11）
			应急装备（D12）
			避难场所（D13）
			救援队伍（D14）
	事中应急处置（B2）	信息传递（C5）	通信报警（D15）
			事故通报（D16）
			事故上报（D17）
		指挥协调（C6）	应急决策（D18）
			指挥调配（D19）
			沟通协调（D20）
		紧急救援（C7）	紧急疏散（D21）
			消防抢险（D22）
			医疗救护（D23）
			治安交通（D24）
			技术支持（D25）
	事后恢复总结（B3）	恢复善后（C8）	现场清理（D26）
			恢复建设（D27）
			善后处理（D28）

续表

化工园区应急管理绩效（A）	事后恢复总结（B3）	调查总结（C9）	事故调查（D29）
			事故总结（D30）
			应急预案修订（D31）
		公共舆情管理（C10）	舆情公开（D32）
			社区满意度（D33）

8.3　化工园区应急管理绩效评估方法

所谓绩效评估，是指运用一定的评价方法、量化指标及评价标准，对组织为实现其职能所确定的绩效目标的实现程度以及为实现这一目标所制定计划的执行结果进行的综合性评价。化工园区应急管理绩效评估，属于多指标综合评价，即通过数学模型或算法，将多个评级指标值“合成”为一个整体性的综合评价值。

8.3.1　综合评价的基本流程

综合评价的过程是各组成要素之间信息流动、组合的过程。其中包含了基于定性分析和定量计算、综合集成的数学构造与求解的使用方法、评价模型灵敏度分析与反馈控制等丰富内容。综合评价的经典处理过程可分为七个步骤，整体逻辑框图如图8-3所示。

(1) 明确评价目标，确定被评价对象；

(2) 根据评价目标，建立评价指标体系；

(3) 获取评价指标样本集；

(4) 评价指标预处理；

(5) 确定指标权重；

(6) 选择和构造综合评价集结函数；

(7) 反馈与控制。

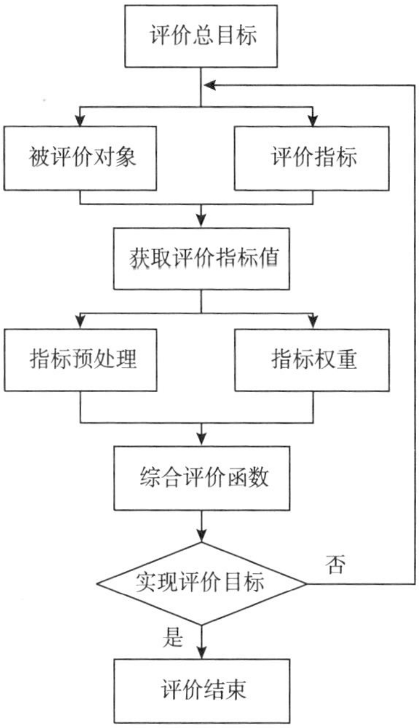

图 8-3　综合评价的逻辑框图

8.3.2　指标权重确定方法

权重是一个相对的概念，是针对某一指标而言的，是该指标对评价目标的重要程度。

确定评价指标权重是评价研究中的一个关键环节，也是评价工作将定性问题定量化解决的基础，因此选择合理的方法确定指标权重至关重要。

层次分析法，通过对所有指标关于某个评价目标的重要性程度，依照“极端重要”、“强烈重要”、“明显重要”、“稍微重要”、“同等重要”、“不重要”等定性语言量化作两两比较判断获取相对权重值。

1）建立标准判断矩阵

（1）通过咨询专家，对所确定的指标进行两两比较，依照指标评分标准（如表8-2所示的比例标度），构造层次结构模型的分析判断矩阵。

表 8-2　分级比例标度参考表

赋值 a_{ij}	含义
1	表示指标 x_i 与 x_j 两个因素相比，具有同等重要性
3	表示指标 x_i 与 x_j 两个因素相比，指标 x_i 比指标 x_j 稍微重要
5	表示指标 x_i 与 x_j 两个因素相比，指标 x_i 比指标 x_j 明显重要
7	表示指标 x_i 与 x_j 两个因素相比，指标 x_i 比指标 x_j 强烈重要
9	表示指标 x_i 与 x_j 两个因素相比，指标 x_i 比指标 x_j 极端重要
2、4、6、8	对应以上两相邻判断的中间情况
倒数	指标 x_i 与指标 x_j 比较得 a_{ij}，则指标 x_j 与指标 x_i 比较得 $a_{ji}=1/a_{ij}$

（2）从初始判断矩阵可得到每个指标的行积分（即各行元素之和），如表8-3所示，成为构造标准判断矩阵的依据和基础。

表 8-3　初始判断矩阵

x	x_1	x_2	…	x_s	积分
x_1	1	a_{12}	…	a_{1s}	b_1
x_2	a_{21}	1	…	a_{2s}	b_2
⋮	⋮	⋮	⋮	⋮	⋮
x_s	a_{s1}	a_{s2}	…	1	b_s

（3）由初始判断矩阵构造标准判断矩阵 A，对各指标的行积分进行两两比较，得到标准判断矩阵如表8-4所示，并将矩阵 A 中元素记为 $c_{ij}=b_i/b_j$，。

表 8-4　标准判断矩阵

x	x_1	x_2	…	x_s
x_1	1	b_1/b_2	…	b_1/b_s
x_2	b_2/b_1	1	…	b_2/b_s
⋮	⋮	⋮	⋮	⋮
x_s	b_s/b_1	b_s/b_2	…	1

2）单一准则下相对权重的计算

相对权重的计算，实际上就是求判断矩阵的最大特征根及其特征向量。

（1）计算标准判断矩阵的每一行元素 c_{ij} 的乘积 M_i

$$M_i = \prod_{j=1}^{s} c_{ij} \quad i, j=1, 2, \cdots, s \tag{8-1}$$

式中，s 为矩阵的阶数，即被比较指标集的指标个数。

（2）计算 M_i 的 s 次方根 $\overline{W}_i$

$$\overline{W}_i = \sqrt[s]{M_i} \tag{8-2}$$

（3）标准化处理，对向量 $\overline{W} = [\overline{W_1}, \overline{W_2}, \cdots, \overline{W_s}]$ 做归一化处理

$$W_i = \overline{W_i} / \sum_{i=1}^{s} \overline{W_i} \tag{8-3}$$

则 $W = [W_1, W_2, \cdots W_s]$ 即为所求的特征向量，也即评估指标的权重向量。

（4）计算判断矩阵的最大特征根 $\lambda_{\max}$

$$\lambda_{\max} = \sum_{i=1}^{s} \frac{(AW)_i}{sW_i} \tag{8-4}$$

$$AW = \begin{bmatrix} (AW)_1 \\ (AW)_2 \\ \vdots \\ (AW)_s \end{bmatrix} = \begin{bmatrix} c_{11} & c_{12} & \cdots & c_{1s} \\ c_{21} & c_{22} & \cdots & c_{2s} \\ \vdots & \vdots & \ddots & \vdots \\ c_{s1} & c_{s2} & \cdots & c_{ss} \end{bmatrix} \begin{bmatrix} W_1 \\ W_2 \\ W_3 \\ W_4 \end{bmatrix} \tag{8-5}$$

（5）计算各指标的平均权重

每个评估指标，对于 k 个专家，就会得到 k 个权重值。第 j 个专家对指标 i 给出的权重值为 W_{ij}，则对 k 个权重值取算术平均，即最终确定每个指标的权重值。

$$W_i = \frac{1}{k}\sum_{j=1}^{k} W_{ij} \ (i=1, 2, \cdots, s; j=1, 2, \cdots, k) \tag{8-6}$$

3）判断矩阵的一致性检验

由于人们对复杂性事物进行两两比较时，判断不可能完全一致，根据矩阵理论，计算判断矩阵的最大特征值和及其特征向量的归结点，是为了保证应用层次分析法分析得到的结论基本合理，需要对所构造的判断矩阵进行一致性检验，来判断矩阵是否有满意的一致性，这需要计算随机一致性比率 CR，并满足 $CR<0.10$。当 $CR<0.10$ 时，表明判断矩阵具有满意的一致性水平，检验通过，计算结果可用于评估；否则还需要对判断矩阵进行调整，直到满足以上条件。

CR 的计算如下：

$$CR = \frac{CI}{RI} \tag{8-7}$$

式中，CI 为判断矩阵的一致性指标，由式（8-8）计算得到，RI 为判断矩阵同阶平均随机一致性指标，取值见表8-5。

$$CI = \frac{\lambda_{max} - s}{s - 1} \tag{8-8}$$

表8-5　矩阵同阶平均随机一致性指标 *RI* 取值

矩阵阶数	1	2	3	4	5	6	7	8	9	10	11	12	13	14
RI 值	0.00	0.00	0.52	0.89	1.12	1.25	1.35	1.42	1.46	1.49	1.52	1.54	1.56	1.58

8.3.3　模糊综合评价方法

综合评价方法用于对多个指标信息的有效集结。目前国内外综合评价方法有数十种之多，主要的评价方法有综合指数法、灰色关联法、逼近理想解法、模糊评价法、物元可拓评价法、神经网络法等。

模糊综合评价法是运用模糊数学和模糊统计方法，通过对影响某事物的各个因素的综合考虑，对该事物的优劣做出科学地评价，该方法是用精确的数学模型描述不确定性事物的最好工具之一。由于化工园区应急管理绩效指标体系中各指标都具有不同程度的模糊性，无法按照统一标准给出一个精确的评判数据，而选用模糊综合评价可以将边界不清、不易定量的指标因素定量化，并从多个指标对被评价事物隶属度等级状况进行综合评价。

（1）建立评价因素的对象集 $U=(u_1, u_2, \cdots, u_n)$，包括评价对象的各种属性或性能，即评价对象的各参数指标。

（2）建立评价集 $V=(v_1, v_2, \cdots, v_m)$，也称评判集，或称决断集、判断集，就是对评价对象所作的评语的集合。基于绩效成熟度模型，对每个因素按照其对评价对象的影响程度可分为5个等级，因素中各等级所处的状态可以用模糊语言“好，较好，中等，较差，差”或者“高，较高，中等，较低，低”等来表示。

（3）建立单因素评价矩阵。对因素集 U 中第 i 个因素 u_i 进行评价，对应评语集 V 中第 j 个元素 v_j 的隶属度为 r_{ij}，综合所有单因素，得到评价矩阵 R 如式（8-9）。

$$R = \begin{bmatrix} r_{11} & r_{12} & \cdots & r_{1m} \\ r_{21} & r_{22} & \cdots & r_{2m} \\ \vdots & \vdots & \ddots & \vdots \\ r_{n1} & r_{n2} & \cdots & r_{nm} \end{bmatrix} \tag{8-9}$$

（4）运用模糊综合评价变换公式进行综合运算。

$$B = W \cdot R \tag{8-10}$$

式中，B 为模糊评价集，表示评价结果；W 为指标权重向量；$\cdot$ 为模糊算子，表示模糊变换途径。

（5）多级模糊综合运算。化工园区应急管理绩效指标体系具有多个指标层次，应按照指标层次，从底层指标开始进行模糊运算，运算结果用于上一级模糊运算中的评判矩阵，直到目标层为止。

（6）确定最终评价结果。可采用以下方法：

①最大隶属度法。即把多级综合评价评判向量 B 中最大的一项评判指标 b_j 相对应的评判集 v_j 作为评判结果。

②加权平均法。以 b_j 作为权数，对评判集 v_j 进行加权平均得到的值作为评价结果，即：

$$v = \frac{\sum_{j=1}^{m} b_j v_j}{\sum_{j=1}^{m} b_j} \tag{8-11}$$

8.4　化工园区应急管理绩效成熟度模型

成熟度模型实际上是一套标准，可以通过与之对照来成功判断流程发展的阶段。作为一个过程改进的指导性模型，其理论基础是全面质量管理，针对质量过程提高中最为关键的问题，选择提高策略，形成持续改进。成熟度模型概念不只是给出一些规则和目标，而是给出了在不同成熟度下所希望开展的活动和每一种活动所期望达到的目标。

根据化工园区应急管理本身的特性，可将应急管理绩效成熟度划分为 5 个等级，分别是初始级（Ⅴ）、可重复级（Ⅳ）、已定义级（Ⅲ）、定量管理级（Ⅱ）和持续优化级（Ⅰ），并从一般特征、流程管理、组织管理、时间管理、信息管理等五个属性维度进行描述。化工园区应急管理成熟度等级的特征如表 8-6 所示。

表 8-6 化工园区应急管理成熟度等级及特征

等级	成熟度	一般特征	流程管理	组织管理	时间管理	信息管理
Ⅰ	优化级	能够不断地、持续地对过程进行改进	对来自过程、新概念和新技术等方面的各种有用信息能够定量分析，流程及整个组织的改进持续而有效进行	整个应急组织存在强烈的团队意识，所有成员都能参与到组织协作的改进	能够持续动态地对决策时间进行控制和调整	信息动态跟进，能够及时调整和补充
Ⅱ	管理级	应急管理各过程得到了定量化绩效认识与控制	应急管理过程有详细的度量标准，各项管理工作建立在定量分析的基础上，有相对稳定的管理模型	应急管理团队内部人员与外部人员沟通良好，双方协同工作	具有较强的时间意识，能够定量度量相应过程的时间配置	信息收集和传递过程得到良好监督与控制，能随时查漏补缺
Ⅲ	已定义级	应急决策过程规范化管理，采用标准化流程	过程控制均以标准化、文档化，并形成了标准应急流程	应急团队成员相互协作，人员接受过相应的培训与演练	具有较强的时间控制能力	信息收集和传递过程得到良好定义
Ⅳ	可重复级	已建立基本的应急管理过程	对应急管理过程的进度、状态能进行定义，对类似的应急行动，有章可循并能重复以往取得的成功	应急管理质量依赖成员对过程的理解和掌握	依流程进行时间分配，在有限的时间内完成应急管理过程	信息平稳有序，形成较规范的信息流
Ⅴ	初始级	应急管理过程无序甚至混乱	应急管理流程定义几乎处于无章法和步骤可循的状态，应急决策过程往往依赖个别人的努力和机遇	应急管理质量取决于个别人员的个人素质	缺乏时间观念	信息杂乱无序

8.5 化工园区应急管理绩效循环模式

通过绩效评估可以直接反映化工园区应急能力建设中的诸多绩效要素，对于提高园区的应急管理绩效具有显著的促进功能，同时绩效评估是绩效反馈的前提，在整个应急管理体系的运作和发展中发挥着承上启下的关键性作用。

8.5.1 绩效循环模式的主要特点

以绩效评估与反馈为基础，建立化工园区应急管理绩效的多层 PDCA 循环模式，既从横向保证体系要素的全面、集成，又从纵向确保体系的动态发展，并将纵向和横向看作两个相互作用的环节，最终从局部到整体动态化集成多个螺旋上升的 PDCA 循环，推进园区应急管理绩效的持续提升。

1）动态性

动态的实质即持续改进，也正是 PDCA 循环的本质优势。就局部而言，由于外界环境具有动态变化的特点，其对体系的影响具有极大的不确定性，而且每个 PDCA 循环的起点也是动态变化的，因此，应急管理绩效体系必须不断地做出动态调整。

2）集成化

集成化实质上就是系统要素按照某一集成规则进行优化组合，以使系统要素之间形成强大的协同作用，从而最大限度地放大系统功能和实现系统目标。PDCA 循环模式本身就是一种优化的运行方式，因而建立在多层 PDCA 模式基础上的应急管理体系不但整体结构是优化的，而且局部各组成要素之间也是一种优化的组合。基于体系持续改进的本质属性，这种优化组合应该是不断发展的，以保证整个应急管理体系时刻处于最佳的集成状态。

3）实用性

基于多层 PDCA 模式的动态集成化应急管理体系在构建过程中应充分考虑体系的可操作性，具有深厚的现实基础，使用者不需要具备任何专业的理论基础，只需领悟并具体落实整个体系的各个运行环节。在实际操作中，可以将体系的各个环节文件化，并形成标准化的应急管理绩效循环运作指南，可供化工园区应急管理机构直接采用。

8.5.2 单周期动态集成化的绩效循环体系

动态集成化的应急管理绩效循环体系不但涉及大量组成要素，逻辑结构复杂，而且必须具备动态完善的能力，适合采用多层 PDCA 循环模式。根据该模式的工作方式将体系建立过程分为以下几个基本环节。

1）策划（Plan）

策划环节是整个 PDCA 循环得以进行的基础，也是确定应急管理绩效在单周期内上升幅度大小的决定性环节，必须落实好现状调查、原因剖析、确定目标和制定计划四个基本步骤。应急救援工作的终极目标是控制事故蔓延，尽可能降低事故后果的严重程度，避免人员伤亡、财产损失和环境破坏。根据目标分解原则，并结合现状分析情况，确定此绩效循环周期的目标，目标分解如图 8-4 所示。

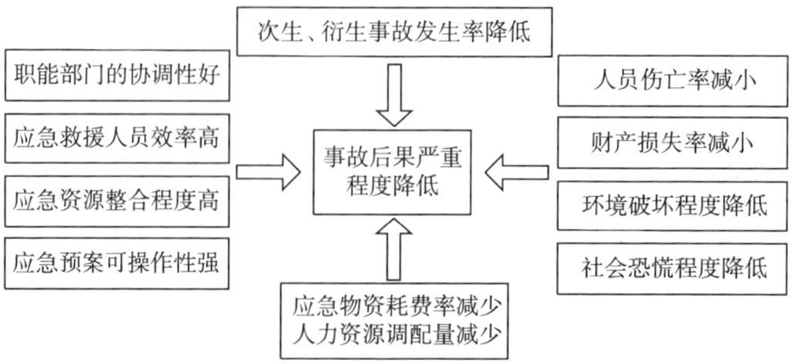

图 8-4　多层 PDCA 绩效循环目标分解

2）实施（Do）

应急管理体系的实施可以根据具体情况采取应急演练、实际应急与绩效评估三种形式。由于事故普遍具有突发性，实际的应急救援工作不可能在规定的时间、地点，以统一的方式经常实施。绩效评估从现有体系的逻辑与顺序结构出发，建立一套便于操作、合理的评估方法，无需考虑实际操作中的种种问题，实施起来比较简单。因此，实际操作中可将绩效评估定为经常性的实施形式；应急演练则要同时兼顾耗费与需要，周期性进行；并随时准备实际应急。

3）检查（Check）

在检查阶段，管理者必须全面掌握实施环节的执行情况，包括体系运行的各种信息，如体系要素的完整性、逻辑结构的合理性、运行机制的有效性等等，尤其需要注意在绩效评价过程中反映出的种种问题。检查环节即是对实施过程进行全面、系统的讨论、汇总和总结，并分类整理收集的信息，使其便于与既定目标比较，以找出差距。

4）处置（Action）

处置作为 PDCA 循环最关键的环节，是应急绩效提高的关键所在。化工园区应急管理体系涉及的所有企业、机构、职能部门的负责人都应该参与对检查结果的讨论、分析，并将成功的经验或措施用书面形式固定下来，纳入统一的化工园区技术或管理标准之中，以巩固取得的成绩；对计划解决而未解决的问题应该根据原因总结教训，将遗留问题转入下一个 PDCA 循环。

8.5.3　多周期动态集成化的绩效循环体系

应急管理绩效的单个 PDCA 循环周期，从本质上讲就是通过四大基本环节，揭露应急管理体系的现存问题，并加以解决，以达到预期目标的过程。换言之，单周期 PDCA 循环以现实问题为切入点，以绩效评估为主要手段检验体系的绩效，以从多个角度全面挖掘体系的潜在问题，为下一周期 PDCA 循环的深入开展（提升体系绩效）奠定坚实的基础。从该意义上看，每个周期的 PDCA 循环都可以反映体系的不足，并提升体系的绩效。

因此，经过一个 PDCA 循环周期后，按照预期目标，应急管理水平应该有所提高，第二周期的 PDCA 循环得以站在更高的起点上开始，此时的策划除了仍然需要考虑现实状况外，还要兼顾上一周期的遗留问题，并保留上周期的成功策划经验，改进不妥之处。总之，应急管理体系的多周期 PDCA 循环以单周期循环为依托，后续 PDCA 循环总是以前面循环的结果为起点，在不断的改进中周而复始地运行，使应急管理体系的绩效得以螺旋上升。

根据多层 PDCA 绩效循环模式建立的应急管理体系结构如图 8-5 所示。此结构将应急管理体系看作一个空间系统。在此系统的环向方向，策划、实施、检查与处置四个逻辑环节构成一个基本的广义 PDCA 循环，体系的各级要素依据该逻辑模式形成狭义的 PDCA 循环，而每个逻辑面上，不同要素之间形成相互作用的逻辑环；纵向方向表示 PDCA 循环层次的提高，体现了体系的动态变化与持续改进；最终无论是从逻辑还是从内容上看，都显示出大环套小环，环环相扣的优势。

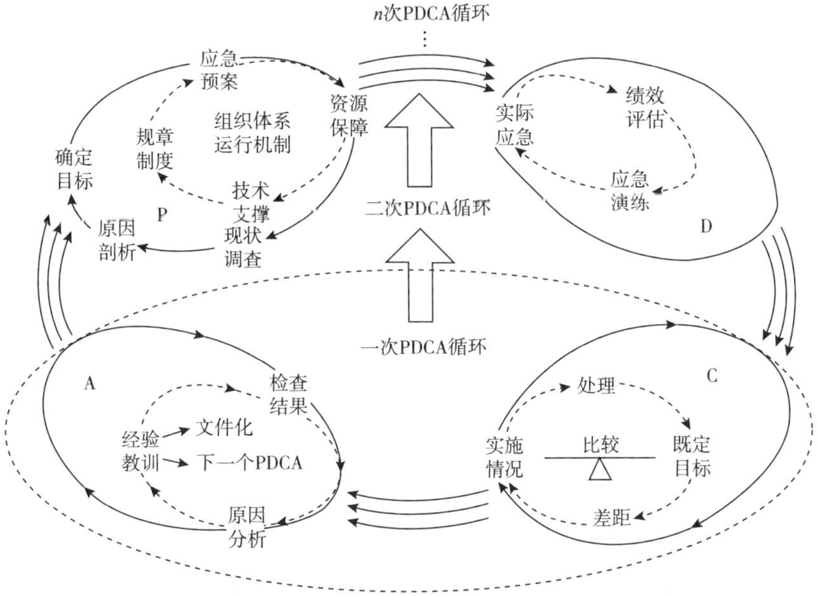

图 8-5　动态集成化的应急管理示意图

参考文献

［1］李毅中．我国安全生产现状发展趋势和对策措施（摘登）［J］．中国石油和化工标准与质量，2007，27（5）：5－15.

［2］李保良．石化产业园区发展中的安全和环保规划研究［J］．广东化工，2014，18：106－107.

［3］张玲，陈国华．国外安全生产事故独立调查机制的启示［J］．中国安全生产科学技术，2009，5（1）：84－89.

［4］向汝明．大亚湾石化区应急管理建设研究［J］．广东化工，2013，40（10）：94，96.

［5］赵晓明，蔡华伟．浅淡化工园区安全规划［J］．化工管理，2014，35（21）：27－27.

［6］侯俊东，李铭泽．自然灾害应急管理研究综述与展望［J］．防灾科技学院学报，2013，15（1）：48－55.

［7］陈郁．化工园区规划环境风险评价方法与风险管理研究［D］．大连理工大学，2013.

［8］韩浩．我国化工区安全生产应急管理体系研究［D］．天津大学，2009.

［9］曾明荣，吴宗之，魏利军，高建明，师立晨．化工园区应急管理模式研究［J］．中国安全科学学报，2009，02：172－176.

［10］王瑶．我国突发事件应急管理体制研究［D］．东北师范大学，2008.

［11］张新梅，陈国华，张晖，陈清光，颜伟文．我国应急管理体制的问题及其发展对策的研究［J］．中国安全科学学报，2006，16（2）：79－84.

［12］汪伟全．论区域应急联动的协同能力［J］．探索与争鸣，2013，05：50－53.

［13］蒋珩．区域突发公共事件应急联动体系研究［D］．武汉理工大学，2006.

［14］汪伟全．突发事件区域应急联动机制研究［J］．探索与争鸣，2012，03：47－49.

［15］赵林度．城市群协同应急决策生成理论研究［J］．东南大学学报（哲学社会科学版），2009，11（1）：49－55.

［16］王兴．地方政府应急决策研究［D］．山西大学，2012.

［17］Germany Federal Office of Civil Protection and Disaster Assistance. LaKEX General Information［R］. Berlin，Germany，2013.

［18］UK. Cabinet Office. National Risk Register of Civil Emergencies［R］. London，UK，2015.

[19] 陈兴，王勇，吴凌云，闫桂英，朱伟．多阶段多目标多部门应急决策模型［J］．系统工程理论与实践，2010，11：1977－1985.
[20] 李明磊，王红卫，祁超，刘丹，王剑，王喆，周超．非常规突发事件应急决策方法研究［J］．中国安全科学学报，2012，03：158－163.
[21] 杨振宏，田甜，刘鹏刚，高远．基于可拓理论的化工园区应急管理能力评估［J］．中国安全生产科学技术，2016，12（8）：104－108.
[22] 华国伟，余乐安，汪寿阳．非常规突发事件特征刻画与应急决策研究［J］．电子科技大学学报（社科版），2011，02：33－36.
[23] 韩传峰，王兴广，孔静静．非常规突发事件应急决策系统动态作用机理［J］．软科学，2009，08：50－53.
[24] 徐选华，汪业凤．非常规突发事件应急决策协调过程建模研究［J］．中国应急管理，2011，08：23－27.
[25] 汪季玉，王金桃．基于案例推理的应急决策支持系统研究［J］．管理科学，2003，06：46－51.
[26] 汪业凤．突发事件应急决策过程中群体冲突协调机制研究［D］．中南大学，2012.
[27] 张雪锋，王孟钧．突发事件应急决策探讨［J］．防灾科技学院学报，2009，04：80－84.
[28] 陈国华，贾梅生，黄庭枫．化工园区安全保障体系探究［J］．安全与环境学报，2013（3）：207－212.
[29] 曾伟，周剑岚，王红卫．应急决策的理论与方法探讨［J］．中国安全科学学报，2009，03：172－176.
[30] 姜艳萍，樊治平，苏明明．应急决策方案的动态调整方法研究［J］．中国管理科学，2011，05：104－108.
[31] 周宁，李海涛，任常兴，袁雄军，黄维秋．化工园区火灾风险预警与应急管理系统[J]．消防科学与技术，2016（9）：1315－1319.
[32] 袁辉．应急决策群体的组织［J］．安全，1997，01：11－14.
[33] 钟开斌．“一案三制”：中国应急管理体系建设的基本框架［J］．南京社会科学，2009，11：77－83.
[34] 付夏婕．突发公共事件应急法律制度研究［D］．中共中央党校，2008.
[35] 张琳．完善我国应急法律体系［J］．城市与减灾，2009，01：5－8.
[36] 蓝伟．我国突发环境事件应急法律制度研究［D］．中央民族大学，2007.
[37] 庞红梅．参照 PDCA 循环法优化应急预案体系［J］．电力安全技术，2010，12（2）：23－24.
[38] 曾明荣，魏利军，高建明，师立晨．化学工业园区事故应急救援体系构建［J］．中国安全生产科学技术，2008，05：58－61.
[39] 钟开斌，张佳．论应急预案的编制与管理［J］．甘肃社会科学，2006，03：240－243.

[40] 周宁，周菁华，冯磊，魏钰人．GIS在化工园区事故应急救援辅助决策中的应用 [J]．工业安全与环保，2016，42（11）：42－45.

[41] 刘铁民．突发事件应急预案体系概念设计研究 [J]．中国安全生产科学技术，2011，08：5－13.

[42] 谢迎军，朱朝阳，周刚，王理金．应急预案体系研究 [J]．中国安全生产科学技术，2010，03：214－218.

[43] 吴宗之，刘茂．重大事故应急预案分级、分类体系及其基本内容 [J]．中国安全科学学报，2003，01：18－21.

[44] 周德红．化学工业园区安全规划与风险管理研究 [D]．中国地质大学，2010.

[45] 陈国华，张良，高子文．社会化危化品应急救援队伍建设和服务模式探索 [J]．中国安全生产科学技术，2016，12（2）：9－14.

[46] 陈国华．风险工程学 [M]．国防工业出版社，2008.

[47] 马建红．重大危险源监控系统概率风险评价方法研究 [D]．北京交通大学，2007.

[48] 重大危险源在线监控系统介绍．南京安元科技有限公司，2011.

[49] 黄勇，陈海群，王凯全等．基于分级管理与应急资源评估的化工园区事故应急响应机制研究 [C]．2010（沈阳）国际安全科学与技术学术研讨会论文集．2010：608－611.

[50] 孔令，马珊．基于风险的供电企业突发事件预警分级 [J]．云南电力技术，2010，38（5）：91－92.

[51] 邓奇根．化工企业风险监控与安全管理预警技术 [D]．山东科技大学，2006.

[52] 张瑛．典型生产事故调查分析及事故能量机理初探 [D]．西安建筑科技大学，2008.

[53] 董继红．重大危险源辨识与评价技术的研究 [D]．西安建筑科技大学，2004.

[54] 荀华．C园区环境在线监测系统项目风险管理研究 [D]．电子科技大学，2010.

[55] Demiehela Mieaela，Piccinini Norberto，Romano Alfredo. Risk analysis as a basis for safety management system [J]．Journal of Loss Prevention in the Process Industries，2004，17（3）：179－185.

[56] 吴宗之，高进东．重大危险源辨识与控制 [M]．北京：冶金工业出版社，2001.

[57] GB 18218—2009，危险化学品重大危险源辨识 [S]．

[58] 国家安监局．危险化学品生产、储存装置个人可接受风险和社会可接受风险基准（试行）[Z]．2014.

[59] 邵辉，杨丽丹，李晶．化工园区重大危险源分级方法研究 [J]．工业安全与环保，2011，37（9）：12－14.

[60] 陈国华．国外重大事故管理与案例剖析 [M]．中国石化出版社．2010.

[61] Shaluf I M，Ahmadun F，Shariff R，Mustafa S，Said A M. Fire and explosion at mutual major hazard installations：Review of a case history [J]．Journal of Loss Prevention in the Process Industries. 2003，16（2）：149－155.

[62] 祝峰．火灾、爆炸、泄漏场所定量安全评价方法及事故后果［M］．郑州大学．2005.
[63] 刘诗飞，詹予忠．重大危险源辨识及危害后果分析［M］．北京：化学工业出版社，2004.
[64] 张新梅．化工园区事故多米诺效应风险仿真原理及应用研究［M］．华南理工大学，2008.
[65] 曹凤霞．爆炸综合毁伤效应研究［M］．南京理工大学，2008.
[66] 崔辉，徐志胜，宋文华等．有毒气体危害区域划分之临界浓度标准研究［J］．灾害学，2008，23（3）：80－84.
[67] 师立晨，多英全．重大事故危害阈值的探讨［J］．中国安全科学学报，2009，19（12）：51－56.
[68] 张悦．基于风险分析的化工园区布局优化方法研究［M］．中国矿业大学，2013.
[69] DNV. Phast Risk6. 7 Tutorial Manual［M］，2012.
[70] David W. Coit，Kieron A. Dey. Analysis of grouped data from feld－failure reporting systems［J］．Reliability Engineering and System Safety，1999（65），95－101.
[71] Hongde Wang，Yundong Ma. Safety Risk Assessment Technology of Chemical Industrial Park Based on Grid Partition and Information Diffusion Theories［C］，Proceedings of 2009 IEEE International Conference on Grey Systems and Intelligent Services. Nanjing. China，November 10－12. 2009.
[72] 风险分析和危机反应的创新理论和方法．中国灾害防御协会风险分析专业委员会第五届年会论文集［C］，2012.
[73] 姜颖．重大危险源安全与自动化监控系统［J］．中国安全生产科学技术，2010，6（4）：161－164.
[74] 李冬梅．重大危险源分析、辨识与危险性评估的研究［M］．天津理工大学，2008.
[75] C. T. Kiranoudis et al. An operational center for managing major chemical industrial accidents［J］．Journal of Hazardous Materials，2002，89（2）：141－161.
[76] 孙金凤．重大危险源安全监控预警系统及应用研究［M］．华南理工大学，2010.
[77] 康荣学，刘骥，吴宗之等．重大危险源监控系统发展历程［J］．中国安全生产科学技术，2006，2（6）：78－82.
[78] 中国安全生产科学院．广州市南沙区安全生产监督管理局小虎化工区监控系统设计方案［Z］，2009.
[79] 韩璐，宋永会，司继宏等．化学工业园区重大环境风险源监控技术研究与应用［J］．环境科学研究，2013，26（3）：334－340.
[80] 深圳市科皓信息技术有限公司．化工园区一体化应急平台功能白皮书［Z］．
[81] 曹庆贵．企业风险监控与安全管理预警技术研究［M］．山东科技大学，2005.
[82] Ernesto Salzano. Risk assessment andearly warning systems forindustrial facilities in seismic zones［J］．Reliability Engineering & System Safety，2009，94（10）：1577－1584.

[83] 袁宏义，黄全义，苏国锋等．应急平台体系关键技术研究的理论与实践［M］．清华大学出版社，2012.
[84] 郭吉红．城市重大危险源事故预测模拟及安全规划［M］．安徽理工大学，2006.
[85] 陈清光，段伟利，陈国华．基于免疫机理的化工园区安全生产预警机制设计［J］．中国安全科学学报，2011，(09)：159－165.
[86] 于洋，魏利军．化工园区接警处警与应急值守系统的研究［J］．中国安全生产科学技术，2009，(06)：156－159.
[87] 孙鸿庆，马仁舜．应急预案编制管理中存在的问题及对策［J］．第十届沈阳科学学术年会论文集（经济管理与人文科学分册），2013.
[88] 杨挺．中国化工园区发展现状及应急管理体系的建设．第八届化工园区安全发展高级研讨会，2013.
[89] 黄亚春，范磊．化工园区生产建设过程的特殊危险性分析［J］．广州化工，2011，39(004)：165－166.
[90] 成都市工业集中发展区应急救援管理体系建设．中国个人防护网，2012.
[91] 陈国华，张新梅，金强．区域应急管理实务［M］．化学工业出版社，2008.
[92] 李冰．山东省化工园区安全管理存在的问题及对策研究［D］．山东大学，2011.
[93] Wahle T, Beatty G. Emergency management guide for business and industry［J］. Prepared for US Federal Emergency Management Agency (FEMA), 1993.
[94] 曾明荣，魏利军，多英全，等．化学工业园区重大事故场外应急预案编制技术研究[J]．中国安全科学学报，2008，18 (12)：161－165.
[95] 江红芳．我国突发事件应急预案管理研究［D］．新疆大学，2012.
[96] 扬州化学工业园区突发公共事件总体应急预案，2011.
[97] 大连长兴岛临港工业区安全生产事故应急预案，2011.
[98] 李仪欢，陈国华，张新梅．基于响应绩效的重大事故应急预案编制技术研究［J］．灾害学，2008，23 (2)：135－140.
[99] 刘功智，刘铁民．重大事故应急预案编制指南［J］．劳动保护，2004，4：25－26.
[100] 张海龙，李雄飞，董立岩．应急预案评估方法研究［J］．中国安全科学学报，2009，19(7)：142－148.
[101] 陈国华，王新华．我国应急演练现状问题及其发展对策研究［J］．中国职业安全健康协会 2011 年学术年会论文集，2011.
[102] 章云龙，陈国华，安全生产应急演练实务［M］．科学出版社，2011.
[103] 卢朝辉．通用型桌面演练系统在化工园区一体化应急平台中的应用．第八届化工园区安全发展高级研讨会，2013.
[104] 李亦纲，尹光辉，黄建发等．应急演练中的几个关键问题［J］．中国应急救援，2007(3)：33－35.

[105] Ni H, Chen A, Chen N. Some extensions on risk matrix approach. Safety science [J], 2010. 48 (10): 1269-1278.

[106] Zhou Y, Liu M. Risk assessment ofmajor hazards and its application in urban planning: A casestudy. Risk Analysis [J], 2012, 32 (3): 566-577.

[107] 雷鄂蓉，李纳，罗彬等. 突发性环境污染事件应急监测演练的策划与实施 [J]. 四川环境，2012，31 (4): 20-24.

[108] 丁玎，吴群红，郝艳华等. 应急演练方案核心框架设计及问题成因探析 [J]. 中国卫生资源，2013，16 (1): 15-17.

[109] 陈瑜平. 应急演练方案的编写和演练 [J]. 安防科技，2012，3: 26-29.

[110] 陈安，亓菁晶. 突发事件应急演练脚本的编写研究 [J]. 科技促进发展，2011 (9).

[111] 应急演练的 3 个关键环节 [J]. 劳动保护，2010 (011): 102-103.

[112] 试论我国突发事件应急预案管理中的五个核心问题 [J]. 2010 年中国社会学年会——"社会稳定与危机预警预控管理系统研究"论坛论文集，2010.

[113] 阮继锋，张杰. 应急预案编制和实施过程中存在的突出问题及对策 [J]. 中国职业安全健康协会 2009 年学术年会论文集，2009.

[114] 祝怡龙. 应急预案的有效性研究 [J]. 东方企业文化，2012，24: 016.

[115] 开创应急预案管理新局面 [J]. 现代职业安全，2010，1: 017.

[116] Tremblay J. The Public wins in Dalian. Chemical&Engineering News [J], 2011, 89 (39): 20-21.

[117] 黄毅宇，李响. 基于情景分析的突发事件应急预案编制方法初探 [J]. 安全与环境工程，2011，18 (2): 56-59.

[118] 陈也. 区域火灾规模的最不利场景假设 [J]. 中国消防协会科学技术年会论文集，2013.

[119] Delvosalle C, Fievez C, Pipart A, et a1. ARAMIS project: A comprchensive methodology for thcidentification of reference accident scenarios in process industries. Journal of HazardousMaterials [J], 2006, 130 (3): 200-219.

[120] 张士辰，李雷. 水库溃坝应急预案预见性评价方法研究 [J]. 水利水运工程学报，2010，(3): 45-52.

[121] 刘任龙，张来斌，梁伟等. 浅析长输管道突发事件桌面应急演练的组织与实施 [C]. 第六届天然气管道技术研讨会论文集. 2013: 117-119.

[122] 焦桐祥. 试论石油化工企业的应急演练 [J]. 中国安全生产科学技术，2009，5 (1): 181-184.

[123] 张庆辉. 企业应急培训探讨 [J]. 中国安全生产科学技术，2010，06 (6): 182-185.

[124] 于瑛英，池宏，高敏刚等. 应急预案的综合评估研究 [J]. 中国科技论坛，2009，(2): 88-92.

[125] 谭朝阳．化工园区脆弱性综合评估方法研究［D］．南开大学，2012.
[126] 张超，裴玉起，邱华等．国内外数字化应急预案技术发展现状与趋势［J］．中国安全生产科学技术，2010，06（5）：154－158.
[127] 石彪．应急预案管理中的若干问题研究［D］．中国科学技术大学，2012.
[128] 陈长坤，孙云凤．基于动态管理模式的企业应急预案管理的研究［J］．中国公共安全（学术版），2008，（1）：38－41.
[129] 刘任龙，张来斌，梁伟等．浅析长输管道突发事件桌面应急演练的组织与实施［C］．第六届天燃气管道技术研讨会论文集，2013：117－119.
[130] EPSC，CCPS. Process safety and risk management of chemical parks［R］，2006.
[131] Designing Continuous Safety Improvement within Chemical Industrial Area，2008.
[132] Reniers G L L，Ale BJM，Dullaert W，et al. Designing continuous safety improvement within chemical industrial areas［J］. Safety Science，2009（47）：578－590.
[133] Christou M，Gyenes Z，Struckl M. Risk assessment in support to land－use planning in Europe：Towards more consistent decisions? Journal ofloss Prevention in the Process Industries［J］，2011. 24（3）：219－226.
[134] 危险化学品应急救援必读［M］．北京：中国石化出版，2008.
[135] 何鲜利．基于地震灾害突发事件的应急物流资源配置研究［D］．燕山大学，2010.
[136] 瞿咬根．化工园区突发事件全流程应急管理研究［D］．上海交通大学，2009.
[137] 甘路．我国财政应急资金的管理问题及对策［J］．现代经济信息，2009，13：186.
[138] 湛孔星，陈国华．跨城域突发事故灾害应急管理体系及关键问题探讨［J］．中国安全科学学报，2009，09：172－177.
[139] 谭小群，陈国华．跨区域突发事件应急协调机制实现途径探究［J］．防灾科技学院学报，2009，04：76－79＋95.
[140] 冯俏彬．应急资金保障体系“四手联弹”［J］．新理财（政府理财），2010，10：74－75.
[141] 钱艳瑜．突发事件应急资金运作模式的现状探析及其思考［J］．中国城市经济，2011，26：133＋135.
[142] 王霄．美国海上溢油事故应急反应系统、应急计划及应急资金保障［J］．中国海商法年刊，2011，04：47.
[143] 黄样兴．加强应急资金管理的思考［J］．江西政报，2008，19：40－42.
[144] 高危行业企业安全生产费用财务管理暂行办法［J］．中国安全生产科学技术，2007，01：123－124.
[145] 张少刚，赵媚，倪小敏等．基于 AHP 一模糊评价的化工园区综合应急能力研究［J］．安全与环境学报，2015，15（1）：77－83.
[146] 赵永华．危险化学品事故人员防护与避难方式研究［J］．中国安全科学学报，2011，

09：131 - 137.
[147] 陈岳明，萧德云．路网应急疏散问题建模及其应用的进展［J］．科学技术与工程，2008，17：4945 - 4952.
[148] 匡蕾，吴起，汪丽莉．化工园区整体安全性探索与展望［J］．中国安全生产科学技术，2008，04：73 - 76.
[149] 宋永朝，潘晓东，杨轸，叱诚．灾害事件下局域路网应急疏散交通分配模型［J］．公路交通科技，2010，05：88 - 92.
[150] 于君磊．化工园区应急救援能力评估体系及应急管理研究［D］．大连交通大学，2011.
[151] Wu J，Chang I S，Lam K C，el al. Integration of environmental impact assessment intodecision - making process：practice of urban and rural planning in China［J］. Journal of Cleaner Production，2014，69：100 - 108.
[152] Rezaei J，Ortt R，Scholten V. An improved fuzzy preference programming to evaluateentrepreneurship orientation. Applied Soft Computing［J］，2013，13（5）：2749 - 2758.
[153] Bottero M.，Comino E.，Duriavig M.，et al. The application of a Multicriteria Spatial DecisionSupport System（MCSDSS）for the assessment of biodiversity conservation in the Province of Varese（Italy）. Geology［J］，2013，30（1）：730 - 738.
[154] 韩吾祥．建立三级救援网络是提高化学事故应急救援能力的有效措施［J］．职业卫生与病伤，1996，03：37.
[155] 曾明荣，魏利军，高建明．化学事故应急救援指挥软件系统的设计［J］．工业安全与环保，2005，05：54 - 56.
[156] 周广亮．应急资源配置与调度文献综述与思考［J］．预测，2011，03：76 - 80.
[157] 姜文华，孙健，来永芳．涉核发达国家核应急培训的特点及启示［J］．中国辐射卫生，2012，02：214 - 215.
[158] 白瑞．构建化工园区应急体系［J］．现代职业安全，2012，08：38 41.
[159] Deng S，Lei H C，Lai C C，et al. Application of Adapted Hall'S 3 • D Systems EngineeringMethodology to Innovation of Food and Beverage Service Industries in Taiwan. Systems Journal IEEE［J］，2014，8（3）：837 - 849.
[160] 杨挺，马从越，满娟．欧洲化工园区发展的启示与思考——2012 欧洲化工园区考察报告［J］．中国石油和化工经济分析，2012，08：28 - 31.
[161] 辜勇．面向重大突发事件的区域应急物资储备与调度研究［D］．武汉理工大学，2009.
[162] 夏萍．灾害应急物流中基于需求分析的应急物资分配问题研究［D］．北京交通大学，2010.
[163] 乔洪波．应急物资需求分类及需求量研究［D］．北京交通大学，2009.
[164] 孙立，赵林度．危险源扩散环境下救援物资协同调度问题［J］．东南大学学报（自然科学版），2007，S2：367 - 373.

［165］肖俊华，侯云先．应急物资储备库多级覆盖选址模型的构建［J］．统计与决策，2012，23：45－48.

［166］肖俊华，侯云先．综合模糊 TOPSIS 决策的应急物资储备库多级覆盖选址模型［J］．工业工程，2013，01：91－98.

［167］赵远飞，陈国华．基于改进逼近理想解排序（TOPSIS）法的应急系统优化选址模型研究［J］．中国安全科学学报，2008，09：22－28.

［168］李莉，丁忆，张红文．“应急一张图”与应急信息资源整合框架研究——以重庆市为例［J］．测绘科学，2011，01：125－127.

［169］胡继华，钟广鹏，严国灿．基于实时信息的动态应急资源调度模型［J］．计算机应用研究，2011，12：4451－4455.

［170］孙江．重特大火灾事故的信息发布与舆情监测［A］．中国消防协会．2012 中国消防协会科学技术年会论文集（上）［C］．中国消防协会，2012：3.

［171］其乐木格，韩漠，成喜峰．浅论化工园区应急救援管理体系建设［J］．现代化工，2010，30（2）：12－14.

［172］胡远扬，洪建芳，付丽琼．关于建立急救指挥调度接警流程的思考［J］．医学理论与实践，2011，23：2902－2904.

［173］张刚．炼化企业事故应急接警处置探究［J］．中国石油和化工标准与质量，2012，01：244.

［174］于洋，魏利军．化工园区接警处警与应急值守系统的研究［J］．中国安全生产科学技术，2009，06：156－159.

［175］省（区、市）人民政府突发公共事件总体应急预案框架指南，2004.

［176］陆金华．城市突发事件现场应急指挥通用模式研究［D］．首都经济贸易大学，2009.

［177］王东明，王晓青，黄宏生，丁香．地震现场应急指挥及其标准化研究［J］．自然灾害学报，2007，04：143－148.

［178］李金波．非常规突发事件下应急指挥组织架构创新研究［D］．天津大学，2012.

［179］张学魁，卢立红，商靠定，张福东．我国典型公共场所突发事件应急指挥运行模式研究［J］．消防科学与技术，2009，09：682－686.

［180］康青春，郑儒欣．非常规突发事件现场应急指挥平台设计与实现［J］．中国安全科学学报，2010，03：161－165.

［181］张学魁，卢立红，商靠定，王振雄．基于熵理论的典型公共场所突发事件现场应急指挥机构研究［J］．安全与环境学报，2010，02：210－216.

［182］宋劲松，邓云峰．中美德突发事件应急指挥组织结构初探［J］．中国行政管理，2011，01：74－77.

［183］宫博，许开立，陈志军，李德顺．基于可变模糊集对的化工园区危险性评价模型研究［J］．安全，2017，38（1）：19－21.

[184] 刘丹，王红卫，祁超，唐攀，李明磊．非常规突发事件应急指挥组织结构研究［J］．中国安全科学学报，2011，07：163－170.

[185] 张培红，陈宝智．火灾时人员疏散的行为规律［J］．东北大学学报，2001，01：54－56.

[186] 肖国清，温丽敏，陈宝智，王浩．毒气泄漏时的最佳疏散路径［J］．东北大学学报，2001，06：674－677.

[187] 姜福东．基于GIS的化工园区应急救援信息系统的研究［D］．大连交通大学，2008.

[188] 宋倩文．危险化学品毒气泄漏事故区域应急疏散的研究［D］．西安建筑科技大学，2010.

[189] 刘根生，苏飞，赵娣．基于Dijkstra算法的两点间多目标最优路径问题建模和优化［J］．池州师专学报，2007，03：17－22.

[190] 杨春生，魏利军．化学品泄漏事故现场应变程序［J］．中国安全生产科学技术，2008，01：95－98.

[191] 袁媛，汪定伟．灾害扩散实时影响下的应急疏散路径选择模型［J］．系统仿真学报，2008，06：1563－1566.

[192] 杨春生，魏利军，易高翔，于洋，马良骏．化学品泄漏初期应对程序与方法研究［J］．中国安全生产科学技术，2008，05：50－53.

[193] 牛金山．基于物联网技术的应急疏散调度模型与算法研究［D］．上海交通大学，2012.

[194] Yang Shen，Qingsong Wang，Weigang Yan. An evacuation model coupling with toxic effect for chemical industry park［J］．Journal of Loss Prevention in the Process Industries，2015，33（1）：258－265.

[195] Yi W，Ö zdamar L. A dynamic logistics coordination model for evacuation and support in disaster response activities［J］．European Journal of Operational Research，2007，179（3）：1177－1193.

[196] 王樟龄，付贵生，夏龙君．有毒气体泄漏扩散伤害分区的研究［J］．职业卫生与病伤，1996，03：5－7.

[197] 祝恺，熊涛，王青松，孙金华．基于后悔值模型的化工园区应急避难场所选址分析［J］．火灾科学，2015，24（3）：167－175.

[198] 尹新，潘旭海，吴玉剑．毒性气体泄漏事故人员应急避难方式决策［J］．南京工业大学学报（自然科学版），2010，01：64－68.

[199] 于庭泽．天津临港经济区环境污染事故应急监测集成系统研究［D］．清华大学，2012.

[200] 黄沿波，刘铁梅．化工园区安全管理技术策略［J］．灾害学，2014，（01）：172－176.

[201] 韩忠峰，宋学英，时爱民．突发性环境污染事故应急监测准备与响应［J］．中国环境管理干部学院学报，2007，03：60－62.

[202] CN－GB. 大气污染物综合排放标准［S］，2004.

[203] CN-HJ. 大气污染物无组织排放监测技术导则 [S]，2000.
[204] 董希琳．常见有毒化学品泄漏事故模型及救援警戒区的确定 [J]．武警学院学报，2001，06：25-28.
[205] 孔大令．基于 ALOHA 软件快速模拟液氨泄漏警戒范围 [J]．消防科学与技术，2011，01：68-70.
[206] 杨春生．突发事件现场警戒区域的研究 [J]．中国安全生产科学技术，2009，06：167-170.
[207] 孙静，高贵宾．液化石油气泄漏事故时的警戒范围 [J]．消防科学与技术，2003，01：20-21.
[208] 蒋玲．语音报警系统及其标准的发展 [J]．消防技术与产品信息，2013，03：93-95.
[209] 许东．危险化学品事故分析及抢险救援对策 [J]．中国高新技术企业，2009，06：127-129.
[210] 连喜龙，徐刚，董慧．针对危险化学品泄漏事故特点进行抢险救援的思考 [J]．安全、健康和环境，2010，09：31-33.
[211] 何宁，陈智明．消防中队对有毒化学品泄漏事故处置的探讨 [J]．消防科学与技术，2008，06：436-439.
[212] 马海澎．化工园区安全监控系统研究 [J]．中国安全生产科学技术，2015，13 (2)：77-82.
[213] 聂鯰．化工园区应急管理综合监控平台设计研究 [J]．通信世界，2015，(1)：220-221.
[214] 张存位，王慧飞，陈远航，邵建章．化学事故中应急洗消方案的研究 [J]．中国安全生产科学技术，2012，01：103-107.
[215] 石祥，邱华．北京“5·19”氯磺酸槽罐车泄漏事故抢险救援 [J]．消防科学与技术，2010，06：525-528.
[216] 张智．危化品事故抢险救援伤亡分析与对策研究 [J]．中国应急救援，2011，02：23-25.
[217] 朱均煜．化学事故救援中的侦检器材及其应用 [J]．安防科技，2011，07：23-26.
[218] 化学事故现场应急准备和处置 [J]．职业卫生与应急救援，2000，04：169-170.
[219] 杨守生，张剑军，张明岩．化学突发事故抢险救援辅助决策系统研究 [J]．消防技术与产品信息，2003，05：49-52.
[220] GB/T 18664-2002，呼吸防护用品的选择、使用与维护 [S]．
[221] 郭丽娜，赵林榆，边力军，田宇轩，赵盼盼．应急通信之现状、挑战与机遇 [J]．卫星与网络，2010，05：22-27.
[222] 吴文敬，王景丽．应急通信装备体系浅析 [J]．现代电信科技，2013，05：23-27.
[223] 李明．我国应急通信保障体系研究 [D]．北京邮电大学，2009.

[224] 于飞芹，凌云，钱岑．南通市某化工园区环境监测监控预警体系建设研究［J］．广东化工，2015，42（5）：102－103.

[225] 胡建屏．化学事故的现场抢救［J］．职业卫生与应急救援，2008，05：245－250.

[226] 车玉良，叶胜．突发化学事故的院前急救及个人防护［J］．职业卫生与应急救援，2008，05：266－268.

[227] 袁维海．突发事件管理中的政府信息公开［J］．中国行政管理，2011，（1）：66－69.

[228] 范恒．消防部队公共关系危机及应急处理［J］．消防技术与产品信息，2010，（2）：42-44，17.

[229] 陈艳红，黄佳慧．政府应急信息发布中政府、媒体与公众关系研究综述［J］．档案学研究，2012，（3）：45－50.

[230] 夏保成，张平吾．公共安全管理概论［M］．北京：当代中国出版社，2011，3.

[231] 游志斌，包欣欣，叶乐锋．应急管理恢复阶段工作研究［J］．浙江警察学院学报，2010，2（118）：25－29.

[232] 李志伟，王慧彦，王立卫，等．基于 AHP 的工业企业震后恢复重建优先等级评价［J］．防灾科技学院学报，2011（2）：85－89.

[233] 董传仪．危机管理学［M］．北京：中国传媒大学出版社，2007.

[234] 姜安鹏，沙勇忠．应急管理实务—理念与策略指导［M］．兰州市：兰州大学出版社，2010.

[235] 吴欣，纪红兵．化工园区专业人才队伍构建机制的探讨［J］．化工进展，2015，34（5）：1493－1498.

[236] 朱华桂，洪巍．论突发事件灾后恢复重建能力建设［J］．南京社会科学，2008，（9）：75－80.

[237] 迟菲．灾后恢复的特征与可恢复性评价的研究［J］．电子科技大学学报，2012，14（1）：42－47.

[238] 广东省安全生产监督管理局编著．安全生产应急管理实务［M］．北京市：中国人民大学出版社，2009.

[239] 苏晓星．化工园区环境风险及应急体系研究［D］．南京：南京师范大学，2011.

[240] UK HSE. Performance indicators for the assessment of emergency preparedness in major accident hazards［R］，2001.

[241] 中国安科院危险化学品研究所．化学工业园区应急能力评估技术应用［J］．劳动保护，2011，12：86－88.

[242] 潘科，许开立．区间可拓法在化工园区应急能力评价中的应用［J］．东北大学学报（自然科学版），2012，09：1344－1348.

[243] 于德利．化学工业园区应急能力评估体系研究［D］．大连理工大学，2010.

[244] 袁斐，巫殷文，刘建，金龙哲．基于改进层次分析法的化工园区应急能力评估研究[J]．

中国安全生产科学技术，2009，01：160-164.
[245] 朱桂明，程凌，高健，王宁生，吴龙英．石化企业应急救援能力评估研究［J］．中国安全生产科学技术，2010，02：82-87.
[246] 谭小群，陈国华．政府跨区域突发事件应急管理能力评估研究［J］．灾害学，2010，04：133-138.
[247] 田依林，杨青．突发事件应急能力评价指标体系建模研究［J］．应用基础与工程科学学报，2008，02：200-208.
[248] 吴煜．企业 QHSE 管理绩效成熟度评价及其应用研究［D］．天津大学，2010.
[249] 赵远飞，陈国华，李仪欢．基于多层 PDCA 模式的动态集成化应急管理体系研究[J]．灾害学，2008，01：135-139.